思想政治教育研究文库

网络社区
——高校思政理论与实践新场景研究

李婉玲 著

光明日报出版社

图书在版编目（CIP）数据

网络社区：高校思政理论与实践新场景研究 / 李婉玲著． --北京：光明日报出版社，2022.3
ISBN 978－7－5194－6525－4

Ⅰ．①网… Ⅱ．①李… Ⅲ．①高等学校—思想政治教育—教学研究—中国 Ⅳ．①G641

中国版本图书馆 CIP 数据核字（2022）第 061515 号

网络社区：高校思政理论与实践新场景研究
WANGLUO SHEQU: GAOXIAO SIZHENG LILUN YU SHIJIAN XINCHANGJING YANJIU

著　　者：李婉玲	
责任编辑：杜春荣	责任校对：张月月
封面设计：中联华文	责任印制：曹　净

出版发行：光明日报出版社
地　　址：北京市西城区永安路 106 号，100050
电　　话：010－63169890（咨询），010－63131930（邮购）
传　　真：010－63131930
网　　址：http://book.gmw.cn
E - mail：gmrbcbs@ gmw.cn
法律顾问：北京市兰台律师事务所龚柳方律师

印　　刷：三河市华东印刷有限公司
装　　订：三河市华东印刷有限公司

本书如有破损、缺页、装订错误，请与本社联系调换，电话：010-63131930

开　　本：170mm×240mm	
字　　数：248 千字	印　　张：17
版　　次：2022 年 3 月第 1 版	印　　次：2022 年 3 月第 1 次印刷
书　　号：ISBN 978－7－5194－6525－4	

定　　价：95.00 元

版权所有　　翻印必究

前　言

　　无论是"科学的、人民大众的新文化和新教育",还是"教育要面向现代化,面向世界,面向未来",以及"教育是对中华民族伟大复兴具有决定性意义的事业",这些论述彰显了在不同科学技术环境下把握教育方向、做好高校思想政治工作的重要性。2018年4月,党和国家领导人系统阐述了网络强国的战略思想。2018年8月在全国宣传思想工作会议上,党和国家领导人又发出"要不断掌握新知识、熟悉新领域、开拓新视野"的号召。2020年,中共中央宣传部、教育部印发关于《新时代学校思想政治理论改革创新实施方案》的通知中强调创新思政课教学方法等。这都表明,当下对把握教育方向、做好高校思想政治工作影响最大的科学技术环境就是现代的移动互联网络系统。

一、研究背景：网络—高校思政面临新机遇与挑战

　　我们创造了网络,网络也重塑了我们！网络是我们生活的一部分,我们也是网络生活的一部分。网络是把"双刃剑",不能仅看到网络带来的负面影响。高校作为我国教育事业的"半壁江山",使命光荣、责任重大,不能任负面那一"刃"磨得锋利,而正面这一"刃"却十分顿挫,必须紧跟网络发展趋势,是新时代形势所需。加强网络环境下高校思政工作探索与创新,积极地变被动为主动。运用网络新媒体平台做好高校思政工作,依托网络新媒体平台供给力度,用活网络融媒体,实现与学生的"无缝连接",在教师和学生之间架起一座沟通的桥梁,帮

助学生在心中埋下真善美的种子。

二、研究现状：网络环境下高校思政的嬗变

目前，我国高校关于网络与思想政治工作之间关系的研究成果不多，而将高校思政教育工作放在文化与青年同一场景下进行研究的成果更少，在一些论文和专著中大多仅有描述性或粗线条的研究呈现，较为缺乏系统的分析和详尽的阐述。此外，在为数不多的研究成果中，立足于马克思主义理论筑基，把高校如何回应"网络社区"这一新场景来开展思想政治工作作为一个主题进行研究的更是微乎其微。

不断推动相关研究，支持科研育人、网络育人等"一体化"育人体系建设，打通"三全育人"在当下的最后一公里，将有力促进高校思想政治工作质量全面提升。掌握了这一新知识、新领域、新视野，高校的思想政治工作者才能更好地承担起"举旗帜、聚民心、育新人、兴文化、展形象"的使命任务。

国内外对高校网络思想政治工作有较多的关注和研究，产生的成果主要集中在对网络思想政治工作的概念、内容、方法及对国外成果的比较研究等方面。迄今为止，关于网络思想政治工作概念的研究很多，比较有代表性的观点有：认为网络思想政治工作是工具性载体；从价值性和发展性的理念说、模式说和形态说来定义；从本体性的时空或环境即从时间、平台和环境角度来定义；从社会关系即从人与网络的本质关系来界定网络思想政治工作。关于网络思想政治工作的具体展开，学者们主要围绕网络化条件下的工作手段、应对策略和创新措施等方面来探讨网络思想政治工作内容。2005年前后，学者们开始着力于网络思想政治工作的各层级方法体系研究。从2008年开始，更多关于网络思想政治工作模式、发展趋势、创新及体系的问题受到关注。学者们对网络思想政治工作方法的特征、类型、体系构建以及方法创新加入了更深入的论述。近年来，国内学者还从不同的学科背景、学术视角开展了对高校

网络思想政治工作的交叉研究。

互联网的普及和移动网络社会的形成也促使国内外网络社区工作研究的不断结合、不断深化。从时间上看，我国2000年以后涉及网络社会的研究已经有了深入发展，并通过政治学、社会学、传播学等理论对网络社会特点和网络交往的问题有了大量探讨。网络社会概念与现状是网络社区工作研究的重要基础。伴随着网络的出现和网络社会的形成，大量从社会学、传播学视角对网络社会进行研究的论文开始出现，虽然此时涉及高校工作的论文和论述很少，但是对于进一步理解网络与高校思政关系背景有重要指导作用。2008年网络社会研究出现高潮，并与高校思政工作紧密结合。研究者试图通过网络社会研究，尤其是高校思政理论与实践的创新分析来解释高校思政教育的现状，并行之有效地解决网络环境下面临的新问题。网络社区研究是网络社会研究与高校思政工作研究相结合的重要标志。网络社区研究是网络社会研究深入高校思政教育领域的新发展新趋势。2011年以后，随着微博、微信等新型社交工具的出现，网络社区工作的扁平化问题开始被社会关注。在网络社会问题和高校思政关系的研究中，探讨网络社区工作实践问题、研究网络社会高校思政教育现象、关注网络社区与高校思政关系调控机制的初创成果层出不穷。其中，高校思政工作者的探索性研究也是不遑多让。很多成果对于充实网络社区工作研究具有深刻的启示意义，尤其是对如何培育青年学子的网络认知、有效推动网络健康与思政教育关系发展具有重要借鉴意义。总之，进行系统性的网络社区工作专门研究已经是大势所趋。

尽管国内外学者们一系列开创性研究取得了诸多成果，但还存在需要进一步拓展的空间，包括基础理论研究较多，机制研究有待完善；新场景新思维冲击较多，传统理论需要发展补充；理论分析方法使用较多，实证研究有待进一步拓展；单一学科研究较多，跨学科融合研究有待加强等。这些境况为本书留下了一定的研究留白和创新空间。

三、理性思考：网络社区——高校思政面临的重要课题

"网络社区"这一现实已经在影响我们的大学教育和我们自己，对它的关注和研究也就是在关注和研究我们的大学教育和我们自己。这一切，对高校的大学青年学子尤甚！对高校的思想政治工作尤甚！就是在这一思路的指导下，笔者开始了进一步的研究并最终完成了本书，对高校在"网络社区"这一新场景下开展思想政治工作进行了理论总结、实践归纳和科学展望。

本书从马克思主义的基本立场和基本观点出发，以新兴的科学技术现代化和思想政治教育现代化理论作为核心基础及价值判断的基本依据，聚焦于"网络社区"这一新场景，研究高校思想政治工作在移动网络社会的表现、结构、特点、现状，通过观察归纳，运用新时期的案例和数据，综合马克思主义理论、政治学、社会学等来探讨分析高校思想政治工作发展的新趋向、新问题。本书希望可以在前人贡献的基础上，对特定场景下的思想政治工作进行考察比较，从理论和实践双重维度探讨高校思想政治工作的现状与未来发展，以及各种内外因素之间的相互关系和作用机制等问题，以期在动态的变迁中描绘和预测出当下思想政治工作在新技术建构场域中的系统衍化。

具体而言，本书对"网络社区"这一新技术场景以及高校如何在其中开展思想政治工作等问题从"文化""青年""教育"三维场景展开研究。首先，本书对"网络社区"这一新生事物进行了探索性检视。在分析"网络社区"产生背景的基础上，本书定义了什么是"网络社区"并分析了其主要的学术"座架"、基本结构和矛盾运动。其次，阐述了对大学生应用网络社区的调查研究基本情况。在"研究概观"部分概述了研究所使用的主要方法和调研简况。在"总体分析"部分，按照网络生活方面、网络素养方面、传统道德方面、传统观念方面、网络行为方面、政治生活方面等条目逐次展开。再次，基于"文化""青

年""教育"的三维场景,对"网络社区"中的传统文化的青年传承、青年群体中的精英与大众、青年学子的政治参与等情况展开研究和分析。最后,概述了对大学生应用"网络社区"这一现实在三维场景下,加强高校在网络新媒体环境下,引领青年学生思政工作,打造高校新思政育人新场景,加大网络平台供给力度,扩大高校网络文化影响力,不断强化守正创新,增强新时代高校思政工作对青年学生的吸引力和实效性。用活网络融媒体、依托网络新媒体平台推进思政工作与新媒体技术有机融合,创新思政理论与实践,使高校思政教育工作更接地气、更好入脑入心,逐步搭建形成思政创新展示、交流和协调机制,画好网上网下同心圆、凝聚立德树人正能量,打造网络思政教育示范。

本书并未对"网络社区"的所有方面进行面面俱到式的梳理,而是根据调研结果从三个具体视角和领域切入,尤其阐述了网络社区与高校思政教育、网络社区与国家意识形态、网络社区与"文化中断"等重点内容,全面展示了实践和研究的心得与经验、问题与困惑,借以管窥全豹、由点及面地勾勒大学生参与"网络社区"情境与高校思想政治工作之间的相互交叉叠加、扰动共振、和谐共生。

四、研究反思:网络高校思政的新境遇与挑战

研究者对自己研究成果的不足应当比他者更具警惕性,并在此基础上更早地、更及时地进行自我批判、自我总结。

对高校的思想政治工作和网络社区之间相关现象和机理的研究,随着资料收集、案例分析、理论研究、实践检验等工作的步步深入,笔者越发认识到了自身知识和能力的不足、视野和预见的贫瘠、时间和精力的匮乏等。诸多因素导致了本书显而易见的不足和缺憾。

"网络社区"属于"新生"概念,因为前期研究的缺乏和网络社会的庞大复杂状况,其内涵、外延都还需要在进一步研究中严谨化,这在客观上也影响了本研究的深度和广度。另外,对于"网络社区"的影

响需要进行深入调查和跟踪研究，在调查中面临样本选取的极大困难，又因为网络社会本质的虚拟性和研究对象的强主观性，会在很大程度上影响研究结论及其后续推论的完整性和科学性。就相关预测、建议来看，尚缺乏进一步系统性和实效性的验证，且还没有量化的评估指标体系。本书目前所进行的工作仅仅是站在前人的肩膀上掀开"网络社区"些许缝隙、窥见几片光影而已。

目前，学术界已经开始深入探讨研究"网络社区"这一现实，但对其关注程度和研究深度还远远跟不上新形势的发展。对"大学生网络社区"这样一个多种成分组成的复杂系统进行多角度、跨学科的分进合击式的综合研究，虽然困难不少，但相信也将颇具学术意义和社会意义。未来，笔者也将与其他同道中人一起默默耕耘，为高校的思想政治工作同积跬步、共聚微流。

目 录
CONTENTS

第一章 网络社区概述 1
  第一节 网络基本概念 1
  第二节 网络社区发展 8

第二章 网络社区的结构与运行 12
  第一节 社区结构 12
  第二节 社区运行 19

第三章 网络社区运动推进高校思政嬗变 31
  第一节 内在矛盾 31
  第二节 外在呈现 47
  第三节 具化镜像 67

第四章 学生思想变化与网络社区调研 72
  第一节 研究概观 72
  第二节 总体分析 80
  第三节 网络思政现状及成因 88

第五章　网络社区：青年教育启示 ······ 93
第一节　青年网络参与 ······ 94
第二节　规范精英 ······ 102
第三节　逆规范精英 ······ 110

第六章　网络社区：教育新常态 ······ 115
第一节　网络社区发展原则 ······ 115
第二节　网络社区与"文化中断" ······ 117
第三节　网络社区与高校思政 ······ 120
第四节　高校思政教育网络社区现实困境 ······ 129
第五节　高校思政教育网络社区意义 ······ 142

第七章　网络社区：高校思政理论创新 ······ 148
第一节　重塑教师教育理念 ······ 148
第二节　构建动态思政网课 ······ 160
第三节　搭建高校思政网络新平台 ······ 169
第四节　健全完善高校思政监管服务机制 ······ 182

第八章　网络社区：高校思政实践创新 ······ 198
第一节　提升思政教师网络技术 ······ 198
第二节　改进思政课教学及考核方式 ······ 209
第三节　净化思政课教学环境 ······ 215
第四节　高校思政教育的应对策略 ······ 235

参考文献 ······ 254

后　记 ······ 259

第一章

网络社区概述

要对"网络社区"给出一个简洁易懂又具有共识性的定义并非易事。

对于什么是网络社区的问题，可以从不同的角度去理解，从不同的意义上做出不同的回答。首先，需要对信息社会、网络等基础概念进行明晰。其次，还需要从不同的角度去换位理解、从不同的意义上做出针对性回答。而本书"网络社区"，一般来说是特指在以某一社会成员为基本服务对象的互联网络，尤其是移动互联网络基础上形成的，成员间具有一定稳定互动关系的集合。从识别程度来看，网络社区有显性和隐性之分。显性的主要指专门的网站。隐性的主要指基于具体网络应用而形成的社会集合，例如，利用即时通信平台、网络游戏平台、生活应用平台、团购平台等交流手段来搭建形成。

第一节 网络基本概念

"信息社会"这一概念逐渐流行是从丹尼尔·贝尔提出"后工业社会"开始的。1959年夏季，美国社会学家丹尼尔·贝尔在奥地利萨尔茨堡举行的一次学术讨论会上较早提出了"后工业社会"一词。1962年春天，丹尼尔·贝尔为在波士顿召开的一次讨论会撰写了一篇题为《后工业社会：推测1985年及以后的美国》的文章。1973年，丹尼尔·贝尔出版了《后工业社会的来临——对社会预测的一项探索》一书，该书系统地阐述了"后工业社会"的思想体系，描述了信息社会的基本轮廓，构建了信息社会的基本骨架。

美国学者约翰·奈斯比特在他的《大趋势——改变我们生活的十个新走向》一书中讲道："1956年和1957年是一个转折点，是工业时代的结束……哈佛大学的社会学家丹尼尔·贝尔把它叫作后工业化社会……后工业化社会就是信息社会。"

1980年，阿尔温·托夫勒出版《第三次浪潮》，完整地阐述了他的思想体系，"细致全面而又生动地描绘了一个正在闯入我们生活中的新文明"。他以科学技术为核心把人类历史的发展划分为三个"浪潮"："第一次浪潮"是大约公元前8000年以前开始的农业革命，形成了农业社会和农业文明；到17、18世纪中期以后，因发明了蒸汽机，掀起了"第二次浪潮"，进入了工业社会和工业文明；从20世纪60年代，随着电子技术的发展，开始了"第三次浪潮"，人类将由工业社会步入信息社会，产生现代文明。

2003年，日内瓦信息社会世界峰会发表的《原则宣言》指出："信息社会是一个以人为本、具有包容性和面向全面发展的社会。在此信息社会中，人人可以创造、获取、使用和分享信息和知识，使个人、社会和各国人民均能充分发挥各自的潜力，促进实现可持续发展并提高生活质量。"这是一个相对被大家接受的信息社会概念。

但是，不同领域的学者一直致力于从经济、社会、网络、技术以及文化等多个维度对信息社会进行研究，由于信息社会的复杂性、多维性等特点，理论界对信息社会的定义尚未形成完整的统一性共识。

一、网络

"网络"是一个司空见惯的词汇，但究竟什么是"网络"，却并非每个人都能够说得清，因而很有必要加以厘清。在现代意义上，网络这个词有多种含义，可以在计算机、生物学、地理学、物理学、语言学等不同的领域使用。

网络概念有广义和狭义之分。广义的网络是指相互连接、相互作用的关系及关系集合体。而狭义的网络是指计算机网络，英语为"Internet"，翻译成中文就是"互联网""因特网"或简称为"网络"或"网路"（流行于中国台湾的习惯称谓），意指将各自独立的电脑处理节点通过线路连接而成的系统。本尼迪克特（M. Benedikt）认为，"全球网络化，由计算机支持、由计算机进入和由计算机产生，是多维度的、人造的或'虚拟'的真实。它是真实的，每一台计算机都是一个窗口；它是虚拟的，所看到的或听到的，既不是物质，也不是物质的表现，相反它们都是由纯粹的数据或信息组成的。"[1] "电脑网络，简而言之，就是将各自独立的电脑处理节点通过线路连接而成的系统。节点之间能够通信。通过网络可以联结分散于各处的信息系统，使所有资源（包括人、计算机、信息）能够为需要它们的人所共享，人们得以克服地理位置的局限而协同工作。"[2]

本书侧重从狭义层面使用网络这一概念。如果不做特殊说明，本书中所有的网络均指互联网。这里的互联网，既包括以电子计算机为终端的平台，也包括以手机等新兴接入设备为终端的平台，即移动互联网等。从近年来的实际状况来看，移动互联显然已经是大势所趋。所以"网络"这一概念的外延也越来越被"自媒体"所充实。

二、网民

（一）定义

网络社区的运行首先要有参与者，网络参与的主体是网民。"网民"的概念一般认为最早由米歇尔·霍本提出。一般而言，"网民"是指以非地理区域为依据所形成的，具有社区意识的、相互发生行为联系的一群网络使用者。他们经常性地以互联网为传播和交流媒介，通过参与网络互动来发表个人见解，从而表达自己的情绪、态度和意见。从网络心理学的研究成果来看，网民一般具有多项心理特征，具体包括渴求新知、猎奇探究、彰显个性、娱乐时尚、减压宣泄、跟风从众、平等参与、渴望创新、追求自我实现

---

[1] M. Benedikt. Cyberpace: First Steps [M]. Cambridge MA: The MIT Press, 1991: 123.
[2] 胡泳，范海燕. 网络为王 [M]. 海口：海南出版社，1997：10.

等。《辞海》将网民界定为"使用计算机网络的个人"。中国互联网络信息中心（CNNIC）从技术层面将网民界定为"半年内使用过互联网的6周岁及以上中国公民"，后来又将其定义为"平均每周使用互联网至少1小时的中国公民"。

（二）身份重塑

在现实社区中人们因为地缘、业缘或者其他原因组建起社区，人们之间因互相了解而相互认同。现实生活中，对交往对象的身份识别和认同是交往的基础。与身份相关的概念包括社会角色、地位（阶层、等级）等，社会成员的收入、权利、地位、容貌、衣着、口才等都是影响交往的因素。现实社会的身份与生命个体也是一一对应的，具有唯一性。

但是在网络社区中，所有的这些在现实社会中作为身份识别的因素都不存在了，交往的主体变成了数字代码，可能是数字、图标或符号。网络中的网名是可变化的，而且网名的更换比在现实生活中方便得多，网民可以隐匿扮演各种角色，这就使得网络社区中身份识别复杂化。网络为人们提供了一个超越现实规范和角色约束的舞台，人们可以在这个舞台上自由表现，甚至重塑自我想象。

网络社区是主体人通过计算机、手机等硬件设施，借助于互联网络在网上进行互动交流而形成的。网络社区不像现实社区受到现实的法律、法规以及行为规范的限制，在网络社区中，网络社区参与者也是网络社区规则制定者，在网络社区中，人们通过输出设备所看到的就是一些代表你身份的数字、符号、图片，使用这些信息来区分不同的人，就像在现实社会中的ID一样，网络社区中的人虽然没有因财富、职权所带来的地位特殊性，但却有因信息掌握、话语权、影响力的不同导致的身份区别。

三、社区

中文的"社区"一词是辗转翻译而来，它经历了从德文的"Gemeinschaft"到英文的"community"，然后到中文的"社区"的语言的解释过程。

如果把社区看作一个系统，那么网络社区就是社区的一个子类型、一个逻辑上的子系统。换言之，社区研究是网络社区研究的母体。对网络社区的相关研究，往往要参考社区研究的相关内容。把握社区的基本认识对于研究网络社区具有极其重要的意义。

"社区"一词是在20世纪30年代经美国"转口"引进中国的，费孝通等燕京大学社会学系的部分学生将英文的"community"译为"社区"，"社区"逐渐成为中国社会研究的通用语。此后，他们在吴文藻先生的指导下，与其他学者一起致力于中国本土的社区研究，确立了社区研究在中国社会研究中的重要地位。当时的研究把"社区"分为农村社区和城市社区两大类，1983年费孝通又从两大类中分出小城镇社区。

自从"社区"概念引进中国之后，中国大部分社会研究者采取地域主义观点给"社区"下定义，认为"社区"是指由居住在某一地方的人们组成的多种社会关系和社会群体，从事多种社会活动所构成的区域生活共同体。吴文藻认为，滕尼斯在使用"社区"概念时，虽然没有提及地域特征，但他将"社区"概念降至"社会"之下，已具有地域性意义。也有学者认为吴文藻对滕尼斯提出的"社区"与"社会"这对概念的认识存在偏差，"社区"与"社会"表达了传统乡村社会与现代都市社会的两种截然不同的人际关系和社会整合方式，它们是两个并列的概念，并不存在从属关系。

吴文藻和费孝通等人把"社区"理解为有边界的相对封闭的实体，是基于对中国的现实社会进行实证研究这一需要出发的。吴文藻有选择地引介社会人类学的功能学派理论，而该学派的奠基人马林诺斯基就认为，只有在一个边界明晰、自成一体的社会单位里，才能研究整体文化中各个因素的功能。20世纪30年代，中国部分社会研究专家受马林诺斯基的影响。费孝通认为，以全盘社会结构的格式作为研究对象，这对象必须是具体的社区，因为联系着社会的是人民的生活，人民的生活有时空的坐落，这就是"社区"。也就是说，社会作为全体社会关系的总称，具有抽象性和宏观性，显然社会庞大无边，很难着手对其进行研究，而作为一地人民实际生活的具体表现形式的"社区"则是具体的和可观察的。中国早期的社会研究者主张把"社区"作为社会研究的研究对象，倡导本土化的实地调查研究。在早期的社区研究中，"社区"被看作是大社会的缩影，成为社会研究基本的分析单位。

改革开放之后，随着现代化进程的加快，社区服务乃至社区建设逐渐兴起，进而蓬勃发展，带动了学术界逐渐关注并深入研究社区问题，社区研究和社区实践逐渐成为一种世界性的潮流。目前中国社会研究界对"社区"的研究更多的是与社区服务和社区建设联系在一起的，所以，社区建设的实践势必会影响到包括学者、政府官员和老百姓对"社区"的界定。随着社区建设的发展，城市社区中"社区"的范畴，即社区建设应在何种层次、何种类型的社区中开展应予以明确。因为我们目前的社区建设多是以法定社区作为操作单位的，更重要的是侧重于区、街、委这样一个基层的，所以对于"社区"的界定也和社区建设的这一特点结合起来。"社区"界定的标准是地域界限明显、与大社会沟通联系便捷的社会区域。具体而言，在农村指的是行政村或自然村；在城市指的是街道办事处辖区或居委会辖区，以及目前一些城市新划分的社区委员会辖区。因此，为了确定社区建设的最为适宜的载体，使得社区建设工作能够行之有效地得以实施和操作，社区应该有明确的地域界限。从社区建设的角度来讲，社区的地域不能太大，应限制在居民日常生活能够发生互动的范围之内，或者限定在能够满足居民基本生活需要的生活服务设施、组织机构可以发挥作用的范围之内。总之，从中国社区建设的实践来看，"社区"的地域性特征已成为界定"社区"的一个必不可少的因素。

1988年，由王康主编的《社会学辞典》中的"社区"概念是指一定地域内，按一定的社会制度与社会关系组织起来的，具有共同人口特征的地域生活共同体。郑杭生在《社会学概论新修》中提出，"社区"是"进行一定的社会活动，具有某种互动关系和共同文化维系力的人类群体及其活动区域"。"社区"分成三类：传统社区、发展中社区、发达社区或现代社区。黎熙元主编的《现代社区概论》中提到，"社区"就是一定地域内的人们社会生活的共同体。它是基于同类型社会生活而形成的相对独立的地域性社会。孙光德等（2008）研究认为，"社区"是由同质人口组成的具有价值观念一致、关系密切、出入相友、守望相助的富有人情气氛的人文区位。孙光德的研究更加强调人文性质，即价值观、人情关系等。陈为雷（2010）研究认为，"社区"是指由一定数量的人口组成的、具有相互作用和相互依赖的、能够发挥一定功能的社会生活的共同体。其中包括"社区"的三个要素：人口要素（一定数量的人口是社区生活的主体），社会互动（社区的人口不是孤立分散的，而是相互联系、相互作用的，处于一定的社会互动状态中），社会功能（社区承担着生产—分配—消费、社会化、社会参与、社会控制和相互支持等功能）。陈为雷在强调"社区"的人群和社会互动的基础上，更多的是强调"社区"多元化功能的体现。

综合以上研究，无论是国外学者，还是国内的研究，由于研究的角度不同，研究者对"社区"的理解均有其各自的见解。但总体上趋于一个共识，即"社区"是社会的一部分，具有其特定的构成要素，各要素之间是相互关联的，"社区"离不开一定的社会生活共同体以及它的地域性。与此同时，中国现实中的"社区"具有其自身的特点（较强的区域性），并更多的是功能化的体现。

四、网络社区

由于互联网实现了跨时空的人际互动，人们或在互联网上通过交流形成了具有共同价值观、共同归属感的群体，或者寻找并加入了类似的群体。因此，强调具有"精神共同体"属性的"网络社区"便日渐凸显出来。

在不同的文献中，网络社区有不同的提法，包括在线社区（on-line community）、虚拟社区（virtual community）、电子社区（electronic community）、互联网社区（Internet community）、赛博社区（cyberspace community）等。网络社区的定义也非常繁杂。霍华德·莱茵戈德（Howard Rheingold）在其代表作《虚拟现实、虚拟社区》中写道，虚拟社区是人的集合，这里的人遵守一定的（松散的）社会契约，并共有一定的兴趣；它是人们根据共同的兴趣来联系彼此的工具，还可以帮助它的成员应付超负荷的信息。中国学者徐小龙对网络社区的定义从社会学、管理学、情报学和经济学的角度进行了整理。通过定义的表述来看,与传统社区相比,网络社区更多的是一种关系群体。它区别于传统社区的特点在于成员共享的形式和空间是互联网。网络社区成员围绕娱乐、幻想、信息和知识共享、建立关系、进行交易等一个或多个核心目标而形成。通过对网络社区定义的研究,目前学者们强调的网络社区的关键要素包括群体、相互交流、网络空间和共同的目标。

同时,现实中也大量发现网民由于网络社区形成的关系而延伸出线下的交流,如很多类型站点的线下同城活动等。这些事实说明,网络社区依靠网络作为主要的交流工具,但是并不排斥线下交流。另外,在比较成熟的网络社区中,人们相互交流并不是为了实现某个共同目标,而只是因为某个共同的关注点而享受交流的过程。

因此,本书将网络社区定义为:通过网络空间的相互交流而形成的、以特定网络硬件和软件环境为基本交流工具的、具有共同兴趣或目标的群体。该定义强调了共同兴趣和目标对网络社区形成的重要作用,也通过对共同需求的强调,暗示了网络社区形成中人的选择主动性;此外还包含了网络社区形成的要素,即人的群体和网络平台。

第二节 网络社区发展

一、产生

(一)网络的形成发展

网络出现后,越来越多地依赖于大众媒体提供的小众交流空间来传播,而网络社区的出现对此产生了深远的影响。

中国互联网络信息中心(CNNIC)2020年9月发布的第46次《中国互联网络发展状况统计报告》显示:总体而言,截至2020年6月,我国网民规模为9.4亿,互联网普及率达67%;手机网民规模达9.32亿,网民中使用手机上网人群的占比达99.2%。随着数字化进程的推进和数字经济的发展,互联网所能承载的服务越来越多，互联网应用场景不断扩大，互联网服务持续渗透。

（二）语言支持下的网络系统发展

就中国现阶段的情况来看，统计学意义上"正在使用"的有多种语言。使用人口在万人以下的约占总数的一半，在千人以下的为 20 多种。我国语言文字信息化工作始于 20 世纪 80 年代，目前已有多种文字编码字符集、字形、键盘国家标准和国际标准，开发了各类数据库及应用软件。目前，语言文字信息化建设走在了前列。以藏文为例，1984 年藏文实现信息处理。1993 年，中国开始藏文信息技术标准化工作。1997 年 7 月，藏文成为中国文字中第一个具有国际标准的文字。藏文软件开发工作也于 1998 年列入自治区科委 863 计划。2005 年 7 月，西藏藏语言文字网开通。2008 年 5 月，"藏文拉丁转写国际标准"在京通过专家鉴定。除了计算机操作系统，语言文字信息化还被广泛应用在日常电子通信中。2004 年，中国推出第一款语言文字手机——维吾尔文手机。2007 年，又成功推出了蒙古文手机。2010 年"朝文黑龙江新闻网"建立，该网站重点突出"视频""图片"，激活了博客、论坛等互动板块。2014 年 12 月 30 日，天山网和央视网合作构建的中国网络电视台（CNTV）新媒体传播平台正式上线，包括具有直播、点播功能的维吾尔语视频网与哈萨克语视频网等。

二、现实融合

随着科学技术的发展，人类已经进入信息网络化时代，整个社会也逐步地分化为网络社会与现实社会两个社会场域。网络社会与现实社会是一对特定的历史范畴，网络社会是相对于现实社会而言。它是科学技术发展到一定阶段的一种特定社会形态，是人的网络化生存与发展的必然产物。"从现实的角度来看，'网络社会'是现实社会人们'交互作用'的结构、环境和空间的发展和拓展；从虚拟的角度看，网络社会'依存'于现实社会，是一种

'真实'。"① 可以说，网络社会只是现实社会中人们彼此互动联系的特殊场域，是"人类社会本身再生产出来的一个人类活动空间，是人类社会大系统的一个子系统"②。虚拟的网络本来是没有社会属性的，正是有了人类的社会实践活动，构建起彼此之间的社会关系，它才被赋予了生机与活力，并在真正意义上形成了社会的充分条件。在这个社会里，人们不仅可以像在现实社会中一样进行各类生产活动，甚至还可以从事各类虚拟活动，现实社会已经不再是人们生活的唯一场域。

  网络社区是互联网与现实社会的耦合，是一个复杂的双向建构过程，二者是双向互动的关系。一方面，现实社会是网络社区存在与发展的基础；另一方面，"网络社会的发展必然作用于现实社会，形成现实社会的新特点"。③ 二者互相融合，统一于人类社会发展的历程中。网络社区的发展促进了现实社会的前进步伐。网络社区兴起深刻地影响了现代社会人们的生产方式、生活方式、思维方式。"从微观的角度上讲，网络的兴起改变了人们日常生活与工作的基本形态，而从宏观上讲，网络社区创造了一种全新的生活方式，改变了人类了解、认识世界的基本模式，改变了人们思维方式，也就是改变了人们生存的文化环境。"④ 在政治领域，电子政务的兴起已经改变传统的政府办公与处理社会事务的思维与政策走向；在经济领域，网络经济已经成为社会经济发展的重要组成部分，新兴电子商务、电子金融、网络软件等服务形式与运营方式已经成为重要的经济载体，极大地丰富与创新了现代经济的发展方式；在文化领域，随着各类视频网站的兴起，个体可以通过网络展现自己的才艺，为文化创作提供更多的素材，在线视听等形式也为更好地宣传文化作品提供了良好的平台。娱乐方式的改变，网络文化的繁荣也推动了实体文化的发展。在社会领域，"数字化生存"已经成为一种潮流趋势，"虚拟课堂""网络社区"等新的组织形式的兴起也为人们提供了一个

---

① 戚攻. "虚拟社会"与社会学 [J]. 社会，2001（2）：34.
② 郭玉锦，王欢. 网络社会学 [M]. 北京：中国人民大学出版社，2005：42.
③ 赵晖. 网络社会与现实社会的关系研究 [J]. 哈尔滨市委党校学报，2005（5）：137.
④ 赵士林，彭红. 网络传播论 [M]. 上海：上海交通大学出版社，2002：133.

网络家园。同时，各种即时性互动工具如博客、QQ、微博、微信等的推广，极大地方便了人们直接沟通与交流，地域与时空界限被打破，"天涯若比邻"成为现实。正如曼纽尔·卡斯特在《千年终结》中写道的一样："在20世纪后四分之一期间，一场以信息为中心的技术个性，改变了我们思考、生产、消费、贸易、沟通、生活、死亡、战争，以及爱的方式。一个动态的全球经济已经在地球各处构建起来，将全世界有价格或有价值的人及活动联结在一起。"①

网络社区是对现实社区的一种扩张与演化。网络社区对现实社会的意义，不仅体现在它对现实生活的丰富，更重要的是它对人类理性与主体性的重塑，它以一种全新的实践方式改变了社会生活与人类自身。正如美国网络社会研究专家莱恩格尔德指出的那样："在网络交往所产生的网络社群中，明显地受到了经济旨趣的影响，其中可能包括大量以信息作为商品交易，然而，网络最终所能带来的社会变化并不只是建立了一个信息市场，而在于形成长久的个体关系和群体关系。"② 用历史的眼光来看，赛博族是有意义的。"他们代表着人类历史上一次重大迁徙，一部交响曲的最后一个宏大乐章。"③ 网络已经成为人们生活的一部分，网民在现实社会中实践着网络社区所具有的新特质。而这些新特质必然是对现实社会实践方式的补充，甚至是背叛，同时也必将成为现实社会转型的巨大推动力。在信息网络化时代，一个拒绝网络社会生活的人，只能是一个片面的传统意义上的人；而一个仅仅沉迷于网络生活的人，只会也只能是一个扭曲发展的人、一个异化的人。在现代社会中，只有把网络社区生活与现实生活融合在个人生活中的人才能集合与调动更多的潜质，获得更加充分的发展。

---

① 〔美〕曼纽尔·卡斯特. 千年终结[M]. 夏铸九，黄慧琦，译. 北京：社会科学文献出版社，2003：9.
② 段伟文. 网络空间的伦理反思[M]. 南京：江苏人民出版社，2002：48.
③ 〔美〕马克·斯劳卡. 大冲突：赛博空间和高科技对现实的威胁[M]. 黄锫坚，译. 南昌：江西教育出版社，1999：97.

第二章

网络社区的结构与运行

第一节 社区结构

网络社区的结构有宏观与微观之分。宏观结构一般指的是社区运行的时间、空间、参与者、规则等宏观参量之间的有机关系及其影响。微观结构是网络社区各子系统、各组成部分的数量、关系和排列方式,是网络社区有序性的一个重要表征。

网络社区的微观结构有显性和隐性之分。显性的结构包括信息的分布和组织结构,如版面结构、人员的分工与职责(人员组织机构)以及网络结构等。显性结构是容易观察,有直接信息记录或者表现的,通常以网页导航链接和社区规范性文件的方式存在。此外,任何一个网络社区中都会有隐性结构。除了版面结构外,社区用户还可以通过社区搜索引擎,或者其他快速链接(如滚动条和站内信件等),不经过版面路径快速跳转到目的版面,绕过了一般化的社区信息表达路径。除了一般化的人员组织机构外,还会存在私人关系网、朋友关系网等隐性的组织,这些组织能够实现跨版面的交流和互动,会影响到社区的管理和建设。不管是显性结构还是隐性结构,都是网络社区客观存在的微观结构,它们与宏观结构一起决定了网络社区的整体功能。

一、时空分布

（一）社区运行的时间

网络社区的运行主要包括浏览、收发邮件、上传和下载、即时通信、聊天、论坛、网络游戏、媒体视频等，主要是由网络管理者、媒体用户和个体用户进行的相关活动。从时间上看，网络管理者和媒体用户的主要参与时间相对比较固定，基本都是上午9点多，下午14~17点的工作时间。而个体用户的网络参与时间，则受工作环境和休闲时间的影响，会集中在某个时段比较多。一般而言，上午9~12点，下午14~17点，晚上20~22点左右，为网络参与的集中时间。此外，节假日和公休时间是网络社区中信息生产的高峰期。

（二）社区运行的空间

网络社区的网络空间在宏观上可以分为两部分：一部分是公共空间，即用户公开发布信息、讨论问题的开放式空间；另一部分是私密空间，即用户之间私下用各种通信联系形式联系好友、交流观点的封闭式空间。

这两个空间是传播主体进行活动的重要场所，是传播主体存在的依托，但它们发挥的功能存在一定差异。相比较而言，公共空间的社会性质更强一些，它就像一个社会窗口，包容了百千的新闻事件和社会景象，透过它可以看到来自各个阶层的多元信息；而私密空间则是用户获取背景性、深度性、敏感性信息并进行互动的重要场所，比如，个体用户的个人资料、对一些敏感问题的看法、未通过版主审查的重要信息等。用戈夫曼的观点来看，公共空间更像是传播主体活动的"前台"，由于一切信息生产行为均处于公众注视之下，每个人只会表达一些适合暴露于众目之下的话题和言论，却未必是全部的想法或更真实的想法；而私密空间则是传播主体进行相对自由交流互动的"后台"，这里往往是"前台"无法谈及的信息生产内容的补充和深化。

（三）社区运行的主体

如前文所述，社区空间中的社区主体主要包括社区管理员、媒体用户、个体用户等。在下文的阐释中，社区主体主要还是指个体用户。调查发现，这些用户以具有一定普及性知识的男性为多，且多是来自普通家庭和普通阶层。但介于中国传统文化的影响、现实中网民的普遍心理特质和网络社区的敏感性以及虚拟交往本身所具有的较低信任度等因素，大部分社区用户不愿意暴露真实身份而使自己透明化，更愿意保持个人身份的隐匿性。

社区中的传播个体并非独立存在，而是相互间存在一定的关联，形成一个网状结构，如在社区中，管理者处于中心的位置，监督所有个体的传播行为，而社区中的个体用户，也通过对相关话题的关注和交流而相互连接在一起。值得注意的是，社区中的多数个体用户同时还是其他虚拟空间中的成员，也就是说，分散在网络中的个体，并非仅存在于这一个虚拟空间中，而是同时附属于其他群体，与其他至少一个网络空间相连，比如，微信群、QQ群、微博群、校内网以及其他网络社区。也就是说，社区用户所在的空间与其他网络空间通常是隐性的、相互交叠的关系，这些交错关系，也将对个体用户的网络社区参与意识和参与行为产生不同程度的影响。

二、行为规制

网络社区中的规制，从来源来看主要分为两种：外部来源和内部来源。外部来源是国家等社会权力机构所颁布的相关法律法规以及基本的道德准则。内部来源是社区生活中，由社区居民和社区管理层共同制定的，或者由管理层临时发布的通知通告等。从形式来看也分为两种：一种是有形的、硬性的条文规定；一种是无形的、软性的信息审查等。

（一）外部规制

互联网不仅是大众传播信息的平台，还日益成为大多数国家政府处理国家事务的一个重要工具，因此，依据法律法规对互联网实施必要的管理，是各国通行的做法。如果管理不善，任其自由发展，国家信息安全、企业电子商务、大众个人隐私就会受到损害，网络谣言、网络色情和网络诈骗等违法犯罪就会泛滥。因此，网络监管已成为各国政府和民众的共识，政府则从策略、体制机制、技术等各个层面，积极介入互联网管理。

1994年2月18日，中国政府颁布了中国第一部有关互联网的法律文件——《中华人民共和国计算机信息系统安全保护条例》，由此拉开了中国对网络进行外部规制的序幕。到目前为止，中国已出台与网络相关的法律、法规和规章数百部，形成了覆盖网络安全、电子商务、个人信息保护以及网络知识产权等领域的网络法律体系。

从2000年左右开始，针对网络企业数量的大爆发，国内互联网的监管力度开始升级。最显著的迹象就是频繁立法，而最重要的内容监管法规也集中出台。如《维护互联网安全的决定》《互联网信息服务管理办法》《互联网等信息网络传播视听节目管理办法》等。在密集出台的互联网法规中，大多数都直接规范互联网网站、BBS提供商、网吧和网民的行为。但其中心又特别地落脚在内容监管上，例如，《互联网信息服务管理办法》第15条就明确地规定了互联网信息服务提供者的责任及禁止提供服务信息的内容。在这一阶段，政府逐渐开始主导互联网内容的建设行动。2003年5月文化旅游部发布《互联网文化管理暂行规定》，2004年7月修订，2011年2月文化旅游部正式发布新版《互联网文化管理暂行规定》。

2004年9月，《中共十六届四中全会在其加强党执政能力建设的决定》的文件将互联网内容监管的思路清晰表述为"法律规范、行政监管、行业自律、技术保障相结合"，并强调应"高度重视互联网等新兴传媒对社会舆论的影响"。政府越来越重视对互联网内容的管理。而自2004年后中国互联网内容监管跨入新阶段，政府越来越熟练地运用各项传统的管理技能，形成了多管齐下的监管体系。

之后，《信息网络传播权保护条例》于2006年5月公布，2013年1月修订。2009年年末，中国再次加大了对网络内容的监管力度。一些较大的网站如博客大巴、饭否网等也因个别网民发布不良信息而受到有关部门的处罚。大量违规中小型网站退出了互联网舞台。政府的这一举措给那些为了流量而引入不合乎法律规定的内容，并疏于管理导致不良信息广泛流传的网站敲响了警钟。

2012年12月，第十一届全国人民代表大会常务委员会第三十次会议通过《全国人民代表大会常务委员会关于加强网络信息保护的决定》，明确指出网络服务提供者为用户提供信息发布服务，应当在与用户签订协议或者确认提供服务时，要求用户提供真实身份信息。在此基础上，2013年3月发布的《国务院机构改革和职能转变方案》要求，出台并实施信息网络实名制登记制度，并明确该项工作由工信部、国家网信办会同公安部负责。2014年2月，国家市场监督管理总局发布《网络交易管理办法》；8月，国家出台"微信十条"即要求即时通信工具服务使用者应通过真实身份信息认证后注册账号。2015年2月，国家网信办发布《互联网用户账号名称管理规定》，简称"账号十条"。新规要求所有网上昵称及头像等不得出现危害国家安全等违法和不良信息，企业需配专人就此审核等。网络管理从内容到形式日趋完善。

（二）内部规制

内部来源是社区生活中由社区居民和社区管理层共同制定的，或者由管理层临时发布的通知通告等，内部来源通常涉及社区生活的方方面面。规范一方面反映出网络社区活动是否有序以及有序程度的高低，另一方面也反映出网络社区的成熟度、规模大小甚至社区风格（例如，某一语言支持的网络社区在某些节日的时候会有个别化的要求或禁忌等）。

条文规定一般会在社区的专有空间公之于众，对传播主体的信息生产行为实行最初始的规制。例如，很多站点都有如下类似的社区内部规定，如表2-1所示。

表2-1 社区内部规定

序号	规定
1	不得发帖违反宪法和法律
2	不得发帖宣扬种族歧视、破坏团结的言论和消息
3	不得发帖造谣、诽谤他人、煽动颠覆国家政权的言论
4	不得发帖暴力、色情、迷信的言论
5	不得发帖泄露国家秘密
6	请勿发帖未经公开报道、未经证实的消息，亲身经历请注明
7	发帖请注意使用文明用语，请勿对任何人进行人身攻击、谩骂、诋毁等
8	请勿发帖与所在论坛主题无关的消息和言论

大部分网络社区中的信息审查无形存在于每条信息或观点的传播过程中，主要包括软件的关键词过滤和论坛版主的人工检查这两个把关环节。以论坛为例：在大多数情况下，个体用户表达的内容并不会直接出现在论坛上，而是间隔一段时间（各个网络社区的间隔时间并不相同）经过审核后方能显现。当用户的信息帖中包含敏感的人名、地名或事件时，就会被过滤到回收站中。而当发帖者的言论过于尖锐激烈时就会被删除，其中，经常发表激烈言论的个体用户一般会被社区管理方锁定账号，一般一段时间之后才会被解锁、再给予发表言论的资格；极端行为不是经常发生的个别社区用户，偶尔会收到社区管理者的提醒，被告知应着力于解决问题而不是激化矛盾。

三、议题设置

网络社区中的个体用户，基本是抱着参与社会活动、了解群众信息、关切社会性问题等目的来的，所以论坛中的议题大部分都是与国家人民自身利益密切相关的社会类的热点新闻事件或社会发展问题。网络社区中的议题设置，有社区和其他媒体的议题策划，也用个体用户的意见表达。一般来说，通常是由前者设置的议题浏览量更高。只有某些突发的情形才会激发后者的议题的参与热情。

议程设置是大众传播的重要社会功能和效果之一，也就是说大众传媒对一件事情是否予以报道或者报道程度有多大，将影响着公众对该问题的重视程度和对社会环境的认知。美国著名新闻学家 W. 李普曼认为，大众传媒的报道活动是一种营造"拟态环境"的活动，它形成人们头脑中的"关于外部世界的图像"，并由此影响人们的行为。社会团结首先需要一定的人民情感作为内在支撑，人民情感是社会结构构成要素之一，是在国家生活中，人们在看待不同社会体系、活动等方面所产生的内心体验和感受，是伴随着人的情感认知过程中所形成的对不同好恶感、爱憎感、美丑感、亲疏感等心理反应的统称。因此，在网络中可以发挥议程设置的重要功能，通过构建外部环境，从而影响社会群体的群体心理与行为；丰富网络社区中信息等相关链接，深化人们的认知。网络凭借其"超链接"功能，能够使网民在上网阅读信息时，除了能够获得信息"量"上的满足，还获得了信息"质"上的满足。网络"超链接"功能使与社会群体相关的信息可以有更多背景资料的支持，因此可以显得厚实且有深度，使其能够更加"立体、多维，有厚度、有质感"，这就很好地让不同社会群体在浏览新闻信息的同时，更好地把握信息中的内在精神，不断深化自身的认知。

就社区的议题策划而言，主要是为了吸引社区用户、保证一定的访问量，社区管理者通常会根据个体用户的特点量身定做一些讨论话题，这些话题一般结合当前的新闻热点，但必须在政策允许的范围之内，因此，对社区管理者各方面的素质提出较高要求。这些议题通常占据社区中的首要空间，议题的互动诉求明显，比较吸引眼球，浏览量通常上万甚至十几万。除此之外，还有大量媒体设置的议题。社区或者社区用户通常从主流媒体报道中选取一些有可能吸引网络社区用户兴趣、与社区用户利益相关的热点话题，引用原文或加以改编、转载，催发出在本社区视角下的参与热情。个人发表的信息也是网络社区议题的主要来源。社区中的个人用户发表的信息或意见，主要是根据大众媒体报道过的议题提出看法，或者发表与媒体议题相关的个人所见所闻，但这些议题有个共同的特点，就是生活化特征比较明显，都与社区用户的自身利益密切相关。从统计学角度来看，社区主动提供的议题和媒体设置的议题以具有一定敏感性、正面性的议题为多；而社区用户参与发起的议题则以具有一定的敏感性、批评性的负面议题为多。这些议题的初始来源，主要是转引自主流的大众媒体的报道，也有少量是个人的耳闻目睹。

第二节 社区运行

一、网民参与动机

(一) 网络参与

在组织行为的相关研究中,对于用户参与还没有统一的定义。一般来说,参与其实就是指"作为其中的一员参加",比较典型的参与就是"某人为社区或群体做出了贡献"。而研究者又将参与划分成各种各样的类型,例如,直接参与(通过个人行动的参与)和间接参与(通过其他人代表的参与);正式参与(通过正式的群体、团队、会议或其他机制的参与)和非正式参与(通过采用非正式的关系、讨论和任务的参与);单独执行的参与(通过个人完成的参与)和共同的参与(和他人一起执行的参与)。此外,根据范围和解决问题的不同阶段(问题识别、评估、产生解决方案和实施方案)也可以对参与进行划分。此外,参与也可以划分为实际参与(actual participation)和感知参与(perceived participation)。

网络社区成员参与包含许多方面,从合法的边缘性参与理论的角度来说,群体中的成员参与不仅是指和特定的人群进行某些特定的活动,同时也指在通过实践成为该社会群体中的主动参与者所包括的过程,以及在群体中个人身份的建立过程。社区中的参与其实是一个范围很广的概念,它不仅是指具体的活动或事件,同时也包括了个体的实践和身份建立的过程。

一般来说,当个人经由网络获得更多的在线经验,或者爱好某种活动时,就会加入网络社区成为成员,成为成员后需要通过与其他成员的互动以及观察学习来融入网络社区,在此过程中,成员会历经角色和行为上的变化,这实际上也体现了网络社区建立和形成的过程,因为网络社区的形成与个体的参与是息息相关的。

综上,从狭义上来说,网络社区的成员参与是实际的参与行动;从广义上来说，成员参与是一个过程，这个过程同时涉及成员情感上的参与和实际行动上的参与。这两类参与又是不断循环和彼此影响的，随着时间的推进从而形成不同程度的成员参与。

（二）参与动机

网民作为网络社区的受众，其媒介接触行为与个人心理和兴趣等因素密切相关，而使用媒介的满足程度，则会在一定程度上影响日后的媒介使用行为。通过田野观察和不同类型的深度访谈，我们发现：

首先，个体用户在社区进行网络参与和信息生产与消费的动机与性别、年龄、学历和所在社会阶层等个人背景有关，青年和中年男性构成这个空间主体的多数，其学历背景基本都是高中以上学历，并且其生活的社会阶层多为平民阶层。不少个体用户使用社区空间的动机也与媒介印象密切相关。这些用户认为网络社区是政府和社会关注的重要领域，是反映社会问题、解决社会问题的有效方式，所以他们希望自己的言论能引起关注，进而有助于相关问题的解决。

其次，社区中个体用户对有关新闻热点与社会改革发展问题的倾诉与意见表达欲望比较强烈，基本上都喜欢到社区发表自己的见解和言论，却很少相互间进行交流和沟通。具体说来，个体用户对社区空间的使用存在如下几个动机：个体用户到社区发言的动机之一是希望找到一个建言献策、改进社会的空间或场所。但是当个体用户感到这种反映问题、改进社会的愿望落空时，就会失去继续参与的兴趣。在这里，社区空间中的硬性规定和软性审查等环境因素，对用户的生产行为产生重要影响。个体用户到社区发言的另一个动机是满足社会意见表达的愿望，希望将身边的事情与民众尤其是负责的部门甚至高层来分享，期待自己的言论能引起重视，促成问题的解决。当然，笔者认为，在这种表达欲望的背后，是一种深层的社会环境因素，现实生活中的困难、挫折与不公，以及媒介表达手段的有限性，才是个体用户到社区发言的更深层动因。

以上阐述的几个动机体现了个人兴趣、背景、活动环境等因素对社区个体用户网络参与和信息生产行为的影响，正如访谈中的网民所言，这里的描述毕竟不能代表全部，而且社区用户许多微妙的心理变化也并非肉眼观察和深度交谈就能得到的。

二、社区人际互动

网络社区作为一个兼具虚拟与实在的社会群体，其本质就是互动。互动是存在于情境中的持续过程，同时互动也能够创造情境。情境对于在网络社区环境下研究参与人员的意识和行为至关重要。情境和互动之间存在自反的关系，因此在研究过程中，无法将这两者分割开来。社会互动是一个持续的过程，在这一过程中，人们采取符合彼此利益的行动，并形成持续的交流。

（一）社区中人际互动的划分

人际互动是社会形成与发展的普遍条件，是社会成员之间相互联系、相互作用的过程。在传统社会里，社会成员习惯于在由社会结构决定的角色和地位中生活，建立自己习惯的互动对象、范围和频率，形成自己的人际互动方式。网络社区的非地域性、匿名性、开放性，使得网民摆脱了地域的限制，摆脱了繁文缛节的限制，在开放的空间中，以新的方式（比如 E-mail、BBS、QQ、博客、微博、微信等形式）进行沟通与交流。网络提供了便捷、快速的信息传播技术，使得远隔千里的人们可以在瞬间实现互动，这种互动速度的加快将拓展人们社会交往的范围，有助于人的社会化空间得到延伸和发展。

根据网络社区中人际互动沟通交流的实时性，可以分为共时性互动（同步互动）和异时性互动（异步互动）两类。共时性互动（同步互动），如QQ群、聊天室、微信群等方式，这种方式可以支持显示成员在线信息、即时传送信息、即时交谈、即时发送文件和传送语音网址等。而异时性互动（异步互动）则是人们之间的交流讨论不要求立即得到回复或不用回复，只是说出自己的观点和感受，如BBS、博客、微博、微信等。

根据网络社区中人际互动沟通交流的参与者人数，他们之间的联系又可以有大众型和小众型之分。大众型的联系是指在公共空间中公开的发帖和跟帖行为，通过公开地表达思想和言论，各用户之间用帖文进行交流和互动。

还有一种联系是小众型，他们通常使用多样的交流工具，如QQ、在线短信、博客、微博、微信等，进行小群体甚至个体之间较深入的沟通和交流。

（二）社区成员在网络中身份认同模式的转变

无论是在现实社区中还是在网络社区中，身份都扮演了重要的角色。在沟通中，要理解和评估一个互动，知道与你沟通的对方的身份（是谁、是怎样的人等）是非常重要的。网络社区成员的身份识别与现实社区成员的身份识别不同。现实社区中个人的身份是严格与生命存在一一对应的，这种认证方式具有较强的区别性和唯一性。而在网络社区中，通常缺少现实世界中那些有关个人的基本线索和社会角色等识别要素。

从大体上讲，网络"身份"主要有注册身份和非注册身份。其中，注册身份又可分为两类。一类是网络登录使用的技术性的注册身份，主要包括上网登录注册身份和其背后的相关注册信息。虽然这样的身份相对大多数网民是隐匿的，但是后面都附有与现实社会匹配的注册信息，通常包括以下的一个或几个：姓名、身份证号码、联系邮箱、电话号码、常住地址、单位或公司、登录IP地址等。另一类注册身份是指进入某个社区的登录身份。比如，一个上网者想进入百度贴吧、网易社区、新浪社区等网络社区都要注册身份。注册身份是保证网络社会秩序的基础，同时具有网络社会控制的作用。这类型注册身份则显得更随意一些，通常一个上网者在网络中有若干个注册身份，甚至在同一个社区也会有若干个注册身份。当然很多人也会选择非注册的方式，很多网络社区也运行如此，不过非注册身份的权限就会大打折扣（例如，某些内容不能浏览，不能参与讨论，登录时间有限制等）。

目前，上网者凭借注册身份和非注册身份在网络社会与他人互动沟通已经是比较普遍的事情了。一方面，你可以舒适地待在自己选择的任何空间；另一方面，却仿佛进入一个公共场所，能够跟许多人聊天或是对公众发表意见。在此，使用者隐匿了部分或全部真实世界的身份，并自主打造自己打算呈现给他者的面貌。个人可以借此塑造一个或多或少跟真实世界身份不同的自我。尤其是，在大部分情况下，网友如果不愿意继续沟通，可以随即中止而没有太多的压力与包袱。人们在不同网络社区人际互动中扮演着不同的角色，在不同的窗口间彼此切换，选择不同的心境与兴趣。同时，网络社区上人际互动的公共性，也使个人可以轻易地把自己呈现在公众面前，这就像是站在舞台上，表演者在后台隐藏了部分的真实身份，在前台则尽力扮演着观众期待的角色。这是一种充满自足、自信和自由的虚拟人际互动生活。

（三）社区成员"自我"认同模式的转变

作为可成为人们自身的对象的自我，本质上是一种社会结构，并且产生于社会经验。米德认为："在一个社会动作中影响他人，然后采取他人被该刺激唤起的态度，然后又对这一反馈做出反应，这样一个社会过程构成了一个自我。"[1] 在现实社会中，我们把自我分成生理的自我、心理的自我和社会的自我，而且三个自我出现的秩序也是有先后的。首先出现的是生理的自我，在个体生命初期和人类社会初期，他是原始性的，充满个体生命的意志，他感受到疼痛、满足和不适。心理的自我是生理自我的发展，是在神经系统功能发达到一定程度后才逐渐成熟形成的。心理的自我是心灵的反省，他可感知个体内在的精神世界。社会的自我近似于在米德所说的"概念化他人"（generalized other）阶段出现。而真正的自我身份的识别和确认是在心理的自我和社会的自我出现后才表现的。这一过程的认识还可以借助库利的"镜中自我"和米德的"三阶段"来说明。在"我"的意识形成后，那些本能的行为模式才逐渐被"我"领悟，这样做很有效，这样做给我满足；个体意识结构中才会出现"我"应该怎么做；长时间地强化"我"应该如何做，进而出现习惯行为乃至习惯行为模式。

网民在网络社区人际互动中的自我意识形成同样有着上述人类自我形成的机制。不同的是，在网民自我意识形成过程中，一直操作着各种可能的象征符号。在网络社区中的每个ID背后随时都有可能是一个更换身份的使用者，使用者长期以此与其他ID互动和做信息交流，便会逐渐塑造出某一ID的特性。换言之，每个代号都可以拥有自己的身份认同与人格特质。

---

[1] 〔美〕乔治·H. 米德. 心灵、自我与社会 [M]. 赵月瑟，译. 上海：上海译文出版社，1992：152.

事实上,网络人际关系并不是如许多人想象的那样,总是因匿名而导致任意化与不确定化。大多数的网络使用者会逐渐在网络社区中形成新的自我认同,而这个新的身份的人格特质,有时会或多或少地与真实世界的自我认同存在着差异。如前所述,探索新的身份的自我认同的过程,是以网络的隔离功能为基础的。再经由网络的联结功能建立新的人际关系,而代号背后的人,也可以从这些关系中,塑造自己的新身份认同。这种隐匿部分身份、重新经营另一个身份的人际互动行为,被我们称为"化名"。网络的人际关系是一种基于化名的人际关系,而完全的匿名只是化名的极端情形。

(四)社区中人际互动模式的特点

人际互动是社会形成与发展的普遍条件,是人类特有的活动,是社会成员之间相互联系、相互作用的过程。它具体表现为人们的种种活动:经验、能力、技能、物质文化成果的交换与交流,还表现在人们的情感、意向、意见、思想、价值和理想的沟通与理解。需求及其满足是人际互动的动力和源泉。社会成员在活动这种基本形式中,按社会需求与目的改造世界,同时也为自己的发展创造条件。具体来说,网络社区中人际互动具有如下的特征。

首先,非直接的符号性互动。网络社区中人际互动的特征首先体现在交往平台的改变上。与传统面对面的人际互动形式不同,网民在网络社区中通过网络与成员建立联系,形成一种经由网络媒介的沟通。所有现实空间中的传统互动概念(如远近、上下、内外等)在网络社区中被重构,以电脑网络为支持的非面对面亲身参与的交流与沟通成为网络社区中人际互动的主要方式。这种人们身体缺场的沟通决定了网络社区中人际互动与人际关系的特殊性。网络社区中的非面对面的互动强调的是互动中的人,在现实社区人际互动中被关注的社会成员在互动中的种种社会因素,以及现实社区人际互动中的人们的经验积累,在网络社区中则都已经被淡化了。网络社区中的人际互动提供了一个现实世界所缺乏的持续性机会——人们可以在与实体无关的情况下,持续地与陌生人进行互动,自由、随意地表达观点,宣泄自我。在网络互动中,人们依赖各种各样的网络图标或象征符号作为其行动中介的性质。网络空间作为一种符号化的信息存储库这样一个特征,决定了人们在网络空间中的行动在本质上就是一种以符号为中介的互动。可以说，在网络互动中，以信息传输协议为中心的各种网络协议以及网络上各种各样的象征性图标和符号，构成了网络互动中的一套抽象而虚拟的行动中介系统。正是借助于它们，人们在网络中才能够彼此交流和沟通，并理解各自行为中所传达的信息、知识以及所包含的情感和意义。从某种意义上讲，网民在网络中不仅仅使用符号进行交流，同时他更把自身也化为符号。

其次，是并行式互动。网络社区中的人际互动突破了现实社会中为所有具有的以自我为中心的互动特征。当网民凭借着网络进入他人的行动空间，他人也同时进入自己的行动空间中，形成"草根式"联结，即网络中低层和边缘的人，与处于其他位置的网民一样拥有同等和开放的机会。权威式的交流模式被淡化，代之而起的是平等自由的人与人之间的交往，所形成的人际关系则是无中心感，缺乏稳定性的。伴随着这种并行式人际关系特征的形成，网络社区中产生了不同于传统的权力关系。在这种权力运作逻辑下，没有了简单化的专家平民之分，没有了作者读者之别，每个网民都处于一种交互主体的地位。网络社区的匿名性和人际关系松散预示着其成员身份的获得过程不再受各种地域、年龄、性别、职业等现实身份区分的限制，世界各地的人都可能成为同一社区的成员，成员之间基本上都是平等的关系。成员共享社区文化、信息资源、人际资源，网络上每一种文化产品都具备"世界性"与"全民性"。这也是网络中对网民的去标签化过程，它使得传统社会中的权威地位和等级属性消失，使网络社区具有较现实社区更强的开放性和平等性。

最后，自律的、双重约束的互动。网络社区的个性化人际互动使其对互动的规范的影响力与现实社区相比较弱，网络社区中的成员更具流动性，而这一点使得对互动的规范及管理的建立更具有操作上的困难。因而，网络社区中的人际互动更主要是靠社区成员的道德自律，网络社区的互动环境是以对社区成员的信任为前提的，这种互动是自律性的互动。网络社区在对现实生活方式中人际互动形式冲击的同时，网络社区实际上也延伸了人类的生存交往空间。它使现实社区中诸多的交往"不可能"成为"可能"，为现实社区的人际互动提供了发展的参考。而现实社区长期以来的管理经验也正在帮助营造一个健康、文明的网络社区。网络社区的出现不是对原有现实社区的破坏，而是与之同步发展、相互补充的。网络社区中人际互动的违规可以借助现实的手段予以惩罚，现实的法律法规对网络社区中所产生的问题同时具有威慑作用。

正是因为网络社区中的人际互动具备了以上的诸多特征，在不断追求高速、高效互动的当今社会，使得面对网络社区中互动方式和现实社区中互动方式的人们在二者间不停地进行选择。人们一边怀有对传统的现实社区高感情投入的人际互动模式的怀念，一边又对网络社区中这种高效且带有"虚幻"色彩的互动模式的向往，人际互动的双重需要使其呈现出这种双重发展的趋势成为必然。

三、社区冲突

广义的冲突可理解为两个主体之间因各种原因导致的相互之间的一种对抗和不一致的状态，潜在的哲学基础是与矛盾相关的理论。冲突无时无处不在，是一种人际互斥的状态。现实生活中没有觉察到大量的冲突，只是因为大多数冲突在过程中已被解决和消化。按照主体的不同，冲突可以分为个人与个人之间的冲突、团体与团体之间的冲突、组织与组织之间的冲突以及个人与团体、组织之间的冲突。而在网络社区中，不仅包括以上诸点，更有其自身特有的冲突。这些矛盾与冲突大多数通常直接呈现在网络公共空间中。

首先，来看网络社区的个体自身冲突。网络社区中的个体，是由网络连接起来的一种主体共同存在，它区别于一般的网民，有较高的群体认同，但是通过分析我们也可以知道，众多成员在网络社区中的生活更像是模拟人生，各类型所构建的网络社区也是预先设定网络社区成员有群体的身份认同。对于网络社区成员的界定是用户注册该网络社区并参与社区的互动。这样一来，现实网络用户既可以是固定的一个网络社区成员，也可以是多个网络社区成员，不受时间、空间的限制。用户在不同的网络社区中穿行，导致一种碎片化的生活，扮演不同的身份角色，很可能导致自身的角色冲突。

其次，是网络社区中个人与个人的冲突。个体与个体的冲突主要体现在网络社区中的个体意见不一致的情况下。个体进入和退出某一网络社区基本是不受限制的。而网络社区个体在退出某一网络社区时，将自身相关的所有参与记录在公共空间删除处理。对于这种操作，从个人角度无可厚非，也是网络社区的特点所赋予的，但是这些参与记录不仅仅是个人的"私有财产"，在网络社区这样的平台下，它更是大家共同的财产，具有参与者共同的回忆，甚至直接与某一个个体相关。同时在网络社区中，个体与个体互动的情况下很容易出现意见相左的情况，一般的意见不一致会促进进一步的分享和交流，这种冲突是具有积极作用的，但也可能激化到一定的程度。

再次，是网络社区中的个人与群体冲突。网络社区是一个相对松散的组织，其有序运行决定于网络社区参与者本身，网络社区参与者是否认同网络社区建构某种伦理架构的必要性，是网络社区有序运行的基础。个体的无序、游戏人生的参与，在有序的网络社区中将必然导致整个群体的反对。网络社区相对于现实社区是一个较为自由的互动场所，但这种自由也是在保障网络社区有序运行前提下进行的。

最后，是网络社区运行中的冲突。网络社区是依托互联网络存在的，网络社区用户能否顺畅地参与网络社区中的互动，在网络社区中具有较高的参与体验，与所处的网络环境有重要的关系。具有较高人气的网络社区，在同一时间会有较多的用户参与，如果网络技术不够成熟就很容易导致网络堵塞，人们互动交流受到很大的限制。这种冲突的长期存在必然是有害而无益的。人们对流畅的网络环境的需求也就对网络技术提出了要求，网络技术发展也就有了动力——为用户提供更好的用户体验，从而将冲突化解。

四、社区舆情

一般而言，舆情是"民意"的一种综合反映，是参与者情感、态度、意见、观点的表达，传播与互动，以及后续影响力的集合。网络舆情是社会舆情在互联网空间的映射，是社会舆情的"直接"反映。传统的社会舆情存在于民间，存在于大众的思想观念和日常的街头巷尾的议论之中，前者难以捕捉，后者稍纵即逝，舆情的获取只能通过社会明察暗访、民意调查等方式进行，获取效率低下，样本少而且容易流于偏颇，耗费巨大。而随着互联网的发展，大众往往以信息化的方式发表各自看法，网络舆情可以采用网络自动抓取等技术手段获取信息，效率高而且覆盖面全。

（一）形成过程

舆情形成的过程有两个相辅相成的过程：一是来源于群众自发；二是来源于有目的地引导。当社会出现某一新问题时，社会群体中的个人，基于自己的物质利益和文化素养，自发地、分散地表示出对这一问题的态度。持有类似态度的人逐渐增多，并相互传播，相互影响，凝聚成引人注目的社会舆情，这就是群众自发舆情。作为群众自发的舆情的产生，一般要经过四个过程：首先是公开问题阶段，即分散的公众成员开始意识到涉及公众利益的事件、人物、问题等；其次是公众讨论阶段，即分散的公众成员对所意识到的议题展开讨论；再次是社会协调阶段，分散的个人意见经过选择、吸收、扬弃，并经过集中、归纳、综合，最后形成一个更加广泛的、集合性的公众意见；最后是公开表达阶段，即公众意见形成后，借助一定的渠道向更广泛的社会公众予以表达，从而形成更加明确的意见观点，要求所涉及的事情、部门、人物等能够予以澄清或解决。回过头来，借助传媒公开表达的意见则影响更多的社会人群。如果对媒介影响公众的方式和方法进行控制的话，这是"有目的地引导舆情"。群众自发舆情和有目的地引导舆情，是可以互相影响的。

当下，网络的快速发展为舆情的自发形成提供了契机。例如，博客、BBS、微博、QQ空间、微信等都是群众自发形成的舆情工具。网络因为可以发出"第三种声音"而成为较有力量的媒体。传统媒体新闻传播的源头是从业人数有限的专业记者，再加上自我利益诉求及权力、资本的控制与影响，单个传统媒体追求的往往是舆情一律，观点相对狭窄。而网络则更像一个舆情集散地。不仅个人意见在此得以充分表达，而且群体意见也能得到尽情的交流和整合。人们可以就生活方式、道德观念乃至上升到国家政治与形象进行讨论，进而形成不同于平面媒体的第三种声音。这种声音一旦符合人们公共利益及价值观的需要，便可形成强大的舆情力量。

(二) 影响因素

一种舆情生成以后，具有一定的稳定性，作用于人们的社会行为之中。但是，稳定总是相对的。当反映的社会现象发生变化时，或者形成某种舆情的客观作用发生变化，舆情虽然不一定与之同步，但由于人的主观能动作用，演变是绝对的、必然的。舆情扩展是指一种舆情生成后，由于客观现象的变化和人们认识的深化而产生的在内涵和外延上的扩张和伸展。例如，在当下的政治气候影响下，在某些日本品牌汽车的论坛中，参与的网民很容易从单纯地对车辆的探讨上升到对中日历史、现实的考虑和讨论。舆情收缩是指一种舆情生成后，逐渐产生内涵与外延上的收拢和缩小，是客观现象本身变化引起的人们认识变化的结果。

社会舆情的起落，一方面取决于社会意识控制的程度，另一方面产生于社会的变化。社会矛盾频繁地暴露出来，舆情高涨的频率将要加快；言论开放，人们获得更多的言论自由，舆情也会明显地增长。舆情的起落还取决于群体利益、兴趣和相关度波及的范围。在对日问题上，由于社会舆情环境的宽松和网民的关注程度较高，所以在短时间内可以聚集起一股强大的力量，迅速使舆情膨胀起来。

另外，舆情空间的大小也影响着舆情的力度和质量。舆情空间即可理解为自然的空间，也可理解为社会的空间，即人与人的空间。任何舆情都只能是社会空间的公意。失却社会空间即失却舆情的人与人的空间，便不可能产生人与人之间的交往，也就不可能有社会舆情。从某种意义上讲，社会空间的大小是衡量舆情态势的一种标准。网络使整个世界变成了地球村，缩小了人与人之间的距离，联系紧密起来。互联网拉近了人与人之间的距离，也使舆情可以迅速集中起来，影响更多的人群。

此外，在舆情过程中也会有一些非可见的因素，如心理因素、外部不可预知的环境影响等，这些因素都可能影响舆情的膨胀或缩小。舆情的时间和空间，标志着舆情存在的程度和影响，也反映着舆情功能的强和弱。从中日事件来看，舆情在事件发生后短时间内迅速形成并急剧膨胀，同时也会配合着某些行动来催化舆情，使其升温。但随着时间的推移，舆情会慢慢淡化，但并未从网民的视野中消失。它作为一种潜伏的力量，随时都有可能被引爆和翻新，并重新被推上舆情的风口浪尖。

（三）舆情核心

在网络社区中议题设置和舆论生成的过程中，核心线索是关键。它贯穿于舆论形成的始终。若核心线索不明确、不集中、飘忽不定，就无法聚合成舆论；若核心线索确定不合理，不能被大多数人接受，也将导致舆论无法形成。在网站的论证中经常使用的核心线索有：拥护统一，反对分裂；维护国家、民族独立；渴望中国强大；尊重人权（生存权、发展权）等。对立方常使用的核心线索有：揭短，即借政府在各个方面的失误和不足，比如，腐败、工资待遇、房价等大做文章，掀起对立情绪等。

在网络社区中议题设置和舆论生成的过程里，核心人物（意见领袖）的作用是组织辩论、引导舆论的走向。次要人物是配合核心人物，在其组织阐述核心线索。没有核心人物，就会形成单打独斗、各自为战的局面。但是，核心线索的提出既可以是核心人物，也可以是次要人物。要形成网络论坛的主导力量，就要主动阐发，以立论为主，驳论为辅，不能被动地受制于对方。网络社区不同于现实生活中实实在在的社区，现实中发出某观点的是某个人，此人自然就要负担相应的责任，存在现实条件的制约。网络社区则不然，准确地说来，网络上流动的只是观点、意见，它不一定就必然与某个实体的人相联系。人是从自己选择性的需求出发来看待网上的这些观点，沉默的螺旋效应在虚拟的世界中有了局限性，因此，若形不成积极、有说服力的舆论，自然会加剧网上的分裂状况。舆论的最终形成取决于网络社区参与者的心理取向。现实、客观、不强加于人，贴近现实生活就往往被人接受。相反高谈阔论不着边际则很难深入人心。

第三章

网络社区运动推进高校思政嬗变

第一节 内在矛盾

当今世界网络化生存已经成为事实,信息社会的矛盾纷繁多样。网络社区更是如此,其中的社会互动交织着各种矛盾,且互相渗透、互相演化。发生矛盾,解决矛盾似乎成了社区生活的主要内容。引发这些矛盾的原因虽然错综复杂,但归根结底,人类社会的宏观矛盾、社区本身的内在结构、社区成员间的人文差异是其中最为关键的因素。它们共同决定了网络社区中矛盾与冲突无处不在。人群相聚,必然会存在知识背景、兴趣爱好、专业特长、情感诉求、地域分布、年龄构成等诸多差异,而网络对人口因素跨年龄、跨性别、跨地域、跨职业、跨时段的广泛覆盖又加剧了这些差异。按照以上思路,结合已有研究成果,本书认为网络社区的内在矛盾主要表现在以下几个方面。

一、虚拟与现实

随着信息网络的普及,它对人类社会的影响也越来越明显,由此引发的虚拟与现实的矛盾也引起了人们的普遍关注。信息社会虚拟与现实作为一对矛盾,是辩证统一的,两者之间既有联系又有区别,既对立又统一。

（一）虚拟与现实的内涵

在关于网络的研究中，"虚拟"一词频繁出现。结合已有的研究成果，我们把虚拟的含义分为广义和狭义两个层次。广义上的虚拟指的是任何形式的符号化虚拟。有观点认为虚拟可以被划分为三个层次：第一个层次是科学的虚拟；第二个层次是社会历史、伦理道德的虚拟；第三个层次是艺术和诗的虚拟。张世英认为："虚拟可以是期待未来现实回答的虚拟（科学的虚拟），也可以是不需要现实回答的虚拟（艺术和诗的虚拟），还可以是对'尚未'和'应该是'的前景的虚拟（社会历史、伦理道德的虚拟）。"[1] 狭义上的虚拟指的是互联网世界中的数字虚拟，即它是产生在网络环境下的一种虚拟。虚拟网络空间是基于认同的，由能满足人们生活兴趣、幻想和交易等需要的计算机网络所建立的人类交流信息、体验情感的虚拟时空。正如有的学者所言，一个由数字化架构的虚拟世界。虚拟世界的运行靠数字化技术操作，包括计算机技术、通信技术、网络技术、传感技术、人机界面技术等。借助这些技术，人们从现实世界中获取信息，在网络空间中生成一个逼真的世界。虚拟世界中的事物可以按人的意愿被构造得尽善尽美或者怪诞离奇，并能以文本、声音、平面或立体的图像等多种维度的方式表现出来。人作为网络活动的直接参与者，他的形象、身份、行为等都被数字化，在网络空间里的人的活动成为一种符号化的运动，人与人之间的交往变成符号与符号之间的互动。在网络活动中，主体的身份是虚拟的，每个人都可以按照自己的喜好设计自己的网络形象、身份和语言。这样主体就摆脱了现实世界中相对稳定、有限、确定的身份。网络中，虚拟技术创造了一个逼真的虚拟环境，主体把自身设定为这个环境里的一个无任何社会特征的符号。每个行为者利用以文字和图形符号为主的一系列信息来描述自己的身份，这过程一般是匿名的，结果导致了人成为符号动物。

《现代汉语词典》中对"现实"一词的解释有两个义项：一是"客观存在的事物"；二是"合于客观情况"。结合国内外学者对"现实"的定义，

---

[1] 张世英. 现实·真实·虚拟[J]. 江海学刊，2003（1）：14-15.

可以将对现实概念的理解分为六个层次。第一，常识意义上的"现实"，一般指的是现存的事物及情况。第二，本体论层次上的"现实"，指的是"实体""实在"这些关于世界本源和本质的抽象概括。第三，认识论层次上的"现实"，一般指的是具有内在根据的，符合必然性趋势的客观存在。黑格尔的哲学名言"凡是合乎理性的东西都是现实的；凡是现实的东西都是合乎理性的"中的"现实"一词就是在这个意义上而言。第四，人生论层次上的"现实"，一般指的是支撑并制约我们生活的环境和条件。比如，我们平时经常说的：树立理想要结合现实、想问题必须现实一些、这就是残酷的现实等。第五，价值观层次上的"现实"，在这个层次上，"现实"与"真正""真实"往往是相通的，它指的是真正值得我们追求的东西。价值论层次上的"现实"所要解决的问题是：哪种存在对于我们人类自身的存在具有真正的意义。第六，历史观（社会论）层次上的"现实"，它指的是人类活动于其中受其制约，同时又能在一定程度上对其进行改造的现实世界。

马克思主义经典作家所讲的"现实"主要就是在第六个层次即社会历史观意义上讲的。他们认为"现实"是个社会历史范畴，现实不是理念，不是哲学，不是上帝，不是康德的"物自体"，不是费希特的"自我意识"，不是黑格尔的"绝对精神"，不是费尔巴哈的"人"，现实就是现实世界，是人们生活其中并受其限制，但同时又对其进行认识和改造的社会环境和社会主体，是由人参与并与其发生种种关系的客观世界。马克思主义所说的"现实"主要有两个方面的基本内容：一是现实的人，一是现实社会或现实生活。关于现实的人，马克思主义指出："这里所说的个人不是他们自己或别人想象中的那种个人，而是现实中的个人，也就是说，这些个人是从事活动的，进行物质生产的，因而是在一定的物质的、不受他们任意支配的界限、前提和条件下活动着的。"[①] 而现实社会或现实生活主要指的是人们不能任意改变的社会环境、社会关系、社会条件和社会主体的需要等客观性的要素。在马克思看来，人类社会的现实性表现在人类社会的存在和发展离不开

---

① 中共中央马克思恩格斯列宁斯大林著作编译局. 马克思恩格斯选集：第1卷 [M]. 北京：人民出版社，1995：72.

以下五个基本条件：物质资料的生产、需要的生产、人口的生产、生产关系的生产和意识的生产。可见，经典作家们所说的现实主要是社会历史意义上的现实。这种思想对于我们研究网络环境下的虚拟与现实的关系具有重要的启发意义。

（二）虚拟与现实的对立

虚拟与现实的对立指的是虚拟与现实之间存在着某种相互否定、相互排斥的关系。

就虚拟与现实的差异来看，首先，两者存在方式不同，网络空间是基于认同的，由能满足人们生活兴趣、关系、幻想和交易等需要的计算机网络所建立的人类交流信息、体验情感的虚拟时空、微缩世界，而现实空间则是基于地缘的、物质的乃至观念的种种设定，人们熟悉并生活于其中的实实在在的现实情境。虚拟空间以虚拟的方式存在，其主体的活动以及表现的社会关系都是虚拟的，现实生存则以物质实体的方式存在，主体是一种物质存在，其活动也是以物质性为基础，表现的社会关系也具有客观性。其次，时空特性上的不同，虚拟空间在时间上实现了信息的即时传递，在空间上把无限宽广的世界压缩在一个小小的屏幕上，而现实空间主体的存在及其活动都是以时间和空间来定位的。离开时间和空间，主体和事件将不复存在。这种时空的特性使得现实空间中主体及其活动具有清晰明确的特点，便于对其进行监测和控制，而虚拟空间时空的特性则增加了我们控制的难度。最后，社会存在和发展的深度和广度的不同，虚拟空间通过计算机网络打破了国家和地区在地域上的限制，把全球连为一体，使主体交往和活动的范围在广度和深度上都得到了极大拓展。而现实空间是人类一直生存和活动的基本空间，受国家和地域上的限制，其活动的范围与虚拟空间相比是狭小和有限的。

就虚拟与现实的冲突来看，信息社会里虚拟与现实的冲突在宏观层面主要表现在以下三个方面。首先，虚拟对现实的排斥，因为网络空间有着自身独特的运行逻辑、权力结构和价值观念，这种运行逻辑与现实世界的运行逻辑很不一致，而现实世界往往喜欢将自己的运行逻辑、权力结构和价值观念强加于网络世界之上。在这种情况下，网络世界对于现实世界就必然产生拒斥态度。此外，网络世界具有现实世界无可比拟的高度自由性，它对现实世界的种种束缚具有排斥性。其次，虚拟对现实的侵蚀，这种侵蚀主要表现为虚拟世界对于现实的人的危害和对于现实社会的威胁这两个方面。在网络社区里，缺乏自制力和辨别力的网民很容易受制于网络，造成人的异化。而网络对现实社会的威胁主要指网络犯罪、网络黑客、网络病毒、网络谣言等负面影响。最后，现实对虚拟的控制，现实世界对虚拟世界的控制从虚拟世界刚一诞生的时候就开始了。现实世界对网络世界的控制既有必要性又有可能性。网络世界上的确存在着许多负面的东西，如果放任这些东西蔓延，势必会对现实产生极为恶劣的影响，因而现实世界具有对网络世界控制的必要性。控制的可能性就在于虚拟世界是对现实世界的延伸，它是现实世界的一部分，虚拟世界不可能取代现实世界，它必然受现实世界的制约，而现实世界的权力主体总会想方设法解决网络世界的控制问题。具体到我们的现实生活，虚拟与现实的冲突表现更是复杂而多方面的。

就虚拟与现实的统一来看，经典马克思主义一般认为虚拟与现实的辩证关系并不意味着两者之间的绝对对立，两者在一定条件下可以实现统一。虚拟与现实的统一性是指虚拟与现实之间相互依存、相互转化的关系。这种统一性主要表现在三个方面。第一，来源上的统一性。网络关系的基础是现实社会，网络世界来源于现实世界，网络世界并不是一开始就有的，而是现实世界发展到一定阶段的产物，是在现实世界的基础上发展而来的，这就决定了网络世界与现实世界具有先天的统一性。虚拟世界是以数字化虚拟和网络技术为前提，而虚拟赖以产生的技术条件和设备都是以现实为基础的。同时网络关系的主体仍然是现实世界中的人。再者现实社会关系在本原上决定了虚拟关系。虚拟世界的内容仍然是对现实世界的虚拟表现，从本质上看，它是现实社会关系的复杂性在虚拟社会的折射和投影，也是现实社会关系的逻辑补充和延伸。第二，结构上的统一性。狭义上的现实世界指的是现实世界本身，而广义上的现实世界不仅指现实世界本身，还包括网络世界，也就是说网络世界是现实世界的一部分，包含在现实世界之中，是整体与部分的关系，而整体与部分之间是统一的。正如张雷先生所指出的那样："严格地讲，在一种本体论、存在论意义上的现实生活世界中,虚拟世界是现实生活世界的一部分。'现实世界'亦是与'虚拟世界'相对的作为现实生活世界的一部分,并与虚拟世界共同构成现实生活世界的那个狭义的感性在场交往世界。"① 第三,相互作用意义上的统一性。即虚拟与现实相互影响,互为补充,在相互作用中促进彼此共同发展。现实世界是虚拟世界的基础,决定了虚拟世界的内容,虚拟社会的发展也会反作用于现实社会,网络上的许多思想可以用来修正现实社会管理和制度上的很多缺陷。例如,在2003年"孙志刚事件"中,由于网络舆情的积极作用,最后导致现实世界中《救助管理条例》的废除,推动了社会的进步。再比如,网络对政府官员的监督,所起到的良好的反腐作用,有利于推动社会的公平正义。同时虚拟社会的发展丰富了现实社会,虚拟时空给人们带来一种全新的生存体验,网络主体不再受社会环境、伦理观念和利益关系等的制约,在一种非现实的时空中进行交流、娱乐。这给人们提供了充分的释放空间,使人与人的交往变得平等、轻松、自由。

信息社会虚拟与现实的关系是辩证统一的。现实是虚拟的基础和来源,而虚拟是对现实的反映和超越。虚拟空间和现实空间共同构成了人类的基本生存环境。在对待虚拟与现实的关系上我们要坚持全面的观点。如果离开现实性谈虚拟性,就会把人看作是纯粹脱离现实的抽象物,不能体现人的社会本质。网络数字符号归根到底只是人生存的工具,真正的主体仍然是现实社会中的人。虚拟空间只是现实空间的一部分,它不能完全取代和独立于现实空间。如果离开虚拟性谈现实性,则不能体现人的历史特点。在当今信息社会,人类的生存和发展已经离不开信息网络,这是社会历史发展的必然,如果我们故步自封只能被社会抛弃。人的生存和发展应该以现实社会为依托和基础,以虚拟空间为拓展和辅助,使两者和谐互动,共同促进人和社会的全面发展。

---

① 张雷.虚拟技术的政治价值论[M].沈阳:东北大学出版社,2004:33.

二、主体与信息

要阐明信息社会中主体与信息的矛盾，我们首先要明确的是：什么是主体，什么是信息，以及它们之间的对立与统一。

（一）主体与信息的内涵

马克思在批判继承历史上有关主体的各种思想的基础上，以现实的、从事实践活动的人出发，从实践、社会关系以及历史的角度，科学地界定和揭示了主体的本质，他认为人的主体性包括能动性、自主性和创造性。根据马克思主义认识论的观点，"所谓主体乃是认识和实践的主体"。在这里讲的"主体"指的是在信息社会中以计算机为媒介从事认识和实践活动并保持自身主体性的人。从本质上来说，所谓主体性是指人在同客体的相互作用中所表现出来的能动性、自主性和创造性，是主体对客体所具有的一种主动态势、能动状态、支配地位和积极作用等。这种主体"总是从自己出发"，按自我的需要、能力、方式、尺度和目的去理解和改造客体。从认识论意义上说，主体是与客体相对的哲学范畴，它是指认识活动的发动者、承担者和执行者。在马克思主义认识论看来，真正的认识主体就是人，而且"只有生活在具体的社会关系中，利用社会形成和给予的实践活动和思维活动的各种手段和形式工具，语言，逻辑概念，范畴，各种实践经验和思想资料，并有意识地从事对象性活动的社会的人，这种类存在物，才能成为现实的认识主体"。[①] 从这个意义上说，信息社会中的电脑、网络等信息化认识工具和手段，作为人的智力或大脑的"延伸"，作为人的本质力量的对象化，只是人对客体信息进行加工处理的中介和实体工具。同时它们也可以成为人类认识所指向的客体，就是当人类主体把它们作为认识所指向的对象时，生活在信息时代的人所表现出来的主体性，与以往时代有所不同，它对人的主体性的要求更高。整个人类社会就是人在实践活动中主体性不断增强的过程，当然同时也不乏主体性危机的伴随。人自始至终都是主体。人类社会的发展是人

[①] 马克思.1844年经济学哲学手稿[M].北京：人民出版社，2000：321.

在社会实践的基础上，立足于主体地位不断生成的自主活动的过程。

信息的含义极为广泛，可以从不同角度和层次对其探讨，可以从通信技术上进行考察，也可以从社会学、语言学、遗传学等方面考察，本书在此主要是从通信技术和哲学上对信息进行界定。对信息的定义颇具影响力的说法有两种。一种是信息论的创立者申农对信息所做的一个界定，即认为信息是消除了的不确定性，其含义是说通信前，消息接收者对发送信息的内容存有不确定性的了解，收到消息后，消息接收者原有的不确定性就会部分或全部消除了。所以，信息就是消除了的不确定性。另一种是控制论的创始人维纳认为信息即负熵。在物理学中，熵值是标志系统的不确定性程度或混乱程度的概念，不确定性的消除就意味着熵值减少，所以信息就被称为负熵。从上述两个对信息本质的界定中我们可以看到，他们的界定都具有相对性、功能性和量化性的特点。尽管这类规定在实用信息论范围里具有较大的价值，但是很难揭示出信息所具有的普遍性本质和意义。要想揭示信息的本质，还必须从哲学的角度对信息的内涵进行探讨。也有学者从本体论和认识论的角度对信息进行哲学上的界定。认为哲学上的信息范畴可以分为两个层次。一个是本体论层次，"某事物的本体论层次信息，就是该事物运动的状态和状态改变的方式的自我表述、自我显示"。[1] 本体论层次的信息不以认识主体的条件为转移。另一个是认识论层次，"认识论层次信息是指主体所感知的或该主体所表述的相应事物的运动状态及其变化方式，包括状态及变化方式的形式、含义和效用"。[2] 认识论层次的信息加入了主体（人、高级生物、机器、电脑等）与客体（客观事物）的约束。因此，认识论层次信息的外延比本体论层次信息的外延要小，但内涵丰富得多。本书对信息的定义采取的就是哲学认识论层次上对信息内涵的揭示，即认为信息是指通过特定媒介，尤其是信息技术载体，主体对客体或者主客体关系存在的反映和揭示。

---

[1] 钟义信. 信息科学原理 [M]. 北京：北京邮电大学出版社, 2002: 50.
[2] 钟义信. 信息科学原理 [M]. 北京：北京邮电大学出版社, 2002: 52.

(二) 主体与信息的对立

1. 对立的实质

主体与信息的矛盾实质上是信息异化问题。异化指的是主体由于自身的活动而产生出自己的对立面，而这个客体又成为一种异己的力量来反对自身。信息异化是指在"信息爆炸"的社会环境下，作为主体的人创造了信息，结果反而受信息的支配和摆布，使人远离自己的类本质。信息异化主要表现为人与信息关系的倒置，在信息社会的实践活动中人与信息的关系是主体与客体的关系，信息是人创造出来"为人所用"、服务于人的生存和发展的。人应当以主体身份去创造、选择、利用、加工信息，为人所用。一旦人们在面对信息时不知所选、不知所用、不知所措，甚至为信息困惑、焦虑、控制，人就可能变成信息的奴隶和工具，不知不觉地被信息奴役、支配。人创造了信息，一旦反过来被信息所驾驭，产生信息异化，从而在一定程度上、一定范围内和一定领域中导致人的主体性地位的丧失。

首先，可能弱化人的自主性。自主性是人成为主体的前提和基础，它是指人在与客体相互作用中表现出的主体性，是人作为主体能自由、独立行使和支配自己的权利的特性。自主性既是人的一种内在要求，又是人的本质力量的感性显现。具有自主性的人，既是外部客观环境的积极调控者，又是自我意识和行为的主导者。人一旦有了自主性，便自然地显现出个人的潜力、意志和魅力，表现出其独特的能力和品质。马克思、恩格斯在《德意志意识形态》中就把主体的活动称为"自主活动"。"这种自主活动就是对生产力总和的占有以及由此而来的才能总和的发挥。"[1] 它表明的是活动主体对于活动的主客观条件，对于活动及其成果具有独立、自为、自决的权利。在信息社会，计算机和网络作为人类活动的平台，人们对它的依赖性很强，相应地对自身理性的依赖性就会降低。人在实践活动中就会更多地依赖作为对象和工具的信息和机器，因而人的独立自主性就会受到削弱。

---

[1] 中共中央马克思恩格斯列宁斯大林著作编译局. 马克思恩格斯选集：第1卷 [M]. 北京：人民出版社，1995：129.

其次，可能会僵化人的思维方式。思维方式就是人们认识事物、思考问题的相对固定的样式和方法，它本质上是人的实践活动方式在人脑中的内化。在信息网络时代，虚拟实践成为一种普遍的实践方式，与之相应地就产生了网络思维方式。随着人们对于网络依赖程度的不断增强，网络思维方式会侵蚀传统的以现实参与为基础的传统思维方式。信息社会中，主体接触到的是铺天盖地的图片、声音、文字等感性材料，人的感性思维和形象思维必然会得到强化，但是理性思维和逻辑思维遭到削弱。过度的感性思维会使主体的思维趋于平面化、浅显化，缺乏思考的深度，从而导致倾向用"看"的思维方式来认识世界，在感性的直观形象的基础上进行思维，而忽视判断和推理。这样带来的严重后果是，人们往往只看到事物的现象，而难以把握它的本质和规律，从而削弱了人们认识和改造世界的能力。

最后，可能钝化人的创造性。创造性是人的主体性的最高表现，这种创造性必须通过实践活动来实现。马克思认为"劳动是积极的、创造性的活动"，主体是"从全部才能的自由发展中产生的创造性的生活的表现"。[1] 在信息社会，人们的虚拟实践模式化、程序化，这样就限制了人的主观能动性和创造性的发挥。长此以往，人的创造力必然会退化，人的智力也将会降低。

2. 对立的表现

在信息社会，由于信息异化导致的主体与信息的对立具体体现在以下几个方面。

第一，盲目崇拜信息。在信息社会很多人对信息的本质认识错误而无限夸大了信息的价值和功能，从而导致对信息的盲目崇拜。从"信息就是一切""信息就是知识""信息就是财富""信息就是权力"等这些美誉中就可以看出人们对信息的过分崇拜。实际上，网络上的信息千姿百态，真假难辨，很多人崇拜的信息也许是一些虚假信息，如果主体放弃了自身的主体性，不加思考地过分崇拜，必然导致对信息的盲目性和狂热性，进而造成或

---

[1] 中共中央马克思恩格斯列宁斯大林著作编译局. 马克思恩格斯全集：第3卷 [M]. 北京：人民出版社，1995：248.

强化信息异化，产生一系列社会问题，其负面影响是不容忽视的。

第二，过分依赖信息。在信息社会，人们对信息的依赖程度远远超过自己的想象，更没有意识到自己或许已经成为信息的奴隶。一方面，由于信息技术的便捷和网络的普及造就了一大批"网虫""手机综合征者"，他们手不离网、口不离网，大量的时间都消耗在网络虚拟世界中，离开了网络他们就觉得空虚，这使得他们在现实生活中的能力反而弱化。另一方面，由于信息网络的便捷性，使得人们获取信息的方式快速简单，导致人们的思考和创造能力下降。比如，学术道德滑坡、学术著作剽窃等现象屡屡发生，不仅制造了很多学术垃圾，也污染了学术环境和社会环境，甚至影响社会的整体道德水平。

第三，信息迷航。网络信息十分浩瀚，当网民在网络上进行搜索时有时会意外发现其他一些让人着迷的信息，使网民流连忘返，甚至忘记了自己最初想要寻找的东西，而网络的神奇就在于此，当网民在搜索时可能找不到要找的东西，很多不想寻找的东西却和你不期而遇。网络能轻而易举地把有目的的寻找变成一种无目的的漫游。在学习的过程中，学习者极易偏离学习目标，出现了系统或个人所接收的信息超过其处理能力和信息未能有效应用的状况。而在上述情形下，当人们面对大量信息而产生的、类似于在大海中航行时迷失方向而不知所措的现象，就称为信息迷航。信息迷航的危害是巨大的，它一方面耗费了人们的大量时间和精力、分散了人们的注意力，诺贝尔经济学奖获得者赫伯特·西蒙曾说过，随着信息的发展，有价值的不是信息，而是你的注意力。另一方面也会对人们的生理产生一定的影响。信息迷航时，信息混乱而超过大脑接受的最大限度或人体处于疲劳状况而必须强迫接受时，就会导致大脑皮层的兴奋与抑制功能失调，从而引起相应内脏器官的机能紊乱，引发头昏脑涨、烦躁易怒、无精打采、厌食等一系列神经性精神症状。

第四，信息污染。信息污染指的是由于社会日益信息化和网络化而对人和社会产生的具有危害性的一种污染形式，主要表现为虚假信息、无序信息、垃圾信息、不健康信息等。信息污染的后果是少量有用的信息被大量无用的垃圾信息所掩盖,增加了人们对有用信息的利用难度,使人们可能陷入"接触信息的机会越多,实际获得的知识却越少"的尴尬局面。信息污染同其他污染一样,对人们的危害是无穷的。

随着信息化程度的不断提高,相伴而来的矛盾也日益突出,除了上述几点以外,主体与信息的对立还表现为信息焦虑、信息安全危机、信息迷惑等多个方面。

(三) 主体与信息的统一

信息技术在进化过程中出现了信息的异化,从而导致作为主体的人与作为客体的信息的对立,但是这种对立并不是绝对的。首先,信息技术进化过程必然伴随信息异化。任何一项技术带来的影响都是正负两个方面。信息技术的异化就是其负面影响的体现。我们在享受信息技术带来的便捷服务的同时,也应该正视由此产生的困境。也就是说信息异化导致的主体与信息的矛盾是不可避免的。其次,信息的异化体现了信息进化的特征,信息进化具有不确定性,而信息异化正是这种不确定性的体现。在信息技术发展初期,人们并没有意识到会面临工具奴役人的困境,然而这种矛盾的出现却正体现了信息技术的缺陷。同时信息异化是在信息社会才产生的,异化在不同的历史阶段表现为不同的形式。最后,异化的消解意味着信息的进化。人类社会的进步是在不断解决问题的过程中实现的,针对信息异化产生的问题我们可以采取多方面的措施进行消解。可以通过改进和更新技术、完善传统道德体系和社会制度等措施来战胜信息异化。这样的一个过程实际上也是信息进化和发展的过程。

人是科技的主体,人的存在是信息科学技术存在的前提条件。科学技术本质上是为人的,是成就和提升人,而不是压迫和控制人。两者在本质上是辩证统一的。正确处理好作为主体的人和信息的关系将会促进人的主体性的发展,更加彰显人的主体地位。这种地位的加强主要体现在对人的认识和实践的促进上。信息化、网络化使当代人的认识更具有主体性,极大地提高了人类感知、加工处理信息和把理论付诸实践的能力,信息化认识活动以全新的思维方式的变革促进人类认识的发展,还扩大了人们认知范围的深度和广度，消除了人们思维观念中地域上的保守性、狭隘性，拓展了人们的开放性思维。实践是认识的基础，是推动认识发展的根本动力，信息网络的作用不仅强化了人的认识活动的主体性，而且强化了人的实践活动的主体性。社会信息化使人从体力劳动中解放出来，提高了劳动生产率，使人获得了更多的时间和自由，人们不仅可以用更多的时间从事自己爱好的、能够发挥自己个性和能力的事业，也可以在自由时间里接受多种教育以适应社会不断发展的需要，从而促进人的全面自由的发展。

三、自由与秩序

（一）内涵

自由和秩序是一对矛盾统一体，两者既相互区别，又相互联系；既存在一定的张力，又存在一定的引力。"自由既要摆脱限制，又离不开限制。在一定意义上讲，没有限制就没有自由，每一种自由同时就是一种限制，每一种限制也同时就是一种自由。"① 一方面，自由和秩序是相互排斥的，自由是指主体按照自己的意志行事而不受外来力量的干预，而秩序则是指一种有序状态的建立和维持，自由必然意味着对秩序的排斥，而秩序也必然意味着对自由的约束。法国思想家卢梭的名言"人生而自由，但无所不在枷锁之中"，形象地道出了自由与秩序的矛盾。另一方面，自由和秩序又是互相依存的。秩序是对自由的维护，缺乏秩序的必要约束，自由将不复存在；自由是秩序的价值依归和根本目的所在。离开了自由的价值追求，秩序也必将异化为专制统治。孟德斯鸠曾精辟地指出："自由是做法律所许可的一切事情的权利。"自由主义大师哈耶克在《自由的构成》一书中指出，自由的真正基础是法治；法治又意味着对自由设定界限。法治基础上的自由是一种有限自由，自由必须以不危害公共利益、国家安全和他人的正当权利为界限，否则，就是对自由的滥用和践踏。

网络社区中的网民参与引发了自由与秩序的矛盾。网络的出现，极大地

---

① 王梅芳. 舆论监督与社会正义 [M]. 武汉：武汉大学出版社，2005：175.

促进了民众的表达自由，但也容易导致表达自由的滥用；若不对这种自由加以适当控制，则会导致信息失序，但若控制过度，则又会制约互联网发展和公民权利自由行使，因而就形成了一个悖论：网络传播创造了空前的言论发表的自由，另外，也为所谓的不良信息创造了发表的自由。限制这种自由，网络不再成其为网络；不限制这种自由，网络也可能成为没有法律、法规、道德约束的世界。自由与治理，更多是其相互之间的博弈。不治不行，治理过头，同样不行，过犹不及都是对互联网的伤害。

网络自由与秩序的这一悖论给政府的网络管理提出了严峻考验，要求政府必须具备高超的平衡艺术和驾驭手段，既要促进信息的自由流动，又要保障信息的安全、有序流动；既要保护公民的网络表达自由权，又要维护正常的网络信息秩序；既要防止以公共利益为名打压网民的表达自由权，也要防止以表达自由为名侵害公共利益和破坏正常的网络秩序，力求实现两者之间的动态平衡。

（二）支配与被支配关系

为了形成一整套应对冲突和解决冲突的办法，社区不得不组建自己的管理团队，形成自己的社区规范，并通过这些管理层执行规范来实现对社区的控制，而对社区的控制也就是建立了社区的支配结构。社区的宏观有序性也将得到体现。

从微观层面来看，网络社区的支配所涉及的主要是社区大众的行为以及社区的信息流动。支配的手段主要有奖励、处罚和教化等。例如，在那些主要基于文本表达的站点，奖励经常表现为：给优秀的文章标精、给作者加分、发帖对一些优秀行为进行表彰，或者对一些出勤率高的版主和其他管理人员发放岗位津贴，招募他们成为兼职或者专职的管理人员等。处罚经常表现为：对违规帖的删除，对违规 ID、IP 进行封禁，或者关闭话题和讨论区，阻止冲突的进一步蔓延等。教化则是一种运用较多却更为隐蔽的支配手段，精华区、热门帖就是提示并暗示大家学习的榜样，提示新人发帖前阅读发帖须知，以及社区精英和老人对新人问题的解答和帮助都是教化的具体表现。除此之外，还可以通过更改社区的底层硬件结构，如修改软件功能，增设地域性镜像服务器，提高访问速度等方式，对社区结构进行硬性的改造。

总之，在网络社区中，支配是无处不在的，支配与被支配具有显著的普遍性，也正因如此，社区活动才会变得有序，社区发展才会有自己的轨道。

当然，被支配一方也有向序参量转化的机会和可能。以主要基于文本的网络社区的角色流动为例，普通网民熟悉社区规范以后，有可能成为社区精英，也有可能进入社区管理层，从而拥有了更多参与社区目标制订和社区管理规则修订的机会。有时这种流动是按照社区规则正常进行的，如申请版主被批准等，但也有可能是通过社区冲突、挑战社区既有规则的方式达成的，尤其是一些社区精英以及社区群体，通过集体抗议等方式迫使社区管理层妥协，甚至逼退原有的管理层，重新组建管理团队，完成从被支配到支配角色的转变。这种序参量和系统组成部分间的协同、斗争与转换的复杂关系，正是网络社区保持新鲜活力的动因之一。

网络社区中有不少规则，很多都是对成员的行为进行规范，这些规则有的是限定的，有的是社区约定俗成的，所有这些成为网络社区有效运行的基础。在网络社区的讨论区总有一个关于可以讨论的话题等方面的规则，这个是所有参与到这个网络社区讨论区的成员所必须遵守的，并且是有明确规定的。而社区中发帖者对于回帖的要求，却并没有明确的规定，人们可以自由地在话题范围内阐述自己的意见和见解。虽然有的讨论区对看帖子的权限没有限定，回帖或者不回帖都是可以看到的，但是仍然可以看出众多讨论区的参与者对于只看帖不回帖的人的反感，所以在一些讨论区中就把回复作为规则，要想浏览帖子首先要进行回复。

网络社区中的规则因网络社区自身结构和特征的因素必然与现实社区中的规则存在差异，这些规则如何得以实施？社区成员服从规则的原因何在？目前通过对相关的网络社区的研究得到的共识是，社区使用者服从规则主要是基于工具性和规范性。所谓工具性是指人们对规则的服从完全取决于由此带来的收益和付出的代价，是实际利益的需要。而规范性是指人们因伦理、道德等文化因素的内化而服从规则，是因为人们觉得自己应该这样做。同时相关研究还显示，网络社区中人们服从规则的原因主要是规范性的，是"个人道德观"起重要作用。但是也不可否认担心受惩罚也是一个显著的因素。

通过前面的分析可以看出，网络社区和现实社区既存在区别也有着联系，网络社区因其自身具有的特点，其运行规则也不同。在探讨这个问题的时候，我们经常会了解到国家为了规范网络社区而设定的法律法规来作为网络社区的规则。或者是将社区管理员和社区的权力精英们共同制定的使社区得以顺利运行的规则作为网络社区的规则。但是以上所说的并不是我们所要探讨的，首先这两者都是强加给网络社区的或者通过国家法律的强制手段，或者通过技术手段来限制、管理网络社区中的成员。无论是国家法律规范还是网络社区管理者设定的规范都是按照现行条例进行的处罚，都是对社区成员施加的外在的处罚。这些规则不是我们要探讨的规则，我们需要研究的是网络社区自身结构所决定的其本身所应该具有的内在规则。那么如何理解把握网络社区的内在规则呢？以赫格斯·特兰德为代表人物的时间地理学，从个体行动者的角度理解时间和空间的概念和关系，并考察个体活动在时空的运动路径及其所受影响。吉登斯的结构理论中引入了场所、区域化和在场可得性等概念。现实社区中人们之间的互动是一种面对面的活动，不仅受到物质环境的制约，而且也受行动者自身的呈现制约，而在网络社区中，远距离发生的事件对人们的近距离关系的影响越来越普遍，人们的互动方式和范围得以改变，日常生活和日常行为被重构。人们的行为不再受时空邻近这一要求的限制。可以看出吉登斯的时空观与网络社区的特征正好符合，将时间、空间和人们的社会行为结构结合在一起。网络社区作为一种空间存在是物理空间与心灵空间的二元交织关系。人们对虚拟空间的认同并不是因为其物理特性，而是因为人们在虚拟空间中的互动，使人们在虚拟空间中获得真实感和临场感，物理空间因为心灵空间而变得更加真实。网络社区超越地理空间的限制，即超越了时空的限制，进入网络社区所要求的是ID账号，而不是真实的名字，所以导致"身体不在场"。任何人可以在其中活动，而不受别人的干涉，这是一个公共领域。人们在虚拟场域中的行为又是匿名的，这一场域又是私人的领域。所以可以说，网络社区作为人们虚拟行为进行的基础的时候，是公共的场域；而作为虚拟行为达到的结果时，又是私人的领域。

即网络社区具有二重性，网络社区既是行为的中介又是行为的结果。所以结构并不是什么外在之物，从某种意义上说，结构内在于人的行动，体现在人的虚拟行为中，这样就是说网络社区它的规则就是它自身的结构，而这种结构又是不断地被社区成员的日常例行化行为所重构。最终，按照吉登斯的结构二重性理论，网络社区成员的"日常例行化行为"共同建构了不断变化的网络社区规则。

要保证网络社区的有序运行，需要各方面的通力合作，网络社区的存在环境和网络社区的使用者自身有其固有的特点，我们既要从网络社区外部出发，也要从网络社区内部出发，寻求网络社区自身健康有序发展的规律。不论是现实社区还是网络社区，社区的参与者都是具有能动性的人，因互动方式的变革，人在不同的社区里的行为表现会有所不同，但是最根本的影响人的行为的因素还是个体的道德水平和自身修养素质，外部的通过国家主导制定的法律法规来强制规范网络环境是不可缺少的，同时社区参与者自身的自我成长对社区发展也至关重要。

第二节　外在呈现

网络社区的内在矛盾外在显性化就呈现为网络空间的"权利—权力"关系。"权利"与"权力"两个词汇在古代汉语里很早就有了，但现代的"权利—权力"语言主要发轫和繁盛于西方，从不同的角度、不同的学科领域（如政治学、法学、伦理学、社会学等）对其做出不尽相同的界定、分析。目前，"权利—权力"文化已经成为一种全时空现象。

一、权利与权力

在现代社会里，权利与权力是难以显性区分（至少是边界模糊）的，而是合一同构的。权力的大小与权利的多少成正相关，权力越大意味着权利越多；权力越小意味着权利越少。在现代社会条件下，权利与权力应该有合理而分明的界限，并且存在二者此消彼长的量化关系。

（一）权利

"权利"一词在古代汉语里大体上是消极的或贬义的，例如，所谓"接之于声色、权利、愤怒、患险而观其能无离守也"；"或尚仁义，或务权利"。19世纪中期，丁韪良先生（W. A. P. Martin）及其助手团队把维顿（Wheaton）的《万国律例》（Elements of International Law）翻译成中文时，他们选择了"权利"这个古词来对译英文"rights"。从此以后，"权利"这一中文词汇的使用逐渐转向并且被广泛使用。笼统而言，仅仅从某个特定的角度给权利下一个定义并不难，但这样做容易导致权利问题的简单化、庸俗化。

而源自西方的权利语言，不同的学派或学者都可以通过界定和解释"权利"一词来阐发自己的主张，甚至确定其理论体系的原点。大致说来，对权利的界定有伦理和实证之分；有应然权利和实然权利之分；有契约论和超越契约论之分；等等。当代权利理论可以大致分为三类：一是权利的分析理论；二是权利的价值理论；三是权利的社会理论。综合相关理论来看，权利一般是指文化或法律赋予人实现其利益的一种力量。从通常的角度看，权利是权利主体作为或不作为的许可、认定及保障。权利是为道德、法律或习俗所认定为正当的利益、主张、资格、力量或自由等。权利通常包含权能和利益两个方面。权能是指权利能够得以实现的可能性，它并不要求权利的绝对实现，只是表明权利具有实现的现实可能；利益则是权利的另一主要表现形式，是权能现实化的结果。权能具有可能性，利益具有现实性。也可以说权能是可以实现但未实现的利益；利益是被实现了的权能。

具体而言，"权利"主要内含五个要素。第一个要素是利益（interest）。一项权利之所以成立，是为了保护某种利益，是由于利在其中。在此意义上，也可以说，权利是受到保护的利益，是为道德和法律所确证的利益。利益既可能是个人的，也可能是群体的、社会的；既可能是物质的，也可能是精神的；既可能是权利主体自己的，也可能是与权利主体相关的他人的。第二个要素是主张（claim）。一种利益若无人提出对它的主张或要求，就不可能成为权利。一种利益之所以要由利益主体通过表达意思或其他行为来主张，是因为它可能受到侵犯或随时处在受侵犯的威胁中。第三个要素是资格（entitlement）。提出利益主张要有所凭据，即要有资格提出要求。资格有两种：一是道德资格，一是法律资格。专制社会里的民众没有主张言论自由的法律资格，但是具有提出这种要求的道德资格，这种道德资格是近代人权思想的核心，即所谓人之作为人所应有的权利。同时，这个时代的一些思想家又对国王和贵族所具有特殊的法律资格，给予道德上的否定。第四个要素是力量，它包括权威（power）和能力（capacity）。一种利益、主张、资格必须具有力量才能成为权利。力量首先是从不容许侵犯的权威或强力意义上讲的，其次是从能力的意义上讲的。由法律来赋予权威的利益、主张或资格，称法律权利。人权在获得法律认可之前是道德权利，由于仅具道德权威，侵害它，并不招致法律处罚。在获得法律确认后，人权就既是道德权利，也是法律权利，因而侵犯人权会导致法律后果。除了权威的支持外，权利主体还要具备享有和实现其利益、主张或资格的实际能力或可能性。第五个要素是自由。在许多场合，自由是权利的内容，如出版自由、人身自由。这种作为某些权利内容的自由（或称"自由权利"），不属于作为权利本质属性之一的自由。因为奴役权利、监护权利并不以自由为内容，但其本身的确是权利。作为权利本质属性或构成要素的自由，通常指权利主体可以按个人意志去行使或放弃该项权利，不受外来的干预或胁迫。如果某人被强迫去主张或放弃某种利益、要求，那么就不是享有权利，而是履行义务。

（二）权力

权力作为人类社会的普遍现象，在东西方古代文献中都曾被广泛探讨过。在柏拉图、亚里士多德、马基维利、霍布斯、孔子、韩非等人的言论或著作中，都曾直接或间接讨论到权力的要素、正当性或非正当性权力的评价、权力的取得与丧失等伦理与现实问题。例如，柏拉图与亚里士多德认为，哲学性的知识或公民制定的法律，都可为政治权力的来源，而由一人、少数寡头或多数人所掌握。孔子在《论语》中曾提出"足食、足兵、民信"三项统治者的权力资源，即经济条件、军事实力和政治正当性。韩非则以

"势"的概念定义权力资源,区分了物质性资源("天造之势",如国土资源等)与非物质性资源("人设之势",如政体、法令、统治策略的优劣)等。

现代政治学的兴起与对权力的分析密不可分。美国政治学家拉斯威尔(H. Lasswell)在20世纪50年代提出,分析权力即研究"谁、赢得何物、何时、如何赢得?"(Who get what, when and how)的主题。美国国际政治学家摩根索(Hans Morgenthau)也在20世纪50年代提出"作为利益的权力"观念,区分了包括人口、地理、经济、战略等权力资源,并断言国际政治的本质即对此等资源的无止境的追逐。这种看法大致奠定了现代政治学研究权力的主要方向。另外,在社会学、人类学、心理学以及社会科学中的跨科际流派,如结构主义、精神分析、女性主义等学说和相关研究皆从不同的角度拓展了权力研究的视野。

一般而言,权力有广义和狭义之分,广义的权力倾向指某种影响力和支配力,它分为社会权力和国家权力两大类。狭义的权力倾向指国家权力,即统治阶级为了实现其阶级利益和建立一定的统治秩序而具有的一种组织性支配力。对"权力"的定义多种多样,其中有四种指向运用最广泛,即一是作为个人或国家的追求目标(power as a goal);二是作为影响力(influences)的度量(measurement)尺度,即资源的内容与多寡;三是作为政治斗争的结果(results);四是作为一种宰制(domination)与被宰制关系的表述。上述四种指向,由于个别研究者研究领域各有侧重,因此不同的文献和学人,可能使用不同的定义。就一般化探讨而言,对于权力的解释,引证最多的概念是罗伯特·达尔(Robert Dahl)对权力的定义:"甲对乙拥有的权力是指甲能够使乙做本来不一定去做的事。"[1] 我们知道对资源的占有和控制是权力的来源,普费弗指出了这一点,同时也指出了权力运作的诀窍:"权力在愈不被人注意时,其使用就愈有效果……权力行使的一般策略是尽量使之不引

---

[1] 〔美〕丹尼斯·K. 姆贝. 组织中的传播和权力:话语、意识形态和统治[M]. 陈德民,陶庆,薛梅,译. 北京:中国社会科学出版社,2000:64.

人注目,并尽量使作为组织行使社会权利的结果的决策合理化和合法化。"[1]

从冲突和合作视角来审视权力可以使人更加全面地理解权力的内涵。首先,从冲突视角来看,权力表现在社会不同团体或阶层间主从的形态里。上位者握有权力,他们利用权力去支配下位者,以上位者的意志去驱使支配下位者的行动。权力依这种观点说,是冲突过程的持续,是一种休战状态中的临时平衡。冲突的性质并没有消弭,但武力的阶段过去了,被支配的一方面已认输屈服。但是他们并没有甘心接受胜利者所规定下的条件。于是两方面的关系中发生了权力。权力是维持这关系所必需的手段。其次,从合作视角来看,却看到权力的另一性质。社会分工的结果使得个体不可能仅仅依靠自己而可持续性存在和发展。分工对于绝大多数人都有利:大家可以较少付出而得到较多收获。但付出的代价就是绝大多数人都不能自足、不能各人自扫门前雪,而是成为整个社会机器的一部分。而社会机器的任何一部分失效都将使得整个机器失效。于是,自己就要守土尽责,否则就会影响别人,从而受到别人的干涉;同时为了自己,如果别人未尽责则自己就不得不干涉别人的相关事务。这就衍发了权利和义务关系:从干涉别人一方面说是权利,从自己接受人家的干涉一方面说是义务。各人有维持各人的工作、维持各人可以互相监督的责任。没有人可以"任意"依自己高兴去做自己想做的事,而得遵守着大家同意分配的工作。但是,随着社会发展和分工的复杂化,对个人而言,自己的工作和监督别人在实际上会产生时间上和精力上的冲突,于是再次发生分工:大家把监督的责任统一交给某个人或某些人,也就是发生了共同授予的权力。这种权力的基础是社会契约。社会分工愈复杂,这种权力也愈扩大。这两种看法在理论研究的层面都有根据且并不冲突,它们是概念上的区别,不是事实上的区分。

(三) 权利与权力的区别

第一,双方的起源时间不同。在权利与权力的起源时间问题上,存在着

---

[1] 〔美〕丹尼斯·K. 姆贝. 组织中的传播和权力:话语、意识形态和统治 [M]. 陈德民,陶庆,薛梅,译. 北京:中国社会科学出版社,2000:73.

两种截然相反的观点。西方自然法学家们认为,权利是"天赋"的,权利让渡形成了权力。因而,权利的产生早于权力。卢梭认为,公民相约让渡其全部自然权利造成了(政治国家的)权力,然后权力使权利置于自己的保护之下,并使权利主体获得与其献出的同样多的权利。潘恩则认为,个人将其一部分自己不能独立实现的天赋权利存入"社会的公股",集合成权力,并使之来保护权利。国内的学者们根据马克思主义的经典论断认为,权力先于权利而产生。恩格斯就曾论述道:"在氏族制度内部,权利和义务之间还没有任何差别;参加公共事务,实行血族复仇或为此接受赎罪,究竟是权利还是义务……这种问题正如吃饭、睡觉究竟是权利还是义务的问题一样荒谬。"①随着私有制、阶级和国家的出现,产生了公共权力,有了法律,然后才有为法律确认和保护的权利。

把权利界定为法律权利无疑是正确的。但问题在于权利都是法律权利吗?笔者认为,在法律产生之前,权力是存在的。因为,利益和自由是人类生存的客观需求,对利益的追求和自由的向往乃是人最原始的本质,是人的天性。但是,在原始状态下,人们要受到来自自然和社会的双重强制,特别是要受到来自自然的巨大强制,为此,人类要生存、发展,就必须同自然、同自身做斗争,这是人的天然权利,西方学者称为"自然权利"。法律产生以后自然权利继续存在,有些被法律确认,成为法律权利。可见,自然权利先于权力而产生,法律权利晚于权力而产生。自然权利可以转化为法律权利。

第二,双方的主体不同。首先,权利的主体是一般主体,它可以是公民、法人,其他社会组织、国家及国家机关也可以成为权利主体;而权力的主体是特殊主体,这个特殊主体主要是被授予权力的国家机关及其特定的工作人员,或者是依特定章程而从事管理的主体,如公司的董事会。其次,主体的法律地位不同。权利主体之间的法律地位一般是平等的,不存在谁指挥谁,谁服从谁的问题;而权力主体之间以及权力主体与相对人之间的法律地

---

① 恩格斯. 家庭、私有制和国家的起源 [M]. 北京:人民出版社,2003:155.

位一般是不平等的，存在着指挥与服从、支配与被支配、管理与被管理的关系。权利主体之间一般是双向、平行的关系；权力的行使一般是单向的，自上而下的。再次，主体的行为属性不同。权利行为一般是民事行为或社会政治行为；而权力行为主要是立法行为、行政行为、司法行为等属于公务的行为。最后，对主体的要求也不同。权利主体既可行使也可不行使甚至放弃其权利；但权力主体一般则必须为或不为一定的行为，不能自由选择，否则就是失职、渎职，甚至会构成犯罪。

第三，双方的内容不同。权利的内容主要指利益，包括个人利益、集体利益和其他组织的利益等，但其基本指向是公民的个人利益，其他利益从操作层面可以解释为是个人利益的组合；而权力的内容主要指权能，其重点在于力量，虽然权力也会指向一定的利益，但利益本身一般不是权力的内容，而且，权力所指向的利益一般是国家利益、社会利益，有时也指向集体利益。

第四，双方的配置范围不同。权利的配置及于社会所有成员，同一种权利可以为社会成员人人享有，另一方面，各种不同的权利又可以集中于同一主体。权利人人平等，非经法律程序，不得剥夺。权力则不同，它一般不能分配给每一个社会成员，只能由特定的主体来行使，可见，权力的配置范围是受到极大限制的。

第五，双方的实现方式不同。权利的实现，除了权利人自己的行为外，主要依靠负有义务的相对人的自觉行为来满足，即使义务人不履行其义务，权利人也不能通过其自身的行为强行实现其权利，而只能请求有关的国家机关对义务人施以强制，依靠国家机关的力量实现其权利，即权利的实现只能以国家强制力为后盾，而不能以权利人的强制力为后盾。有的法学家认为，权利人有权要求义务人为或不为一定的行为，也是一种强制力。笔者认为，即使这是一种强制力，它也不能与权力的强制力相比。因为，权力的强制力直接来源于国家或特定组织的章程；而权利的强制力是间接的，它以权力为中介。

（四）权利与权力的联系

第一，权利与权力的统一。权利与权力统一的本源在于社会的物质财富。它们是在生产发展的基础上，社会的物质财富有了一定积累但又不够充裕的社会经济状况的法律体现。权利与权力分化于剩余产品的出现，也必将统一于社会可控物质资源的极大丰沛。权利与权力统一的基础在于社会整体利益。在现实生活的层面上，社会整体利益由两个相互区别的部分组成：一是社会成员的个体利益；二是社会成员的公共利益。前者的法律表现是权利，后者的法律表现是权力。因此，从根本上说，权利和权力都是社会整体利益的法律表现，它们是同质的东西。权利与权力统一的动因在于主体的需求。人的需求是多方面、多层次的，但人类的最高需求有两个方面：一是安全和秩序；二是利益和自由。前者产生了权力，后者产生了权利，权利与权力都来自人类的需求，这是二者联系的深层基础。

第二，权利与权力的互补。这主要表现在二者功能的互补上。权力的社会功能主要指向安全和秩序，权利的社会功能主要指向自由，二者统一于社会正义。由于二者的功能互补，维护了社会的理性平衡。如果二者当中有一方被偏废，或者导致社会失序，或者导致社会死序，总之，都会破坏社会正义，不利于社会的稳定和发展。

第三，权利与权力的相互渗透。一方面，权利之中有权力。从权力的渊源看，权力来源于权利，权力是权利的集中表现；从外延看，权力只是更广泛的"权利"概念的含义之一，广义的权利包括权力；从内涵看，权利内含着权力，"就权利人有权要求他人做出一定行为或抑止一定行为来说，即就这种权利对他人的影响来说，实际上也是一种'权力'"。另一方面，权力之中也有权利，权利以权力为前提，没有权力，便无法律，没有法律，便无法律上的权利；权力也包含着权利，例如，人民代表大会的提案权，它既是人大的职权（权力），同时，也是人大代表在共同行使其权利。

第四，权利与权力的相互转化。一方面，权利可以转化为权力，权利的让渡形成权力，例如，在近代社会，公民让渡其权利，形成了国家权力。又如，公司股东让渡其权利，便形成了董事会的权力等。另一方面，权力也可以转化为权利。首先，权力分化会形成权利，如政府将高度集中的经济权力分解给各类经济主体，便形成了这些经济主体的权利；其次，权力可以设立权利，创设新权利；最后，权力通过保护权利，使权利获得发展，这实质上也是权力向权利的转化。

（五）权利与权力的矛盾冲突

权利与权力的矛盾乃至冲突是二者关系的特殊表现。限于篇幅，笔者仅就二者矛盾冲突的一些主要方面及其原因做扼要阐述。

以权力为主动方来看：首先，权力总要突破权利的限制。权利是权力的渊源，权力来源于权利，权力应以权利为其界限，而不得超越它赖以产生的权利的范围，但是，权力一经产生，就不可避免地具有扩张性，它总要突破原有权利范围的限制，壮大自己，而权利总力图把权力限制在其可能容纳的限度内，这样，便形成了权利与权力的矛盾，而且这一矛盾始终存在。其次，权力损害权利。这主要指权力被滥用从而损及他人权利。目前，法学界大多认为权力被不法使用即为权力滥用，笔者以为权力滥用应是指权力在其合法限度内被不合理使用。最后，权力否定权利。这是权力与权利的激烈对抗形式，它常常表现为权力对权利的剥夺，例如，在封建专制统治下，王权至上，王权几乎剥夺了人民群众的一切政治权利，也剥夺了人民群众的许多经济权利和文化权利；又如，在现代社会，（政治）权力也会应某种需要，剥夺人民的某项或某些权利，从而使合法权利得不到行使。这有可能使权力与权利的矛盾激化，造成社会动荡。

以权利为主动方来看：首先，权利限制权力。权利是权力的源泉，它天然地对权力形成限制，而且，权力产生后，它总要突破权利的限制，并常常危及权利。权利为使权力保持在它所能容忍的限度内，必然要对权力加以限制。权利与权力正是在这种限制与反限制的斗争中，求得妥协与平衡，使权利与权力的发展，不致偏向一端，造成严重失衡。其次，权利妨害权力。它常表现为权利的行使超出一定的限度，从而妨害了权力的正当行使。

权利与权力的冲突原因是多方面的。其直接原因是它们分别代表着社会利益的不同组成部分。如前所述，社会利益由两大部分组成：一部分是社会成员的个体利益，另一部分是社会成员的公共利益。权利一般代表社会成员的个体利益，权力则代表社会成员的公共利益。在利益一定的情况下，个体利益与公共利益常常发生矛盾，因此，权利与权力常常发生冲突。解决这一问题的主要方法，是建立合理的利益分配机制，注意各方利益的平衡与协调。

二、知识与信息

（一）信息社会的"权利与权力"

信息社会，"理论知识作为社会革新与制定政策的源泉的中心性"得到认可，科学技术作为社会运行和发展的主轴起到了关键作用。于是，"知识与信息"就成为"权利与权力"的新主轴和新具象。

理论家们早早就发现了这一趋势：尼采认为知识是权力意志的表现形式。福科直接建立了知识与权力的连体关系（把知识权力化），认为知识是权力的眼睛。实际状况也确实如此，尤其是网络社区当中。确实，知识就是力量、知识就是权力。现代技术将知识转化成生产力来创造财富。知识成了人们所向往的力量，成为人们的行动指南。另外，知识在人类社会和生产管理中也起到了重要的作用，人们在知识的指引下将社会和生产变成一种可以控制的过程。知识以及知识的载体成为首要的社会资源，并且形成最强有力的权力结构。

在现代社会系统中，各类型的专家等社会权力精英在知识和资本两方面占有绝对的优势，作为一个整体在很大程度上可以参与甚至控制配置各种社会资源，从而在客观上使得社会向着适合他们发展的方向维持和发展。也就是说"权利—知识与信息—权力"结构参与了现代社会建构的过程。这些占有优势资源的人在现代生活世界中形成了一定程度的话语霸权。看似权力精英们占据了优势资源，占有统治地位，并且这种统治地位也具有强制性，但是人们接受权力精英的统治，不仅因为现在知识权力结构具有强制性，更是因为它也具有解放性。人们会寻求与陌生人的发展机会，这虽然会导致不稳定性，但同时也会产生多样性，使人们的选择具有更多自由，所以它还具有解放性的价值。当信息、知识成为一种经济学话语中的资源或资本时，网络空间由于其在信息和知识快速传播、交流过程中的特殊优势，成为资本全球配置的新的基础力量。

网络社区的"权利—权力"结构是一种新的现代知识权力结构，主要是由信息资源、网络技术、资本、投资人、广告商、软硬件开发商、网络技术专家和运营商等组成的决定网络资源分配的结构。在此结构中，运营商、广告商、投资人和软硬件开发商具有精英的位置，他们的目的是获得更大的权利和权力。即网络社区的扩大再生产，也就产生了虚拟"权利—权力"结构的动态模式。

从网络社区自身发展的角度看，这种网络社区的动态发展是从网络社区的技术进步角度出发的，一种类似经济市场的自我调节作用的自我反馈机制。技术的发展是因为现有的技术不能够满足使用者的要求，根据使用者的要求进行改进的一个过程。例如，网络中存在大量信息，相对于人们搜索有效信息的能力而言无疑是显得太多了，并且网络的运行速度相比较而言也总显得不够。这种现象导致了技术的进步，而技术的进步又进一步导致使用人员的增多。如此便形成了一种正反馈，技术就在这样的自我反馈中得到发展，网络社区也就更进一步符合人们的要求。技术的改进往往使拥有更多信息的精英们，能够及时获取网络社区的正反馈从而进一步巩固自己的地位。注重学习的人也可以成为精英中的一员，可见这种反馈机制也给人们带来了新的机遇。

权力会带来因控制和掌握资源的不平衡而产生的不平等现象。在操作层面，应该在承认网络社区中存在不平等的前提下，从共生互动的角度看待网络社区的权力结构。可以从论坛类的网络社区为例明晰一下权力结构问题。在论坛类的网络社区中一般都有版主，负责社区的安全和基本秩序，他们将过激或者不适合的言论删除或者对其提出警告，他们将好的帖子放入精华区。在这里，版主扮演了网络社区中的权力精英的角色，但是他们的权力也会受到约束，如果版主任意删帖或者要求过于苛责，那么必然导致用户的减少，对于论坛类的网络社区自身来说，社区的维持难以为继，所以就算是权力精英也要克制自己的行为。

当网络成为基本的市场经济基础架构时,网络效应会引起需求方的规模经济效应和正反馈效应。简单地说,当用户数量达到一定的数目后,用户的增加会带来更多的用户,同时整个网络的价值也不断增加。网络中每增加一个用户,网络就变得更大且更有用,网络的价值也就随之增加。梅特卡夫(Bob Metcalfe)提出了一条法则:网络对于每个人的价值与网络中其他人的数量成正比,这样网络对所有的人的总价值与用户数量的平方成正比。这一法则充分说明了网络的价值不仅由权力精英决定而且也需要通过广大网民的参与才能形成。

虽然网民的作用很重要,但是巨大的网民仍没有改变知识权力结构在网络中的作用,这只是网络权力结构的外部动态展现,网民参与创造了网络价值,但仍未替代权力精英的作用,他们与权力精英仍然是被控制者与控制者的关系。居于权力精英地位的经营者掌握网民各方面的信息,并对这些信息进行处理,引导广大网民的个人行为。网络权力精英对网民的控制是无法消除的事实,网民也只有在接受这种不平等的事实的前提下分享权力。

随着互联网络的发展,人们的生活越来越多涉及信息空间,信息成为一种与人的基本权利密切相关的资源,如何合理地制造、拥有、传播和使用信息,成为一种重要的"权利—权力"形式。具体而言,网络中的信息"权利—权力"形式的内容有信息访问权、信息发布权、知识产权、隐私权、信息安全权和保持文化多样性的权利等诸多方面。对于信息"权利—权力",许多乐观主义者认为网络的普及带给人们更多的触及信息和知识的机会,也大大增加获得信息和机会的可能性。从而使更多的人能够享有因政治、经济进步带来的发展红利。还有一部分人则持有不同的观点,认为网络带来了更大的不平等现象,人们使用、接触网络的可能性因为地域的差别而使得网络在不同地区的不同人群中制造了一种数字鸿沟。

(二)网络社区的"权利与权力"

网络社区的权力是由网络空间的个人权力、技术权力和想象力组成的。"网络空间中的信息权力,是不在场的网民通过观点发布、消息传递、时事评论等行为在交流沟通中展现的权力。"① 此外，网络社区具有赋权和控制的双重功能。赋权分散网络社区的舆论，但利用个性化的技术结构，能够更为严厉地控制网民的思想和价值。在网络社区中，话语权的变迁和技术化的崛起是影响权力转移的主要方面。权力转移必然导致权力的重组。尽管无法确定未来网络社区结构发展的形式、轨迹、特征和方向，但可以肯定，网络社区的权力流变将是导引网络社区重构的潜在要素。网络既可以造福社会，也可以危害人间。事实上，失控的放权是制造不稳定的深刻力量。网络分权是社会进步的表现，也会导致社会分裂。在现实社会中，不健全的利益诉求机制和权利维护机制，增加了网络舆论演变成舆论危机的风险。

在网络社区中，"权利—权力"关系的新表现和新特征主要包括以下方面。

首先，权利与权力的边界虚化。网络社区是现实社会中人与人相互作用的延伸和拓展。网络社区不同于现实社会的独特之处就在于数字化、虚拟化、信息化。在信息技术支撑之下的网络社区中，网民通过电脑互联开展各种形式的虚拟交往。网络社区的高速流动性改变了现实社会中权利与权力的基本形态，使得"两权"相互转化的频率和速度加快。网民行为的数字化、隐蔽化，使得"两权"的辨识变得困难。网民因此获得关注或引起共鸣而掌握话语权力，也可能激起公愤或破坏公正而丧失公共权威。实际上，权利与权力时刻流转和循环于不同主体之间。在这一过程中，其边界被不断淡化、日益虚化，从而挑战现实社会和人们的传统行为模式。

其次，权利与权力的冲突加剧。围绕权利与权力的冲突，网络社区活动越来越频繁地影响人们的社会生活。网络冲突有理性的内容，也有感性的成分，但是，随着网络社区的建构网络冲突也随之增多。无论是理性的诉求还是非理性的情绪宣泄，权利与权力的冲突似乎难以避免。而其中值得思考的问题是，在冲突风险不断扩大的虚拟空间，网络社区如何保持基本稳定？笔者认为，关键在于网络社区中的人。在一定程度上，由遵循网际规则的人组

---

① 刘少杰. 网络化时代的权力结构变迁 [J]. 江淮论坛, 2011 (5): 73.

成群体并拥有责任情怀,才塑造了相对平稳而暗流涌动的网络社区。所以,规则和责任可以认作是网络社区维护"两权"平衡的两个重要支点。

再次,权利与权力的互构性增强。网络社区中的权利与权力还是相互建构的关系,有开放性、交互性的特征。开放的互动使不同层级之间、不同行业之间、不同区域之间的沟通比较容易达成一致。一方面,权利建构权力。网络的互动性使网民拥有更多的话语权和知情权,使人们能够获得更多的信息资源并行使个体话语权,参与或引导社会事件的意见表达,营造舆论氛围,集聚权利者的利益诉求。这一过程不是瓦解权力,而是构建强有力的权力复合体。在网络热点事件中,网民依靠网络获取信息并做出自我判断,通过论坛发帖、群组讨论、新闻爆料等形式参与网络意见表达,形成稳固的网络民意,向决策层发出明确的抗议信号,以个体或集体的权力迫使其做出回应。另一方面,权力增量权利。网络社区强调权力的非中心化、分散性、多元性。法国哲学家、社会思想家米歇尔·福柯认为,"权力是一种关系、网络、场域。权力是无主体的、非中心化的"。① 这一特性增强网络社区的权力流动性,使得不同主体都可能掌握权力,使得权利诉求更加便捷。同时,网络技术瓦解现实社会的等级结构。权力更多地分散到网民和网络组织,获得、使用和传播网络信息资源的权力不再是少数的个人和组织的特权。广大网民都有机会享受这个权力。

最后,"知识""知能"决定网络社区中权利与权力的关系。网络活动能力包括学习网络知识、理解网络知识、运用网络知识、创新网络知识。大众具有平等获知网络信息的权利。所不同的是,运用网络知识的人会形成完全不同的、使用网络信息的效果。在网络社区,"两权"关系是以信息、资源、技术共同组成纽带的对认统一关系。其变化取决于知识和技能的掌握程度。网络社区无中心化的分散式结构改变了权力垄断者控制和封锁资源、信息、技术的局面。任何人都能够经由网络发布信息、传播信息、分享资源。但是,不同的个人和群体具有不同的网络活动能力。美国传播学家蒂奇纳等人

---

① 陈炳辉. 福柯的权力观[J]. 厦门大学学报(哲学社会科学版), 2002 (4): 110.

指出，处于不同社会经济地位的人获得媒介知识的速度是不同的。社会经济地位较高的人将比社会经济地位较低的人以更快的速度获取信息。在网络空间中，技术精英和拥有丰富信息资源者能够控制普通网民。维持网络社区的权力离不开信息、技术、资源的优势。保持网络活动能力，掌握网络资源的主导权，就必须提高运用网络的技术水平、判断能力，不断挖掘网络资源。总之，在网络社区，权利与权力既具有相互建构的一面，也存在相互冲突的一面。权利可以通过积累转化为权力，权力也可以通过其特定的优势谋得权利。权利问题处理不好，可能演变为冲突；权力如果运用不当，甚至违法违规，就会损害人们的合法权利。

三、大众与精英

"权利—权力"关系存在于现实的各个主体之间。为了对主体进行现实化可操作的分析，可以按照主体享有的"权利"和"权力"的不同有"大众"与"精英"之分。在接受"大众"与"精英"基本权利原则平等的前提下，实现大众与精英相互兼顾、相互妥协的主张。

（一）含义

尽管人们可以从中外古代先贤的著作中找到"大众与精英"论述的蛛丝马迹，但是一般观点认为系统而有影响的论述形成于19世纪末20世纪初，在20世纪70年代达到其阶段性的顶峰。早期的相关论述发源于意大利。莫斯卡、帕累托、米歇尔斯、奥尔特加、勒庞等人在批判大众民主的基础上发展了早期的理论，韦伯、熊彼特、伯纳姆、米尔斯等人则分别从政治、经济和制度的角度论证了相关理论。相关理论认为，绝大多数集团的统治者、领导者或管理者总是集团内的少数，但他们对集团的发展有着极其重要的影响。要分析一个集团，必须分析这些精英才能揭示本质和规律。日常语言体系（尤其是中文）中的精英大多具有褒义，但理论研究语言体系中的精英一般是中性词。就理论研究的视角来看，广义的精英是指那些在人类活动的各个领域里表现突出的冒尖人物。狭义的精英是指在现实社会生活中能够制定政策、做出重大决定的少数统治者，即"那些在社会机构和组织中，占据正式权力位置的个人"。

网络社区中的"精英"网民在网络上具有相当的舆论影响力。他们活跃在各大论坛、BBS、博客、微博、微信等网络社区充当舆论领袖。他们往往见多识广，有机会接触更多的社会信息，在某些领域扮演着信息发布者和舆论引导者的角色。如在各大门户的微博广场中，按照不同的社会职业结构把微博分为娱乐、文化、媒体人、公共名人等不同的板块，这里面所搜索到的微博用户都是在自己的工作领域具有一定发言权的知名专家、明星、学者等。对于特定的领域他们有自己独立的社会见解与思想，较普通网民他们往往对事物的看法更加深刻与长远，能引导网民的思想，改变他们的态度，影响他们的行为。尤其是政治类意见领袖，他们在网络公共事务中，积极主动地发表自己的看法，对事件进行及时评论与深刻剖析。当他们的观点、意见、情绪为受众接受，甚至引起受众的共鸣，就会产生巨大的舆论影响，往往对网络舆论的发展具有导向性作用。尤其是在真相难明，流言满天飞，舆论一边倒的情况下，一些代表正确舆论方向的意见领袖的意见，将能起到辨明事实真相，遏制社会流言，把握正确舆论导向的作用。

网络社区中的"大众"网民占全体网民的大多数，是网络社会发展的中坚力量。他们使用网络的行为比较多样化，观看网络新闻、收听网络音乐、参与网络电子商务、网络聊天、网络游戏等是他们参与网络生活的主要目的。他们不同程度地关注社会热点问题，关注国际事件、国家事件和社会事件，使用搜索引擎的主要目的不仅在于娱乐，更主要的还是搜集自己需要的信息。他们在利用网络满足自身生活需求之外，就一些社会热点问题、网络公共事件往往能发出自己的声音。这类网民不限于个体，还包括一些网络群体和组织。他们会发挥自己的主观能动性去评论或者身体力行去推动事件的发展。大众类网民的力量是巨大的，如在"呼格吉勒图"案中，正是在广大大众网民的共同努力下，才最终推动了事件朝着符合社会期待的方向发展。

（二）网络文化的大众性与精英性

网络文化的大众性指的是信息社会借助广播、电视、网络等传播工具，迎合广大群众，以娱乐和消费为目的制造出大量的文化产品，同时信息社会又使文化呈现出明显的大众性趋势。例如，尼尔·波兹曼在其著作《娱乐至死》中认为："一切公众话语都日渐以娱乐的方式出现，并成为一种文化精神。我们的新闻、体育、教育和商业都心甘情愿成为舆论的附庸，毫无怨言，甚至无声无息，其结果是我们成了一个娱乐至死的物种。"①

现代社会信息传播的形象化、碎片化、感性化等特征，有力地促进了文化的大众性。这里的大众性包括数量、时间和空间上的规定性。在数量上，文化产品和受众人数众多，使文化呈现大众性的趋势。在时间上，基于网络传播技术的发达使文化传播速度迅速，在短时间内被人们接受和再传播。在空间上，文化传播的辐射范围宽泛，跨越地域、民族、种族、性格等的界限，为全世界的人们所共享。

网络文化的精英性指的是通过集教化、反思和批判于一体的一种文化体系，对社会大众的道德伦理、价值观念和行为规范进行引导、教化和规范，体现出反思和批判现实、探索未来、建构新的生活方式的功能。经典文化常指精英文化、高雅文化等，有着真善美的标准，能够提升人的精神世界，同时经典文化所具有的理性、系统、抽象等特征，又在一定程度上影响了信息、文化的传播。

（三）大众性与精英性的对立

首先，是大众性的感性刺激与精英性的理性化要求之间的对立。当代网络文化呈现出"视觉化"的倾向，文化的大众性和泛滥使人们对文化的消费往往只是停留在感官的刺激和愉悦上，对文化持拿来主义的态度，拒绝思考和理性分析。另外，在信息网络上传播的文化往往偏重娱乐性，缺乏历史性和厚重感，它迎合的是人们低级的审美情趣，用华丽的形象消解了文化的深层内涵，瞬间的体验取代了永久的回味。长此以往，必然导致人们思维能力的下降，使人的头脑变得机械、迟钝、简单。

其次，是大众性追求娱乐与精英性弘扬崇高之间的对立。现代社会休闲

---

① 〔美〕尼尔·波兹曼. 娱乐至死 [M]. 章艳, 译. 桂林：广西师范大学出版社, 2009：5-6.

已经成了人们生活的重要组成部分，人们把轻松、娱乐和消遣作为一个生存主体的主观需要。而信息传播则以直接浅显的方式使人们轻而易举地获得这种愉悦感。尽管它或许没有深度，但它可以供人们娱乐，可以消解现实的失意，缓解生存的压力。而经典文化往往由于其抽象性使人们难以理解和获得愉悦感，这必然使得人们对浅显的大众文化热衷，而对经典文化冷落。由此带来的是大众现实责任感和道义感的缺失，对理想和崇高精神的排斥。表面上人们的感官得到了极大满足，实际上瞬间的感官体验之后往往又会陷入精神的空虚，因为大多数大众文化往往没有深度，太过感性和功利性，经不起推敲和时间的检验。我们不得不承认，网络文化生产与消费的大众性，在一定程度上降低了文化产品的品位。

  再次，是大众性的多样性与精英性的主导性要求之间的对立。在社会的发展进程中必然有一条主流文化作为时代精神的主线贯穿其中，我们经常听到"弘扬主旋律"这类的话，就是要求具有先进性的主流文化能够始终占领社会文化阵地。然而信息社会对自由和个性的强调，弱化了主流意识和权威观念，作为网络文化主体的青年，反叛和标新立异的意识使他们对自由和个性的过度追求忽略了网络文化中的主与从的关系，甚至把主流经典文化看作是对人性的压抑，拒绝排斥先进文化的引领，把亚文化作为文化的主导。在网络文化中，这种现象越来越严重，这虽然增强了主流文化与亚文化之间的互动，但也加剧了它们之间的冲突。

  最后，是大众性文化的自发性与精英性文化的灌输性之间的对立。大众性文化往往迎合广大受众的口味和喜好，所以它具有轻松、娱乐、直观易懂的特点，这些特点使它能够轻而易举地被广大普通群众所接受和传播。它的影响不是建立在大众的高度自觉上，而是建立在大众的无意识和自发性上。相比较而言，精英性文化内容较为深邃、严肃，往往具有一定的理论高度，这使普通群众理解和接受起来有一定的难度。同时经典文化通常是以传统的说教和灌输式的方式进行传播，这很容易引起受众的反感和排斥。在信息社会，大众文化的普遍自发性对经典文化传输方式的灌输性提出了严峻的挑战。

（四）对立文化的潜在消解

在网络社区中，大众性文化和精英性文化的对立严重挑战着经典文化的主导地位，经典文化遭到质疑，甚至是调侃和颠覆。泛滥的大众文化对经典文化存在消解的可能性。

首先，对国家意识形态的潜在消解。网络对中国社会主义意识形态提出了挑战。网络传播的开放性和多元性使互联网上各种思潮与主义激荡，造成人们信息选择和价值取向的多样性，尤其是对缺乏是非判断的青少年来说，这种危害是极大的。这种现象直接反映的虽然是网民以新、奇、怪等反传统的方式来获得精神的上刺激与满足，但更深层次的原因还是对传统意识形态灌输内容、话语方式与表达效果的不满。这些都造成对中国传统文化的消解，导致文化认同感的缺失和信念体系的瓦解，必然挑战集体主义信念和爱国主义信仰。

其次，对传统人生观的消解。这主要表现为理性思考的缺失和对生活学习的不负责任。文化的大众性和泛娱乐化严重冲击着人们的人生观和价值观，导致思想的混乱，很多网民以一种游戏的态度来对待生活和学习，缺少人生应有的严肃和认真的态度，把一切都当作一场游戏。同时，还表现在对理想的亵渎和对责任的逃避。信息社会文化的大众性和娱乐性使人们对理想信念缺失，及时行乐、活在当下、追求娱乐和刺激成为很多青少年的人生信条，这种目光的短浅导致的是对理想信念的亵渎和对现实责任的逃避。

（五）大众性与精英性的统一

首先，精英性离不开大众性。网络文化的精英性要靠大众性来实现，文化的大众性是精英性的自身要求。第一，在传播议题上精英性离不开大众性。广大受众是信息的传播者和接受者，离开了受众信息就无法传播，对经典文化来说也是如此，再经典的文化都要以广大受众为基础。因此根据最大多数群众的需要设置议题，传播大众关注度较高的议题，便成为一种必然选择。第二，在传播方法上精英性也离不开大众性。精英性文化要想有效传播其精英性使广大受众接受，就要研究受众接收信息的规律，采取他们习惯和喜欢的接受方式进行传播。传统经典文化往往采用说教式的灌输方式，从而导致人们对经典文化的远离，经典文化要想在信息社会被广大受众所接受就要改变其传统的传播方式和说教特性，利用信息网络创新方式和方法努力变得亲切，让人易于接受，精英性文化只有被广大受众普遍接受才能体现其价值。第三，在传播效果上精英性离不开大众性。一方面，精英性必然建立在大众性的基础上，离开了大众性也就无所谓精英性；另一方面，精英性不是脱离大众的经典，其内容必然是对大众生活的反映和体现，满足广大人民群众的精神文化需要。

其次，大众性有待提升为精英性。大众性并不必然等同于庸俗化，把网络文化作为一种俗文化是有失偏颇的。经典文化如果不能以一种积极的态度参与到网络文化的互动中必然会被其他文化所掩盖，失去其主导地位。经典文化应该参与到网络文化的互动中，与大众文化良性互动，占领网络文化传播的主阵地，不坚持权威性，不具备精英性，就不可能达到主流媒体的目标，权威性与精英性是主流媒体最起码的要求。信息社会大众文化的产生有其合理性，我们应该积极吸收其合理部分，摒弃其消极部分，用精英性的主流文化对其进行引领，提升大众性文化的品位和格调，使大众性文化适应信息社会的发展，提升为时代的经典。

最后，精英性和大众性相互渗透、相互转化。信息社会精英性文化和大众性文化相互渗透、相互影响，在一定条件下也会相互转化。精英性文化并不是一开始就创生的，而是在与大众性的交流互动中，在众多文化的激荡选择中逐步衍生的，可以说是从大众性转化而来。同样随着社会和时代的不断进步发展，一些曾是经典的文化也有可能不再适应时代的现实情况，从而转化为大众文化。总之，精英性与大众性并非一成不变，而是在相互交流与碰撞中共同发展的。在信息社会，网络上传播的很多文化都是精英性与大众性的结合，是雅与俗的共生，在纷繁的争论中也会存在着真知灼见。大众性文化与精英性文化并没有截然对立的界限，两者是相互渗透和相互转化的关系。

第三节　具化镜像

一、观察视角

网络社区的相关研究表明，网络已经渗透到社会生活各个方面，并衍生出大量不同于传统情境的新现象和新问题。网络快速发展深刻影响到了人类知识体系中各方向、各门类的发展。既会改变研究资料的来源和获取，也会改变对问题的研究方式与方法，而更重要的是网络时代与网络社会的形成，将会塑造或构建新的问题。网络社区研究既应该包括利用现代信息技术和材料研究社会性问题，也应该包括研究网络环境下所出现的新问题，如比较网络群体的内在行为方式差异，网络环境中的人民观念、群体关系、利益冲突等。也正是基于这种认识，可从以下视角逐一观察。

网络对人的物质生活和精神世界的影响和改造是巨大的。当前，随着网络更大范围的使用及更多功能的开发，网络日益被越来越多高校学生群体所接触和使用。网络对社会不同地区经济、社会发展和高校学生群众信息获取、价值观念等影响也开始日益凸显。网络作为一柄双刃剑，在推动社会不同地区经济发展、社会进步、信息传播、人群连接的同时，也在推动着青年学生群体确立并强化自我身份认同的不同意识。同时，网络也在不当地向青年群体输送大量有关社会的负面信息以及虚假信息。

网络作为新的社会空间和生活场域开始促生新的族群。网络族群的生成具有多种因素，如有基于某个特定事件或某种理想追求、价值信念而形成的网络族群，如快闪族、黑客族等；也有基于某个特定网络空间的长期性交流、沟通、共同精神生活而形成的网络族群，一般以小众社区、小众群组的方式存在。总体来看，网络族群是现实社会族群之外的，并与现实族群具有同等重要性的另一个族群类型。这些网络族群往往具有较现实族群更为特定的兴趣、爱好与追求，并在长期的互动交往过程中形成了密切的关系纽带，需要引起高度重视。

网络造成的社会现象和问题需要来自各学科的相关研究予以观照和回应。可以说，网络时代已经来临，网络社会已经崛起，各学科不能无视当前网络化大背景和大环境，各学科不能不回应网络所带来的深刻影响。

二、审视进路

从当前对于网络社区的相关研究看，要注意到网络社区对青年、文化、社会生活的影响，也要注意到网络社区带来的新的社会议题。这些新的矛盾运动和事态发展可归纳为以下几方面。

（一）观察网络社区文化、传统文化的演化

网络社区对于社会群体研究最重要的现实意义莫过于深入考察网络对社会内核的深层次影响。从当前对网络社区的相关研究看，网络时代文化边缘化或走向衰落的可能性不可小觑。对于社会的整体影响而言，研究的问题应该包括，网络空间是否正在形塑着一种不同于现实的身份认同或标签，并以此为基础塑造了新的群体形态；是否会影响国家的文化、政治认同，甚至是国家的基础和内核；是否在消解中华民族传统文化影响力和生命力以及是否在改变文化在网络空间中的存在情况与生存方式。以文化为关注点，展望和思考网络时代文化何以传承与发展、文化发展的具体路径、文化如何重塑等问题，将网络作为文化传承和重塑的工具与机制，研究网络时代如何克服文化走向边缘化并得到进一步的传承和发展是时代性的研究课题；以网络传播为视角，描述文化在网络中的传播现状；以文化的具体形式——文学、文艺为对象，对网络时代文学、文艺的相关议题进行了思考，显然也具有相当的学术意义和实践意义。

市场经济条件下，文化传统的延续和发展常常在旅游相关的情境下具化。应以此为着力点，探讨网络时代不同地区的旅游开发和可持续发展问题；以党的建设为对象，分析网络时代不同地区党的建设如何推进；以宣传思想文化工作为议题，探讨网络时代不同地区宣传思想文化工作如何迈向科学化，以及网络时代不同地区的高校如何做好思想政治教育工作；最后，还

可从社会建设与社会管理的角度，研究网络社区对于网络时代不同地区社会稳定的新问题以及新型社会管理机制的建设所具有的影响力。

（二）观察网络对高校青年的多样化影响

青年是未来的主体。网络对不同地区的表层影响表现在对这些地区的发展产生重要推动力，而深层影响则体现为深度参与了人们生活方式的转变。通过考察网络社区中参与者的政治认知可以发现，网络语境形塑了不同地区对于"社会""群体"与"个体"三者关系的新理解，而这也潜移默化地改变了不同地区对于国家的认知。此外，以大学生为代表的青年对象，探讨网络社区青年参与者的网络行为与认知；或以不同地区的网民为对象，研究不同地区的网络受众的独有特点与网络行为特征等。就个体层面而言，研究的问题应该包括，网络是提升并强化了个体（尤其是青年）的观念、意识、认同，还是弱化并消解了个体意识、认同。

在整体层面对不同地区的影响上，需要进一步调查不同地区网络的使用情况、覆盖力度，并预测未来不同地区网络使用的层次与水平。一方面，需要分析不同地区网络应用存在的困境与问题，以及网络普及率不高的原因，并思考如何提高不同地区网络覆盖率或使用率，从而消除不同地区因使用网络不足而出现的"数字鸿沟"问题；另一方面，还需要比较不同地区互联网普及率或使用率是否有差异及差异根源，比较不同地区在网络使用上呈现的变化以及网民成长的过程差异。而在个体层面对不同地区网民的影响上，一方面，需要调查不同地区网民网络使用行为，如对不同地区网民网络使用习惯进行描绘，并比较不同地区网民网络行为的异同；另一方面，需要研究不同地区网民心理，如在网络空间中，网民是否具有心理弱势以及网民网络心理疾病的表现形式等。在跨界、跨境相互关系上，网络是拉近了人与人的距离，还是产生了不同群体或个体间社会分化或分层，造成了群体间和群体内的信息落差、知识分隔和贫富分化。

（三）观察网络在不同地区社会活动中的应用

在经济层面，需要考察不同地区网络经济的发展情况，如网络企业发育程度，企业或个人利用互联网进行经济活动的情况，并思考在网络经济大潮下，不同地区如何追赶甚至超越等问题。在社会层面，需要考察网民的网络观念或认知，网民的社会规范或越轨行为，以及不同地区如何利用网络进行社会管理活动的创新，网民如何认知和评判。对于不同地区网民利用网络进行维权、利益或意见表达、参政议政等也需要研究，如不同地区网民利用网络进行参政议政问政的情况及其独特性等。还需要考察不同地区政府网络治理水平，如不同地区电子政务发展情况与绩效评价，不同地区政府网站建设情况，不同地区官员网络认知或网络执政能力发展水平等。

同时还要考察网络对一个国家政策和治理活动的影响。政策和治理方式是社会研究的重要内容。随着网络发展，公共政策和政府治理中的网络因素已大大增加，网络既可以是公共政策制定的探测器，也可以是公共政策制定的工具，还可以成为宣传或执行公共政策的机制。在此背景下，网络因素已日益参与到政策和治理之中，如在当下的政府治理中，一些地方已经将网络作为宣传政策和改进治理的重要手段，建立了涉及不同地区和群体的危机事件或突发事件的网络舆情的预警、分析平台。

（四）观察如何利用信息技术研究社会性问题

可将社会关系动态变化作为重要关注点，利用现代信息网络技术对社会关系的发展进行监测，具体内容包括监测指标的构建与预警系统的设计、监测模型的构造与信息处理、社会关系知识管理等。当然还要将中华民族复兴进程作为研究议题，开发若干有关民族复兴的监测指标与测算方法。

网络媒介出现与网络时代来临，尤其是网络社区的出现和繁盛凸显了一种新的形式，即网络主义。从既有研究看，主要涉及网络主义的社会政治功能与意识形态功能、概念与成分构成、动员过程与方式、如何有效引领、发展及解读视角等。除了关注网络主义外，网络精神的存在、分类及其培育方面的问题也很突出。当然，以社会认同为切入点，网络社区中的社会认同面临的挑战及其重建的问题也是热点、难点。

网络社区在丰富着不同地区接触更多信息的同时，也有可能加深不同群体之间矛盾的冲突，因此对网络社区的研究还应关注网络群体等基于网络的不良行为。不仅要考察信息在网络空间中的传播过程和传播方式,以及普通民众对错误思想的认知或接受状况,从而考察网络传播的影响力;还要预测网络更广更深的使用可能带来的矛盾运动风险,包括网络空间歧视与话语冲突等;尤其是网络大规模行动产生了较大的社会影响,需要进行再回顾和分析。

总体而言,虽然通过网络社区对网络时代社会现象或问题不断涉猎,但如何更好地让网络服务于社会政策和治理,让网络作用得到进一步凸显,将是网络社区研究的重要主题。

第四章

学生思想变化与网络社区调研

第一节 研究概观

一、主要方法

整体以调查研究法为主。根据研究需要，在研究的不同阶段先后采用了文献研究法、参与观察法等教育科学研究方法。

(一) 文献研究法

文献研究法在研究的初期，特别是在论文的选题方面起到了比较大的作用。通过对各种专著及文献资料的收集和网络资源的检索，了解国内外文化网络传承相关研究的现状和发展动态，尽可能全面地掌握前人的研究成果，以便对今后的研究工作提供有益的借鉴。

(二) 调查研究法

第一，问卷调查法。是用书面形式间接收集研究材料的一种调查手段。通过向调查者发出简明扼要的征询单（表），请示填写对有关问题的意见和建议来间接获得材料和信息的一种方法。

第二，网络调查法。网络调查法是网络传播学研究中应用的一种特殊方法。相对于传统的调查方式而言，网络调查方法的成本要低很多，而且十分便捷。

（三）访谈法

这是通过研究者与被研究者的直接接触、直接交谈的方式来收集资料的研究方法。本研究的访谈属于半开放型的结构性访谈，即提前确定若干问题，然后以一人对一人的个人访谈为主要访谈形式。

（四）参与观察法

参与观察法是人类学研究中最常用的研究方法。参与观察法一般与实地研究相联系，它是研究者深入所研究对象的生活背景中，在实际参与研究对象日常社会生活的过程中所进行的直接的观察，多采取无结构观察的形式。

二、网络调研简况

网络环境下，舆情信息传播方式发生了革命性的变化。新兴的传播渠道（如微信和微博等移动社交媒体）产生，成为继电视和报纸等传统媒体之后社交和通信的主要传播方式。随着互联网的发展，大学生在网络平台上浏览信息，发表自己的观点和看法，成为舆情热点事件传播的重要方式。

（一）调查对象

调查对象为贵州部分高校（包括贵州大学、贵州师范大学、凯里学院等）的1000名青年。为保证调查结果的可靠性，调查时兼顾了各学校、年级、专业及学生的比例，使所得数据更具代表性。调查对象的基本状况如下：

通过调查问卷和访谈的方式，进一步了解和掌握其在网络时代的生存状态，通过调查分析，找出存在的问题，目的是提出相应的对策，创新高校思想政治教育的发展。

1. 调查的基本情况

为了全面调查网络时代高校思想政治教育情况，综合使用问卷调查法和访谈法两种方式，设计出针对高校大学生思想政治教育（以下简称高校思政教育）的问卷。

(1) 调查对象的选取

为了扩大调研范围,选取贵州作为调研地点,调研对象确定为贵州大学、贵州师范大学、凯里学院、黔东南民族职业技术学院几所高校的在校生。

(2) 问卷的设计

问卷设计以网络时代高校思想政治教育工作者和在校生为对象,试图通过高校在校学生的视角来了解网络时代的高校思想政治教育的实践现状。问卷大致由三部分组成:调查对象的基本情况及网络使用情况、调查对象的思想政治理论课的学习过程和学习效果的评价、调查对象对高校思政教育的了解和建议。具体指标请参见下文分析。

(3) 问卷的发放和回收

根据实际情况,本次共发放问卷300份,在贵州大学和贵州师范大学共发放了200份问卷,回收194份。在凯里学院和黔东南民族职业技术学院共发放了100份问卷,回收96份。共计回收问卷290份,回收率96.7%;有效问卷279份,有效率96.2%。问卷调研时间为2020年5月至2020年7月10日前。问卷发放具体情况见表1-1。

表1-1 问卷发放与回收情况

学校名称	发放数量(份)	回收有效问卷(份)	回收率(%)
贵州大学	120	117	97.5
贵州师范大学	80	77	96.3
凯里学院	50	48	96
黔东南民族职业技术学院	50	48	96
总计	300	290	96.7

(4) 总计调查对象的基本情况（见表1-2）

表1-2 调查对象的基本情况

变量		人数（人）	占比（%）
性别	男	173	59.7
	女	117	40.3
政治面貌	中共党员	76	26.2
	共青团员	204	70.3
	民主党派成员	0	0
	群众	10	3.4
专业	人文社科管理类	49	16.9
	农学类	37	12.8
	理工类	108	37.2
	医学类	87	30
	其他	9	3.1
年级	大一	40	13.8
	大二	112	38.6
	大三	96	33.1
	大四	18	6.2

从表1-2中可以得出，本次调查对象中男生多于女生，男生占比为59.7%，女生占比为40.3%；共青团员占的比例明显高于中共党员和民主党派成员以及群众；从年级分布上看，本次调查对象主要集中在大二和大三的在校生，二者的比例分别占到了38.6%、33.1%，高达一半以上。

2. 调查结果与分析

网络作为一种新兴的提法，必然有它产生的背景，高校大学生和高校教师如何使用网络以及如何认知网络，势必会对高校思想政治教育产生重大影响。

本部分共有五个问题来了解大学生和高校教师的网络使用情况和对于网络时代基本情况的认知。包括使用、认知和理解及评价。这五个问题分别是:"您的网龄有多少年","您每天使用互联网的时间是多少","您对互联网的了解程度","您认为互联网是一时兴起还是大势所趋","您怎样理解互联网"。

(1) 网络使用情况:高校大学生和高校教师的上网时长均在两小时以上,使用网络逐渐成为高校师生的日常工作学习的一部分。

网龄反映了当代大学生的信息素养,也反映了他们和互联网之间的关系。

数据显示,对于"您的网龄有多少年?",有26.9%的受访大学生回答1~2年,55.9%的受访大学生回答的是3~5年,17.2%的受访大学生回答的是5年以上(见表1-3)。

表1-3 您的网龄有多少年?

	人数(人)	占比(%)
1~2年	78	26.9
3~5年	162	55.9
5年以上	50	17.2
合计	290	100

从调查的数据可以看出,高校大学生网龄反映出了当前网络的普及程度,他们的网龄呈现倒三角形态,3~5年以上网龄的占比为55.9%,5年以上网龄的大学生占比也达到了17.2%。由此可以看出互联网正渗透到大学生的学习日常。

大学生使用互联网时长同样反映了大学生的信息素养,"您每天使用互联网的时间是多少?"的问题中有55.5%的受访大学生选了2~4小时,18.6%的受访大学生选了4小时以上,19%的受访大学生选了1~2小时,仅有6.9%的受访大学生选了1小时以下(见表1-4)。

表1-4 您每天使用互联网的时间是多少？

	人数（人）	占比（%）
1小时以下	20	6.9
1~2小时	55	19
2~4小时	161	55.5
4小时以上	54	18.6
合计	290	100

通过调查可以发现，占比超过一半的受访者每天使用互联网的时间在2~4小时，18.6%的受访者每天使用互联网的时间在4小时以上，其中一个原因是受访者处在大四或者是研三，他们需要更多地使用互联网获取信息，包括查找资料或者是获得求职信息。同时，在对老师的访谈过程中，贵州大学A老师讲道：

"我们现在每时每刻都在和互联网打交道，了解最新的新闻热点和学校发布的信息，以及与学生的交流等。现在学校的很多信息都是通过网络获取，例如，学校年龄稍大的教师这两年和互联网打交道也越来越频繁，慕课的使用，上课资料的查询之类，在课堂中基本都在利用多媒体实现教程的多样化、趣味性，因而利用多媒体的时间起码在一小时以上。"

（2）网络时代的内涵：大学生对网络时代的了解程度较低，高校教师对网络时代的了解和认知程度普遍较高。

这反映了当代大学生的知识宽度和对时下社会热点的关注程度，也反映了大学生对概念的关注程度。当问及"您对互联网的了解程度？"，受访大学生中仅有12.1%的表示对"互联网"非常了解；29.6%的受访者表示有点了解；31.7%的受访者选择了一般；另外，7.6%的受访者选择了不了解；19%的受访者选择了一点不懂（见表1-5）。

表 1-5 您对"互联网"的了解程度？

	人数（人）	占比（%）
一点不懂	55	19
不了解	22	7.6
一般	92	31.7
有点了解	86	29.6
非常了解	35	12.1
总计	290	100

通过调查我们可以发现，高校大学生有近三分之一的受访对象对互联网时代不了解或者一点不懂，这反映了当代大学生对所处时代没有足够的认知，同时也反映了他们对互联网时代没有足够的了解和关注。

通过分析发现了差异，其中，人文社科管理类、医学类专业的半数以上的受访者表示非常了解或有点了解互联网，他们所占比例达到51%以上（见表1-6）。

农学类专业有29.1%的大学生对此表示非常了解和有点了解，理工类专业有36.6%的大学生对此表示非常了解和有点了解，选项中"其他"专业的受访者有29%对此表示非常了解和有点了解，这些专业的受访者对互联网时代的概念了解情况就要略差于人文社科管理类和医学类的受访者。

表 1-6 对互联网时代的了解程度

专业	对互联网时代的了解程度					
	非常了解	有点了解	一般	不了解	一点不懂	合计
人文社科管理类	30.5	32.2	20.5	11.5	5.3	100
医学类	30.4	28.6	23.1	10.6	7.3	100
理工类	19.8	16.8	28.1	24.2	11.1	100
农学类	12.4	16.7	29.4	29.2	12.3	100
其他	15.8	13.2	39.0	25.0	7.0	100

当访谈老师谈到对互联网的认知时，贵州大学 A 老师谈道："互联网是国家战略，近年来也出台了很多相关的政策，二者的结合，早些时候也出现过很多，包括QQ、微博等，但是'互联网+思想政治教育'应从一个全新的视角来看待，互联网时代不仅仅是加强思想政治教育教学，也是加强高校思政教育管理，如何创新二者，将会是我们接下来要面临的新考验。"

（二）贵州大学生近年有效性网络使用情况

根据调研统计，大学生的上网时间和地点越来越具有随意性，大学生上网时长具有较大的自由度，且大学生上网时长呈上升的趋势。经交互分析发现，不同性别、年龄、学历层次的大学生群体，其上网时间存在显著差异。相较而言，女大学生每天可能会投入更多的时间用于上网。总体来看，大学生上网时长随着年龄的增加呈现上升趋势，并且高年龄段、高年级、高学历层次的大学生上网时长均相对较长。据调查显示，绝大多数大学生同时使用微博和微信，微信在大学生群体中的普及率极高，达到93.2%，并且人数比例呈逐年递增趋势。在上网目的的调查中显示，大学生上网目的呈现出较为明显的娱乐化倾向，"娱乐消遣"是大学生上网最主要的目的（68.4%），"学习"排在第二位（60.1%），"交流沟通"（58.1%）和"获取新闻信息"（55.7%）分列第三、第四位。在对待网络热点的态度上，大学生面对网络热点有着自己的判断和思考，总体上展现出较高的理性思考能力和独立精神。当某个社会问题在网上引发激烈讨论时，66.1%的大学生明确表示会"理性思考、自己做权衡"；11.8%的大学生表示"相信公众平台相关新闻报道"；9.6%的大学生"相信权威人士的观点"；只有少部分大学生"容易受到网民观点的影响"或"不知道信什么、持观望态度"。

由此可见，当代大学生网络运用总体情况良好，但不可避免地存在一些问题和值得引起重视的方面。第一，大学生网络生活过于追求娱乐消遣。2018—2021年来"娱乐消遣"目的均排在大学生上网目的的首位（人数比例分别为68.3%、69.7%、68.4%），这一现象值得我们重视。第二，大学生上网时长有逐渐增长的趋势，较大一部分大学生上网时长过长，并且上网时长越长的大学生受网络不良影响的概率越大。第三，仍有相当一部分大学生面对网络热点时理性思考能力不足,容易受他人观点左右。

这些现象值得我们关注,应当引起大学生自我反思。在现实生活中,大学生"拖延症""低头族"、学习积极性不高、沉迷于网络娱乐消遣等现象频发,与大学生的自律意识、责任意识、自制力不强密切相关。面对网络世界对大学生道德观念、价值取向、是非标准等多方面的冲击,大学生独立自主的精神和理性思考的能力也显得尤为重要。大学生作为新媒体网络的主要受众之一,应当自觉地让文明和道德成为自己心中的准则,树立高度的法治意识、责任意识、安全意识和自律意识;坚定立场,不人云亦云,善用网络,引领网络新风尚;自觉抵制包括网络谣言在内的各类网络不良信息和糟粕,为营造清新爽朗的新媒体家园贡献自己的能量;端正学习态度,强化学习动机,使娱乐消遣成为学习之余的调味品,而非沉迷于娱乐虚度青春年华。

(三)调查的基本情况

本次调查以贵州高校如何应对大学生积极参与其中的"网络社区"这一思想政治工作的新场景为研究域,主要从"文化、青年、教育"三个视角入手展开研究。主要内容包括在网络社区中文化的传承与发展、青年的网络生活与习惯、网络人际交往、网络文化知识、政治意识的演化等方面。调查主要采用问卷施测、网络在线调查、个案访谈、文献资料分析法等方法,调查采用分层随机抽取样本,以无记名方式进行,在统一规定的时间内完成。问卷全部上机汇总和统计,相关结果主要用于本研究,部分资料回馈相关部门以利于进一步的工作实践。

第二节　总体分析

一、网络生活方面

(一)网络生活与习惯

从上网频率来看,青年"不定期上网"人数比例较高(81%),"每天都上网"占9%。调查结果表明,青年对网络有着浓厚的兴趣,100%的被调查者都上过网,说明对网络的认识与使用在青年中已大为普及。从每次上网时间来看,54%的青年每次上网时间少于2小时,38%为2~4小时,8%为4小时以上。从中可以看出,92%的青年把每次上网的时间控制在4小时以内,这说明绝大多数青年上网是比较有节制的。在利用网络查找学习资料上,54%的被访者偶尔使用,32%的被访者能经常利用网络搜集相关资料,14%的被访者则还没有这种意识。可见,86%的青年已能充分理解网络的作用并能正确使用网络资源来进行学习。通过进一步调查发现,低年级学生在网络使用上倾向娱乐性,而高年级学生则更注重其功能性与实用性,说明随着年龄的增长青年对网络工具的认识、使用更加趋于理性。

由以上调查数据可知,网络生活在青年中已非常普及,且能充分利用网络丰富自己的学习、生活。同时通过比较发现,高年级学生对网络的理解与运用较低年级成熟,即随着年级升高,寻求精神刺激的比例越来越小,而学习文化知识的比例有所增加。这意味着随着年龄的增长和思想的成熟,青年上网动机也发生了变化,由当初的好奇、冲动和寻求刺激,逐渐向理性方向发展。

(二) 网络人际交往

网上交友、聊天是与网络发展相伴而生的一种现象,置身于网络社区环境下的青年也不例外。通过调查发现,就最初开始上网聊天的时间来看,青年中45%是进入大学后开始,40%是从高中阶段开始,15%是从初中及初中以前开始。据调查还发现,59%的青年认为网聊是人际交往的一种需要,48%的人认为网聊使人的交往能力有所改变,70%的人认为自己的语言交流能力得到了提高,55%的被访者认为自己在人际交往中更从容,53%的被访者认为自己能与不同性格的人进行有效沟通。

(三) 网络文化知识

通过对网络的接触,34%的青年认为网络是人类进入信息时代所诞生的一种新的文化现象,25%的青年认为网络是当今社会人们所需要的一种特殊

81

的、虚拟的生活方式，36%的青年认为网络是人们日常学习和生活的必备工具，31%的青年认为网络是一把双刃剑，有利也有弊。

可见，青年对网络的本质认识在总体上是清醒的，对网络的积极与消极作用有正确的理解与认识，对网络信息具有一定的分辨能力，但也有相当一部分青年深受网络文化影响，对其学习、情感沟通、人际交往、生活态度等方面产生了不可低估的影响，不利于树立正确的人生观、世界观和价值观。

（四）网络安全习惯和伦理法律意识

网络不是法外之地，但由于网络迥异于传统媒体的特点，网络管理的理念或手段还远未成熟。青年网络伦理受到其政治信仰、传统道德和习惯的深刻影响，在伦理素养的培养过程中，应当处理好与这三者的关系。

二、网络素养方面

（一）网络媒介认知能力

网络媒介不但综合而且改进了报纸、书刊、广播、电视，它对青年所处的社会文化的构建、青年的思维方式、生活交往等方面的影响是潜移默化而又非常巨大的。

网络文化作为一个整体，从内涵上可以从三个层面来把握，即制度层面、精神层面及物质层面。被调查对象对网络这把双刃剑的正负功能有着清晰的认识——这是正确使用网络的价值观基础。但在"网络精神文化是'网络文化'的核心，你认为下列哪些内容应属于此范畴？"，"'网络制度文化'是'网络文化'的重要组成部分，你认为具体应包括哪些内容？"这两题中，前者的诸多选项中甚为重要的"网络伦理"，后者诸多选项中同样甚为重要的"网络立法/稽查和管理"的选择率分别为24%和27%，远远低于同题其他选项。这进一步说明，被调查者对网络文化内容认识上的欠缺。在对受重视的网络文化功能的调查中，选择知识功能的占比最高，为54%。

从以上分析可以看出，青年对网络特性有着一定程度的认知，但对网络文化的具体内涵还认知不清。在"网络对个人影响的认知能力"方面则存在较大问题,虽然大多数被调查者认识到了网络的巨大影响,但他们的认知与实际情况存在较大偏差,如认为网络对学业的正面影响较大,但在实际情况中又不知怎样使用网络的这一功能。

(二) 网络资源利用能力

网络上有各种丰富的资源,青年是否能够有效利用网络促进自身发展是考察青年网络素养的核心。此次调查设计了如下几题来考查这一能力:"一般上网的时候你首先打开的是什么?请在下列10个选项中选出3~5个你最常用的网络功能。你上网主要做的事是什么?在利用网络促进学习方面,你做得怎样?"结果如下:

根据调查结果,被调查者上网首选聊天工具的最多,其余依次为网页、影音娱乐、电子邮件和网络游戏;常用的网络功能中排前五的依次为聊天、下载影音、网页、新闻和邮箱,在"你上网主要做的事是什么?"一题中也得到了相近的结果;大多数人在学习中没意识到或很少使用网络。综合以上各题可以了解到青年使用网络时注重人际交流、娱乐、网页和新闻的功能。这部分的调查结果也验证了上文所说,青年虽然重视网络的学习功能,希望运用网络帮助促进学习,但在实际学习过程当中又不知如何真正使用网络。

(三) 网络自我管理能力

网络在带来便利的同时,也带来很多问题。网络自我管理能力就是对自身上网行为的自律,包括上网时间的自我管理、信息选择的自我管理、网络表现的自我管理。所以网络自我管理能力是网络素养的重要组成部分,决定了网民能否在使用网络的过程中趋利避害。

(四) 网络信息批判能力

网络信息批判能力,最为重要的是对于对与错的认定、对信息的公正性及客观性的判断。

(五) 网络表现能力

在网络中,每个网民既是"信宿"又是"信源"。作为"信源",需具备一定的网络表现能力,通过文字、图片、声音展现自己的思想情感和生活方式。网络表现能力不仅包含自我表现的能力,还包含了自我约束的能力。65%的被调查者都赞同或基本赞同网络可以提高自我表达的能力。其他相关题目的分析结果也证实了,在网络的使用过程中,青年的表现能力(如与不同性格的人有效沟通,理解体察他人的意图、心情的能力,以及幽默感等)得到了提高。

三、传统道德方面

道德价值,概括地说,就是善的价值,是高尚的道德行为、优秀的道德品质和崇高的道德理想所产生的精神价值。道德价值观是个体或者群体对事物做出是否具有道德价值判断时所持的内在尺度。在现实生活中,个体追求何种道德生活、崇尚何种道德信条,接受何种道德规范,做出何种道德判断和道德评价,欣赏和选择何种道德行为,如何实施其道德行为,以及产生何种道德情感体验等,这一切无不受到个体或群体道德价值观的支配和控制。

(一)传统道德与西方道德

中国是一个有着数千年悠长历史的国家,中国人对自己的国家传统尤其是道德传统有着一种本能的迷恋,其中的部分人群尤甚。传统的道德观念一直是大人教育小孩的主要内容,使得青少年的身体里流淌的就是传统道德的血液。西方传统道德的一些适合现在社会的生存与发展的内容也引起了他们的认同,赞成对西方道德的借鉴。

事物得以存在都有其根基,道德也是如此。道德之所以能够产生约束力,就在于它有自身的震慑力。中国传统道德的根基是人性本善,这也是中国的以德治国的根本立足点,它的内在约束力就是因果报应。

在对中华民族丰富的道德遗产持何种评价和态度的问题中,持"蕴含着民族精神和特色""现代化进程中必须扬弃的沉重负担""是一种灵魂深层的积淀,好坏无可奈何""是我们的珍贵宝藏"和"其他"态度的各占61%、9%、6%、18%和6%。据数据显示,大部分青少年对中国传统文化还是比较认可的,但是也有部分人有历史虚无主义的倾向。在"你认为西方道德价值观中最值得学习和借鉴的是什么"的问题上,选择"鼓励追求个人利益"

"竞争观念""民主自由观念"和"个人主义"的各占4%、53%、40%和3%，数据显示他们对西方的"竞争观念"和"民主自由观念"比较赞赏。

（二）道德意识的理性化与功利化

网络文化中的狂热和感性以及多元化让人们在其中得以发泄，也正是在这样的文化里面，经过碰撞发泄以后，再加上他们所具有的传统道德基础，他们的道德意识反而走向理性化。

（三）道德与法律

由于地理环境、风俗习惯、文化传统的不同，大多数人都在自己长期的生产、生活中逐渐形成了独特的处事行为规范——人们的各种习惯不仅涉及生活、生产方面，而且涉及家庭、婚姻、继承等方面；既有民事性，也有刑事性……对处于其中的多数人来讲，不论是赞同还是反对习惯，一般都要遵守自己家庭的习惯和习惯法。不同地区的习惯法是为了满足生存和繁衍的需要，在生产实践中逐步总结创造出来的。习惯更多的是应然的行为规则，它指导人们做出某种行为，而不是一味地禁止人们做出某种行为。习惯仍是一种被自觉遵守的且习以为常的规范，它不仅靠报应来惩罚而得以维护，而且还靠人们内心的自愿和对做出"与众不同"的行为而遭非议的畏惧心理来得以保持和推行。从调查资料来看，习惯可以根据规范所涉及的领域来划分，如婚姻、生育、生产等日常行为，几乎都存在着相应的习惯。人们生活习惯千百年来通过口头传诵、书写记录等方式，扩张到社会生活的各个方面，大部分的习惯至今还发挥着重要的作用。在网络社区中，随着与外界接触的增多以及文化水平、经济实力的增强，这些习惯和习惯法也在发生着变化。

传统中国社会倾向人治，靠道德伦理治国。人们在处理事情时主要考虑的是合不合乎道德，很少考虑合不合乎法律。中国现代化步伐的每一步都是法制化的前进。法制化的过程某种程度上就是部分道德的法律化或道德的部分法律化，即是把道德的内容转化为法律的内容，把依靠社会舆论和社会风俗习惯的力量转化为依靠国家的力量，人们依靠自己或家庭成员执行力的过程转化为依靠国家执行力的过程。网络世界虽然自由，却也是在一定规则下的自由，是现代法律下的自由，网络行为有自己的规则，而且当下青少年的网络环境是一个监管力度越来越大的网络环境，是本土化越来越强的网络，是对全球化反思的网络。20世纪末以前混乱无序的初创期网络文化在某种意义上已经大大削弱，而对法律、对规则的认可大大加深。同时现实中的法制化进程也在一步一步走向前进，越来越为人们所接受。在这样的情况下，被调查者的法治意识必然会深化。"在法律、道德许可的情况下，尽自己的最大努力得到"所占比例过半。可见法律意识确实在他们大多数人的心里已经生根发芽了。

（四）道德与能力

在现代中国甚至是全世界，无德是无法立足的，但是没有才没有利一样是无法生存的。在网络世界里一样如此。虽然网络世界是一个虚拟世界，但是只要你想以一个固定的身份出现在网络世界里，就必须遵守一定的规范，必须有一定的能力和财力，否则无法被认可，也无法维持。

四、网络行为方面

青年可以通过网络行为获取大量的教育知识、主动关注社会性问题和传播文化等。

（一）获取社会类信息是青年网络搜索信息的内容之一

网上丰富的社会类信息是青年——尤其是网络社区的青年参与者——丰富社会知识，掌握教育理论和政策的资源。据调查数据显示，关注社会类信息的网络社区的青年参与者人数最多，他们对所有社会类信息均感兴趣，并不是只关注自己的信息。有21%的选择关注自己的信息，15%的选择关注各个国家，仅有不足9%的认为在网络上没有必要关注任何有关社会信息和国家动态的内容。绝大多数学生对社会生活方式、文化渊源和社会历史仍有很大兴趣，并希望通过网络认识、了解这些知识。目前，受全球化、一体化和现代化浪潮的影响，青年的历史文化知识越来越匮乏。互联网是目前青年获取社会及历史知识最有效的教育资源之一。

（二）对待国内社会性问题的网络行为

网络社区的青年参与者对国内社会性问题的关注度是很高的。网络是网络社区的青年参与者关注社会性问题的主要途径。网络社区的青年参与者思想政治教育和信息安全教育仍然是长期的工作。

（三）对待激进分子言论的网络行为

网络是激进分子发表言论的主要阵地，是对青年信息辨别能力的一大考验。目前网络已经深入全球各个角落，不同国家的意识形态通过网络活动相互碰撞、相互影响，尤其是西方某些国家利用网络大肆宣传它们的政治制度、文化价值观念，企图搞政治、文化的全盘西化，青年便是它们关注的对象之一。青年思想的认知随着网络技术的高速普及变得更加复杂，呈现出多样化、多变性和差异化的特点。可想而知，网络规范和信息安全教育在青年中的重要性。

（四）对待结交网络朋友的网络行为

过半的被调查对象表示曾经通过网络结交过朋友，其中近20%表示愿意继续结交网络朋友。而近40%则表示以前并未通过网络认识其他朋友，但有意愿去结识。在网络上的交友行为非常普遍，通过网络认识其他的朋友，会增进相互交流，提高交际能力，但需要注意这种交流应为良性的，不能借此机会传播不良信息，发表消极言论，造成负面影响。

（五）对待网上推广西方文化的行为

在中国，由于受特殊的地理环境和历史文化传统的影响，西方文化和政策的普及率仍然很低，一些文化事项长期处于被忽视的状态，很多优秀的民族文化传统没有被人认识到，许多人对西方文化的传承和保护心存余悸。网络社区的青年参与者肩负着继承和发扬民族文化的重任，他们不但要通过网络学习掌握民族文化，而且要通过网络传播民族文化。文化网页在被调查群体中普及率极低，多数人是做完问卷才知道有这些文化权威网站的。学生文化理论政策普遍不高，文化教育的支柱权威网站并不为人所知，文化教育在网络教育方面还很薄弱。

这些结果表明，利用网络推广社会文化并未得到实质性进展。分析其原因可能是没有足够的网络平台和资源（网站入口、网站、服务器提供商及赞助商），也可能是学生缺乏对本民族文化的认同感而丧失推广本土文化的原动力，推广仅仅是停留在思想层面，并未付诸行动。

第三节 网络思政现状及成因

网络自身具有随意性、虚拟性，大学生政治敏感度较低，高校在网络思想政治教育方面还应加强系统研究，科学规划和队伍建设也亟须完善，虽然网络媒介受众广泛、应用普遍，可以在教育过程中提供多种形式的教育材料，但是还存在实际利用率较低，内容形式缺少科学合理的监管机制的问题。

一、网络社区场景思政教育优势

网络媒体深度渗透进当代大学生的校园生活，为大学生广泛接受和使用，根据2017年8月中国互联网络信息中心（CNNIC）的第四十次《中国互联网络发展统计报告》，截至2017年6月，中国网民规模达到7.51亿，其中手机网民达到7.24亿，以10~39岁为主。这项数据表明当代中国网民中大、中学生为主力军。网络社交媒体的普及、网络社交方式的多样化、网络的虚拟特性和娱乐性质都成为吸引广大高校在校生积极使用互联网媒体的重要因素。互联网网络的新兴发展方式不断渗透进当代在校大学生校园生活的各个方面，诸如线上订餐、线上购物、网络课堂等。网络环境自身的虚拟性可以有效舒缓大学生在现实的学习和交往中遇到的压力，为大学生通过匿名留言等方式发表自己的观点和看法提供平台。网络环境中的新兴语言风格、思维角度更容易被大学生接受，从而利用网络媒体进行高校思想政治教育更有利于培养大学生的学习兴趣，降低高校思想政治教育工作难度。当代在校大学生的思维方式、生活方式、学习方式深深受到各类网络媒体的影响：随着网络媒体的不断发展及其对大学生影响的不断深入,一方面,大学生获取到的信息形式从旧式的单一的文字转变为了文字、语音、视频等多媒体形式,这使得通过网络进行的高校思想政治教育拥有了更加多样的教育材料,思想政治教育的方式更加直观、具体,进而提高了高校思想政治教育的效率;另一方面,大学生获取信息的途径从旧式的教师讲授、图书馆查阅相关文献转变为了自觉主动地网络检索,这极大地降低了大学生检索信息、获取资料的难度,提升了大学生收集、学习文献的效率,为高校思想政治教育打破了时间、空间的障碍和局限。

(一)重视利用微博、微信平台的优势,营造良好新媒体生态环境

微博、微信在大学生群体中的普及率极高,已经成为受大学生欢迎和青睐的资源共享、交流互动平台。微博、微信平台功能强大,有效满足了大学生的求知欲和好奇心,拓宽了大学生的知识面,为大学生提供了求知学习的新渠道,调动了大学生的学习兴趣和积极性,也为大学生减轻压力、放松心情、释放情绪提供了有效平台。这是网络信息监管部门的重要任务,也是大学生思想政治教育的重点研究课题。一方面,要加强对微博、微信平台的管理,建设先进的微博文化和微信文化,传播健康、先进、主流的网络文化和核心价值观念,不断净化网络空气,抵制网络不良信息对大学生精神世界的污染。另一方面,高校要重视学校微博、微信公众平台的运营。顺应"微时代"的潮流,很多高校推出了微博、微信平台,用以发布与大学生学习、生活密切相关的各类信息和通知。新媒体时代大学生思想政治教育应该利用好这一优势,切实为大学生学习、生活服务,并推送大学生喜闻乐见、形式多样、具有教育意义的信息、资源,激浊扬清,营造一个健康、有序、文明、规范的媒体网络环境。

(二)加强对大学生的媒体引导和网络素养教育

网络时代思想政治教育对于大学生的重要性不言而喻。对大学生进行有组织、有计划的思想政治教育,是矫正大学生错误网络价值观念的有效途径。经调查显示,思想政治教育的有效开展对大学生抵制网络不良影响积极

作用较为明显，但"大学生对网络思想政治教育的评价满意度仅为48.5%"。这就对高校思想政治教育工作者提出了更高的要求：高校思想政治教育工作者必须注重将课堂教学与网络媒体引导有效结合起来，拓展教育阵地、转换单一角色、丰富完善教育方式，利用自己的教师影响力和知识魅力建立或进入"学生群""学生朋友圈"，加强与大学生的网络互动、资源分享，拉近彼此之间的距离，对大学生关心的热点、疑点问题进行探讨研究，明确大学生的价值评判标准。这样既能掌握大学生的思想学习和生活动态；又能因势利导，潜移默化地对大学生的思想和观念进行引导，促进大学生形成符合主流价值观要求的思想观念和价值取向。教育者同时应该加强对大学生的网络素养的教育，帮助大学生认清网络及网络信息的本质。让大学生认识到追求错误人生态度的危害，提高大学生利用网络媒体的效率，减少漫无目的的网络消遣时间。

（三）加强大学生的媒体自律和自我管理

培养积极健康的网络行为，提高大学生网络素养，除了要发挥社会、学校、教育者的作用，最关键、最根本的在于大学生要加强自我管理和自律。在网络面前，有的大学生能高效合理利用网络查阅资料、加强学习，使网络与学习、生活相得益彰，而有的大学生由于缺乏自制力而沉迷于网络。有数据显示，高达68.4%的大学生群体以"娱乐消遣"为主要目的；仅有约半数（50.1%）的大学生明确表示"不会因上网而影响正常休息"，16.1%的大学生明确表示"因上网而不能专心于课堂学习"。

二、网络社区思政教育成因

网络社区思想政治教育是依托网络传播方式的思想政治工作，大学思想政治教育是思想政治工作的重要部分。网络社区作为高校大学生学习生活的"第一环境"，要贴近学生需求，不断拓展渠道资源，强化优质内容供给，激发学生主体作用。

当前，网络正改变着当代大学生的行为习惯和思维方式。互联网已经成为高校思想政治教育的前沿阵地。充分利用校园里的各级各类新媒体平台，构建完备的高校网络思政教育体系，推进网络思政教育开展，是高校深入推进全员全程全方位育人的重要措施。

在信息传播速度快、承载内容多、接受时间短的新媒体融合发展趋势下，如何将高校学生吸引到学校各新媒体平台周围，用什么样的内容黏住学生群体，增强网络思想政治教育的针对性，实效性，是需要各高校不断深入探索和研究的课题。习近平总书记强调，要通过教育引导、舆论宣传、文化熏陶、实践养成、制度保障等，使社会主义核心价值观内化为人们的精神追求、外化为人们的自觉行动。文化建设是大学生思政教育的重要载体，充分发挥文化"涵濡浸渍"的作用，更易于形成润物细无声的育人力量。高校网络思政教育兼具思想，理论性和亲和力、感染力，就要不断优化宣传文本，深耕"文化土壤"，打造"有态度"、"有厚度""有温度"的网络文化育人体系，实现"入芝兰之室，久而自芳"达到固本培元、凝心铸魂的目标。

有态度，加强思想引领，筑牢学生思想根基。在当前百年未有之大变局的复杂大背景下，各种思想文化交流交融交锋更加频繁，高校网络思政文化育人要在坚定大学生理想信念上下功夫，帮助他们筑牢思想根基。因此，正确的政治引领、思想引导是高校网络思政文化育人的灵魂。高校的各级各类新媒体平台，首先需要发布的内容应该是对马克思主义理论、习近平新时代中国特色社会主义思想的解读和宣传，这是培养担当民族复兴大任的时代新人的必然要求，是解决好培养什么人、怎样培养人、为谁培养人这个根本问题的重要举措。只有这样，才能培养出一代又一代拥护党的领导和社会主义制度、立志为中国特色社会奋斗终身、担当起民族复兴大任的有用人才。

有厚度，深挖校本文化，根植学生精神家园。大学文化是开展网络思政教育的重要内容，是青年学子凝心铸魂、固本培元的重要途径。对大学生来说，固本培元就要从最贴近他们身边的实际做起，从培养爱校情怀出发，进而培育他们的爱党和爱国情感。高校网络思政文化育人要充分挖掘校本文化资源，将中华优秀传统文化、革命文化、社会主义先进文化融入校本文化的日常宣传教育中，将校本文化的"水库"转化为思政育人的"活水"，将大力弘扬中华优秀传统文化与校园文化建设相结合，充分利用传统节日宣传、主题策划、录制传统文化网课等方式，使民族精神成为其深厚的思想滋养。纵观中国各大学的发展历程，许多大学的建设发展无不与国家的命运、党的命运密切相连，这些高校都能挖掘到鲜明的红色基因和精神传乘"密码"。让学生从心里对学校文化产生认同，在爱校、荣校的情感中自然过渡到对党和国家的自信与自豪，提升"四史"学习教育的亲和力，进而产生对"四史"的政治认同、思想认同、情感认同和价值认同。

  有温度。贴近学生实际，打造学生情感归属。高校网络思政文化育人的对象是在校大学生，要充分研究学生的认知规律和接受特点，充分发挥学的主体作用，贴近学生思想、情感和生活时间，打造有温度的网络思政文化，满足青年学成长发展的需求和期待。目前在校大学生以90后和00后为主，高校网络思政文化建设应把握这代人思想实际，设计学生喜闻乐见的栏目和作品，多用青年话语体系、生动鲜活的事例、新颖活泼的形式，展现高校学子的生活状态，关注年轻群体感兴趣的话题，注重对学生情感的关怀，发挥学生的主观能动性，积极调动学生参与网络文化的生产和传播，鼓励引导学生主动参与短视频、网文、手绘、漫画等网络文化作品的制作与创作，强化他们在网络思政教育中的主体地位，让学生们用自己创作的健康向上的网络文艺作品影响学生，引领校园文化风尚，传递主流价值。

  高校网络思政教育是学生思政教育的有效延伸，构建在理性上说服人、在感性上吸引人的网络思政文化育人体系是思政教育改革创新的重要途径。网络思政就要以优质的文化内充实网络空间，有效增强网络思政教育的实效性与传播力，确保立德树人根本任务的面落实。

第五章

网络社区：青年教育启示

时至今日，青年毫无疑问是网民的主体，网络已成为青年的生活方式之一。在网络社区中也是如此。在此条件下，青年自然会把网络作为表达他们的生活追求、族群意识、政治热情、文化意向的重要场所。因此，对网络社区中的参与青年进行文化性、政治性的研究对未来影响深远。

对网络社区参与青年的研究可以采用精英与大众的二分法。网络社会中的积极参与者总是与精英群体密切相关，而大众则表现为网络社区中的青年"追随者"。网络社会中积极参与并发挥引领作用者可以称为"网络精英"，他们是"在将媒介信息传给社会群体的过程中，那些扮演某种有影响力的中介角色者"。[①] 网络社区中的原始信息常常经过网络精英的再处理；带有特定信念与行为影响的信息在青年"追随者"中流动。通常情况下，网络精英具有较强的自我意识，追随者被网络精英所吸引甚至导引。从青年研究的视角出发，网络社区中对青年影响巨大的"网络精英"可以被划分为"规范精英"和"逆规范精英"两大类。

[①]〔美〕约翰·费斯克等，关键概念［M］．李彬译，北京：新华出版社，2004：192．

第一节　青年网络参与

一、青年

"青年"一词早已有之，但现代意义上的"青年"概念产生较晚。现代意义上的"青年"作为人生发展的一个特殊阶段得到社会承认是工业革命进程的产物，是随着生产方式、生活方式的革命以及人类对自身认识不断深化而逐渐确立和发展起来的。"青年，从青年学的观点出发，不仅指一种精神状态，而且是一个'生物—心理—社会—价值—历史'的综合实体。"[①] 因此，"青年"一词既是对生理阶段的描述，也是社会角色的一个新的划分。它的含义随着政治经济和社会文化的变化而有所改变。它既是一个历史范畴，也是一个规范范畴；既有一个历史的发展过程，也需要进行合理化建构。也就说，青年的一般规定、类型等问题既是青年的基本理论问题，也是一个基本的实践问题。对这些问题的不同认识，将会直接影响到对青年现象、青年问题及其发展趋势的理解和把握。

1985年联合国于国际青年节首次提出，"为了统计的目的，联合国将15到24周岁之间的人定义为青年，这并不妨碍成员国做出其他定义。"同时，青年又在个人经历、社会化程度、生存环境等方面呈现出巨大的差异性。在这些现实基础上，包括中国在内的当代世界各国在实践操作中主要运用四类青年期的划定标准：人口统计中有关青年人口的年龄界限规定；各类法律中有关青年的年龄界限规定；青年社会团体和社会组织有关青年的年龄界限规定；各类研究中根据研究所需确定的年龄界限划定等。

本研究所涉及的"青年"指向现代社会的一个群体概念，泛指介于少年和成年之间的青年人，即古语所称之"少年""后生"等。作为年龄范畴，

[①] 〔罗〕F. 马赫列尔. 青年问题和青年学 [M]. 陆象淦译，北京：社会科学文献出版社，1986：131.

"青年"是人生全过程中的一个年龄阶段；作为社会范畴，"青年"是社会变革与发展的一种重要社会力量；作为文化范畴，"青年"是由其社会活动构成的一种特殊的文化现象；作为历史范畴，"青年"在人类社会发展的历史过程中获得其实质内容和表现形式。

在现实生活中，青年是可以清晰界定的。在虚拟生活中，虚拟身份的青年相对模糊不定。本书所谓的"网络社区中的青年"主要指参与到网络社区中的、在现实生活中具有现实青年身份的群体，而非在网络社区中呈现为青年虚拟身份的群体。

二、参与原因

互联网是网络社区最重要的基础设施，信息是网络社区的最重要资源。互联网的廉价性、简易性、开放性、隐蔽性、虚拟性、影响的广泛性等特点，使得获取信息的成本大大降低、网络宣传方便快捷、影响和作用也十分广泛。凭借这些特点，网络成为网民表达的新工具。青年所固有的身心发展特征，使其对网络社区的适应具有天然的优势。

（一）青年社会化成长的需要与网络社区的虚拟性相适应

物质需要和精神需要是人的两种基本需要，需要的发展构成了人的发展的重要方面，需要的丰富和发展是人全面发展的重要内容和体现。马斯洛认为，人的基本需要包括生理需要、安全需要、友爱需要、尊重需要和自我实现的需要，自我实现的需要是最高层次的需要。由于青年正处于成长发展的特殊阶段——不仅有生理以及休闲娱乐的需要，而且还有强烈的求知、成才、就业和发展的需要，因此青年的需要呈多样化状态。青年行为本身具有突发性和多变性，青年的行为多变，兴趣转移快。这使得网络参与的行为明显具有了突发性，行为的发生往往是由重大事件引起的。

（二）青年自主性的需要与网络社区的开放性相适应

自主性是主体性的核心。社会主义市场经济的快速健康发展，高等教育改革的纵深发展，网络交互技术的日新月异，为青年主体意识和主体能力的增强提供了土壤与舞台。主体性的增强，使得青年渴望自主、向往独立，追求自主选择。在信息社会条件下，信息网络化使人们接收信息的方式发生了根本改变，摆脱了原来的教育和传媒标准化、同步化、集中化的限制，而有了自由选择、主动参与、积极自我实现的广阔舞台。

网络为民意表达和公众参与提供了全新、有效的技术手段。互联网的虚拟交往环境和运用具有低成本的特性，为青年自由表达和平等交流提供了广阔天地。通过网上社区，公民可以对政治问题自由地发表自己的见解。对于具备上网条件的青年来说，青年的网络社区中的政治参与尤其积极。特别当涉及中国的爱国情感事件与议题时，爱国主义与民族主义情感的网络呼吁、表达不绝于耳。这种网络民族意识的出现，是基于中国整体自由与民主理念的发展，也基于网络技术的飞速发展。当然，在中国尚未完全达到成熟的法制体制下，网络意识表达有时会出现"超越"现实政治诉求的情况，这在一定程度上反映了现实表达途径的"缺位"。

（三）青年求知的需要与网络社区信息的海量性相适应

网络信息量大，传播速度快，覆盖范围广，已经日益成为青年加强学习、提高自我素质的有效载体，成为青年学习、生活的第二空间。互联网把图像、声音、文字以及传统意义上的各种传媒融合在一起，以前所未有的速度发送到人们的眼前，使人们可以更快捷、更方便、更全面地获取信息和交流信息，满足人们日益增长的信息需求。青年正处于智力、思维能力快速发展的时期，他们的求知欲十分旺盛，认知能力也在不断增强，乐于探求新的问题、吸收新的知识。同时，面对经济、文化、科技、人才等领域的全面竞争，他们认识到必须积极地去回应，而不能逃避诱惑重重的网络，他们不仅仅把它当作消遣、娱乐的空间，更重要的是把它当作学习的资料库、信息源。

（四）青年的群体认同需要与网络社区的社会性相适应

随着互联网技术的迅速发展，在一定程度上成为推动经济全球化向纵深发展的技术支撑，网络技术的每一次飞跃，都在不断地加快经济全球化的进程和深度，并深刻地加深和推动了世界各国之间政治、经济、文化、社会生活等领域的交流，这在一定程度上导致了社会化与全球化的对立与冲突。一方面，网络信息技术的飞速发展使得全球化浪潮对国家的根本利益带来极大的冲击，国家要参与全球化，实现经济一体化，实现社会利益的最大化，就要让渡部分利益，国家的利益就会遭受严重的挑战，导致部分群众因全球化的影响淡化了国家意识；另一方面，部分情绪浓厚的人员，为抵制全球化对国家利益的侵蚀，通过网络社区发动群众，高举社会主义大旗，抵制全球化的消极影响，这不仅使人们情绪高涨，也推动了人们意识觉醒。可以说，在世界经济一体化的进程中，全球化和社会化这一对矛盾范畴，在现代网络技术上得到发展和体现，它们的互动关系在网络社区上呈现出新的特点。当代青年是网络社区的主要参与者，他们借助网络表达对全球化与社会化的参与意见。

三、参与趋势

当代青年在全球经济一体化时代背景下参与网络社区，多是借助网站、BBS论坛、QQ群、博客、微博、微信等载体和渠道实现的。爱国主义和弘扬正能量是网络社区的主旋律，当然也有一些个性独奏甚至是杂音。概括而言，通过透视当前的一些网络社区可以发现，当代青年文化性、政治性参与网络社区主要体现出以下一些特点。

（一）冲动趋向成熟

当代青年的网络文化性、政治性参与存在一个从非理性到成熟的转变过程。这与中国网络文化和网络政治参与所处阶段具有一致性。囿于成长所限，青年参与的初期具有一定的非理性与不成熟性。部分青年网络的参与内容和参与方式具有一定的幼稚性和偏激性，只是简单的个人情绪的发泄，其参与方式难以完全体现民族参与、文化参与、政治参与的系统性和成熟性。

（二）突发趋向常规

当代青年的网络文化性、政治性参与呈现出一个从明显的突发性到常规性的转变过程。当代青年网络参与经常受到突发事件的刺激而发生,其爱国情怀的爆发显示出应激性。由于政治上的不成熟性,他们缺乏完全独立的主体意识,在爱国主义氛围的感染下,当代青年的参与方式常常体现出盲目性与从众性。当国家利益受损(或被渲染为受损)的突发事件作为一次次源头,网络思潮的每一次兴起都引发了互联网上当代青年对前途、命运的思考。然而,当有关涉及民族利益受损事件一旦平息下来,当代青年网络民族性、政治性参与行为也趋于平息;而当发生涉及国家利益的刺激时,随着中国各类型网络思潮的兴起,青年又通过各种方式参与,表达自己的个人情绪与政治诉求。

当代青年主张在参与经济全球化的过程中,通过经济发展维护和实现国家的利益。正是由于当代青年独立意识和政治意识的增强,也大大提高了当代青年的政治敏锐性和鉴别能力,促使当代青年网络参与方式实现从突发应激性到常规化的转变。

(三)务虚趋向务实

当代青年的网络文化性、政治性参与存在一个从虚拟性到现实性的转变过程。从若干通过网络表达一定的情绪与感情的实际案例来看,相关的参与方式尽管组织时声势巨大,但产生的实际效果不大显著。

当代青年网络社会性表达参与方式虽然具有非理性、自发性的特点,但在实现中华民族复兴的伟大历史目标的号召下,部分青年结合中国社会发展的实际,根据中国社会发展的需要,理性和冷静地反思中国参与经济全球化的过程,并能够正确分析和对待全球化形势下国家利益的受损事件,对中华民族复兴的强国之路的深刻理性反思已经初见端倪,他们通过参与中国网络社会思潮,已经深刻认识到必须通过实际行动来维护本民族的根本利益,在学生阶段,最主要的任务是努力学习,掌握为人民服务的本领,积极投身于社会主义建设的实践中。当代青年的网络社会性表达参与方式已经克服原有的虚拟性特点,逐步摆脱网络社会的虚拟性,通过提高自身素质,掌握为人民服务的本领来维护中华民族的根本利益。

<<< 第五章 网络社区：青年教育启示

（四）失衡趋向平衡

网络社区中青年参与的总体状况表明，青年的自主意识和权益保障意识不断增强，参与意识逐步觉醒，参与态度积极主动，参与取向趋于法治化、组织化和理性化，政治参与的渠道不断拓展，但青年参与在有效性、广泛性和平衡性等方面存在问题。

首先是地域层面的趋势。在经济发达和开放程度较高的地区，青年的参与意识相对较强，参与积极性、参与程度和水平也相对较高。而农村经济水平和教育文化水平相对落后，信息匮乏，电脑上网的普及率不高，相对缺乏媒介参与的物质条件，加上农村地区传统的权威崇拜和依附心理较强等，种种因素极大地制约了青年参与，不少青年不仅参与意识薄弱，而且参与态度冷漠。其次是阶层、行业层面的趋势。不同阶层、行业的青年群体，其自身参与意识、参与能力和技能存在着较大差异，同时不同阶层、不同职业背景的青年参与渠道也不平衡。

（五）无效失范趋向有效规范

网络的普及率具有不平衡性，而且网络管理和电子政务的发展未能跟上网络发展，网络参与渠道在便捷性之余，其有效性、规范性还需加强。以互联网为依托的网上虚拟组织蓬勃发展。青年是网民的主体力量，网络参与的便利、快捷、互动和低成本的特性，使得青年网络虚拟组织大大激发了青年网民大量参与社会事务的积极性和主动性。相比于现实的社会组织，网络大大拓宽了青年的政治参与空间，网络的平等性、自由性和匿名性等特征也激发了青年的参与热情，网络参与进一步丰富了青年社会参与的方式，拓展了青年社会参与的内容和范围。由于青年社会阅历尚浅，对社会政治现象鉴别能力较低，以其年龄特点又容易冲动，容易受到网络中过激思想的误导，从而丧失正确的方向。而目前这方面的监管力度和相应的规范未能跟上。

四、参与引导

在全球化和网络时代要维护和强化国家的发展与稳定，就必须对青年在网络社区中的参与行为进行积极引导，充分重视并利用网络社区进行爱国主义教育。要根据社会发展的形势，辩证地全面分析和观察当代青年的网络性参与方式，并在科学分析、全面研究的基础上，针对当代青年网络参与的积极性，要给予支持鼓励和宣传弘扬；针对其潜在消极性与危险性，要结合当代青年的思想成长规律提出相应的疏导与治理举措。

（一）利用网络的便捷性有针对性地进行引导，做好在线辅导教育

其一，主导议题的设置，通过有意识、有组织、有目的地引导当代青年的网络性表达和问题讨论，避免其极端与消极因素。开辟讨论专栏，定期邀请部分国际问题专家，开辟专家社区，发表一些有针对性的表达言论，并邀请专家与当代青年进行网上对话。通过实现专家与当代青年"面对面"的网上对话，积极参与当代青年对网络问题的自发讨论，主动在网上紧紧围绕国家富强、民族复兴这一核心展开个人和群体活动，引导他们讨论如何利用全球化实现伟大复兴，如何在全球化过程中实现国与国之间的正常交往。

其二，加强对网络社区的管理人员、工作人员的培训与教育。通过对部分网络社区的分析，某些网络社区的工作人员过度缺乏，而且部分工作人员责任意识、敏感意识缺乏，这与他们缺乏日常管理培训、业务培训有着直接的关联。部分网络社区具有政府背景，工作人员相对充足且素质相对较高而且受到及时培训，能够及时应对和疏导社区中出现的极端话语，从而能够保持网站的理性风格和主流导向。

其三，各部门应采取各种措施和途径加强与网民沟通交流，引导和促进社会性力量的成长繁茂。通过对某些网络社区的观察和透视，部分网站由于部分青年的知识素养不够全面，缺乏基本的国际、外交问题的常识，经常通过社区、贴吧、博客、微博、QQ空间、微信等发表一些偏激、激进的言论。因此，相关部门应采取措施加强与网站的沟通，组织专家上网搞系列讲座，普及青年的基本国际常识，鼓励政府各部门经常就当代青年所关心的问题实现在线交流（一些国家部门和地区部门的网站已做了一些有益的尝试）。政府也通过调动一些研究机构和大学的积极性，利用它们丰富的智力储备和人才储备来承担疏导网络社区的功能。

（二）相关管理部门应强化网络监督职能，净化网络空间话语环境

其一，加强社会主义核心价值体系建设，强化当代青年的法律与道德意识，从加强法制建设的层面强化网络行为规范，限制部分青年发表极端言论，从而削弱网络社区中的非理性与极端言语，从而为网络表达参与的发展创造一个理性的文化氛围。在社会主义道德建设中，要尊重当代青年的自主性、主动性和选择性，营造一个自由、包容、负责的网络文化氛围。要在保护当代青年爱国积极性的同时，不仅要制定网络的管理法规，也要加强对当代青年的网络道德教育，把网络伦理观念内化为当代青年的自觉行为，强化青年作为网络主体的道德意识，做到科学精神与人文精神、民主精神与法制精神、外在约束与内在自觉相结合，自觉遵循、维护网络规范，培养宽容精神和对自己言行负责的态度。

其二，加强网络技术储备，密切关注当代青年网络表达参与方式的新动向，建立预警体系，及时发现网络社区中的表达和参与走向极端的预兆，相关政府管理部门应该加强技术储备，随时筛查相关信息，及时发现极端情绪的征兆和苗头，在网络思潮的酝酿过程中多做引导工作，在这类思潮在网络社区中酝酿并出现抵制行为等社会动员时，应根据实际情况采取对应措施实施不同程度的介入，及时疏导当代青年情绪，对其进行正确引导，培养当代青年成熟的政治心态。与此同时，相关部门要严防境内外敌对势力的介入和渗透，防止当代爱国青年的爱国热情被分离主义分子和西方敌对势力所利用。

其三，应该建立当代青年参与方式的危机预警机制与长效管理机制，特别是发生涉及国家利益的重大社会事件，应时刻关注当代青年网络表达参与方式与动员方式，及时评估每次网络思潮的征兆及所造成的消极社会影响，制定应对预案；密切跟踪相关民族性运动及事件的发展演变，及时采取应对措施，以免情势失控、陷入被动。在具备相关条件后，应建立相关的专家咨询库和专家应对机构，咨询和拟订解决问题的方案。

（三）加强对当代青年的理性爱国主义教育，培养其理性爱国主义情感

在当前经济全球化时代和网络信息时代，高校要加强对大学生的爱国主义教育，提高当代青年的网络伦理素质，就必须重视对爱国意识网络表达方式的积极引导和利用，充分重视并利用网络平台进行爱国主义教育和公民意识教育，提高其时效性和实效性。

在高校的爱国主义教育中，培养当代青年具有热爱传统文化的意识。教育当代青年要全面认识全球化与国际合作对发展的重要作用，要树立国际合作的观念。在当前经济全球化的时代下，必须参与全球化，融入世界经济发展的过程中，就必须正确处理国家利益与个人狭隘国家利益，要学会对各个利益层面做综合考虑和全面的衡量。对于西方发达国家的类似爱国主义教育体制，我们要借鉴其成功意义，提高我们思想政治教育实效性。

在高校乃至社会大力实施系统性的公民教育。只有大力加强系统性的公民教育，引导当代青年树立公民观念与公民意识教育，从而为网络表达参与的发展创造一个良好的社会环境。

第二节　规范精英

在技术环境和国内国际政治环境的共同影响下，目前网络社区正在经历一个前所未有的发展高潮，其中文化的滥觞、青年的积极参与、政治倾向的加强都凸显无疑，洋溢的爱国热情超出了以往任何舆论形态。正是由于互联网的迅速普及化，使得网络社区得到更快捷的传播和扩散，成为爱国青年宣传、表达爱国思想的主要渠道。作为中国网络社区中的参与主体之一，随着网络社区的认可度和影响力的上升，使得网络舆论在当代青年中逐渐成为一股不可忽视的力量。在新兴的网络社区中，对青年影响巨大的规范精英作为一支重要的新兴力量逐渐受到了社会的广泛关注。在全球化过程中涉外事件所引起的网络事件显示，人们不仅重视网络社区的巨大社会影响力，也将目

光锁定在网络社区的重要推动者规范精英身上。随着中国经济全球化参与过程的加深，为维护国家根本利益的网络表达参与事件将会更多地发生，通过透视这些重大事件发生的过程，社区中规范精英的影响力和号召力对国内表达参与事件的走向与未来，在一定程度上起着至关重要的作用。在牵涉维护根本利益的涉外事件中，因网络社区中的规范精英特有的气质和富有的感染力和号召力，其建议和行为容易得到普通民众的效仿和遵从，当其转化为普通公民的集体性社会行为时，规范精英的价值和引领作用就得到了最大化的体现。因此，对于网络社区中的规范精英的概况、特点以及发展趋势的研究就显得尤为关键。

一、含义

要探讨规范精英在网络社区青年发展中的作用和特征，就必须先梳理和认识规范精英的内涵与外延。

从青年研究的视角出发，所谓"规范精英"是指拥有能够对网络社区青年产生巨大影响的个人吸引力（如接受、支持、追随、忠诚等），并在青年团体中处于核心与枢纽的地位，组织并促成实现该组织群体各种关系和资源，设计并促成实现该组织群体生存和发展范围的资源拥有者、决策者、引领者。在传统的人际交往研究中，美国传播学者拉扎斯菲尔德等人将"网络精英"定义为："在将媒介信息传给社会群体的过程中，那些扮演某种有影响力的中介角色"。[①] 本书中的规范精英即为其中一类，是指在当前国内网络社区发展中起关键，甚至是主导方向作用的特殊群体，并不隶属于某一类特定阶层，不仅对网络社区的发展，也对民族情绪浓厚的青年人员的行为方式和核心价值具有明显的导向和引领作用。

本书所谓网络社区中的规范精英，是指那些有能力导引当前网络社区的发展过程与未来趋势，能够对青年网络民族性参与者的言论、思想、行动产生关键影响，具有明显的舆论导向作用的不同年龄段的精英。他们可能是现

---

① 〔美〕约翰·费斯克等，关键概念［M］．李彬译，北京：新华出版社，2004：192．

实社会中的青年人，也可能是现实生活中的其他年龄段的人士。规范精英可以经常通过网络社区发布个人见解，甚至在某种网络条件下能够带动青年在现实生活中进行民族性集体行动。网络社区中的规范精英的形成不是依靠体制内组织系统，也不是被社会组织册封的，而是依靠个人的知识、见解、素养和行动，在网络社区与相关活动中能够产生影响力与号召力，能够主导和引领网络民族性社会舆论的青年个体和群体，社区中的规范精英对网络社区以及舆论发展具有明显的推动与导向作用。当前国内民族性表达参与浪潮是由部分知识精英组织的、借助网络社区而兴起的，这些知识精英或知识分子在一定程度上就是某种意义上的网络社区中的规范精英。在网络社区产生实际效果的过程中，规范精英在其中发挥出了关键性的引导作用，社区中的规范精英作用的发挥不仅展现了全球化时期中国新形势下参与的巨大力量与社会影响力，也展示了社会转型期普通民众的政治参与意识。

当前网络社区催生了一批又一批规范精英，每当社会热点事件发生以后，社区中的规范精英便不断涌现。伴随着社会事件的发生、发展与消失，情绪浓厚的人员以及普通社会公众对于那些敢于发出自己声音与意见的网络社区规范精英留下深刻的记忆烙印。这些新时期的网络社区规范精英乐于承担、敢于发言，他们用自己的智慧与胆量影响社会事件的发展。当前网络社区的健康发展依靠青年的理性参与，而网络社区中的规范精英对于当代中国青年群体发挥至关重要的作用，因此，从某种程度上来说，网络社区中的规范精英会直接影响情绪浓厚的青年人员的价值观念与道德追求，并引领网络社区的健康发展。由此可知，网络社区中的规范精英特指那些在国内网络社区发展过程中，不仅能够引领网络社区的发展过程，而且能够对网络情绪浓厚的青年人员起到引领和号召作用，并且这种影响主要不是由其所在社会组织所赋权的，而是依靠青年个体或群体本身能力及其市场、社会行动而获得的那类社区中的规范精英。这类精英在网络社区兴起的情况下，产生渠道越来越多，分布范围越来越广，社会影响越来越大，值得引起相当大的重视。

当前信息社会的迅捷性，在社会转型期以及全球总体和中国局部的社会性民族思潮，导致现实生活中默默无闻的普通人可能会在网络社区中成为受普通青年追捧和推崇的网络社区规范精英。随着国内网络社区的兴起，社区中的规范精英迅速出现和成长，尤其受到当代爱国青年的大力追捧，并在某种程度上引领国内思潮的发展和方向。他们能够在网络社区中议题设置、议程设置、话语权设置等问题的把握上起到关键作用，甚至在一定程度上影响着网络社区的健康发展与未来趋势。

在信息社会发达的今天，要成为社区中的规范精英不仅要具备擅长网络搜集和选择广泛信息的素质，而且要具有敏锐深刻的社会观察力与洞察力，能够从本质与走向的视角观察事件。经过一次次网络社区的熏陶和感染，作为网络社区发展趋势引导者的他们，必将对其当代青年的健康成长发展产生深刻影响。

二、特质

随着信息化时代的发展和互联网更大规模的普及，尤其是以网络社区作为传播载体的情况下，网络社区规范精英的发展也在与时俱进，具有显著的网络特质和青年特征。他们因其异于常人的智慧、超常的适应能力、理论的超前性、舆论引导的可控性、强烈的权力欲望或使命感等个体和社会因素，使其在青年参与者中处于核心和枢纽地位。网络社区中的规范精英是实际超越于并扮演引领青年组织群体和组织成员的特殊角色，其一举一动都对青年组织及群体产生重大影响。网络社区中的规范精英影响力的发挥主要来自人格、知识、智慧、阅历、素养等，较为成功的人生经历和特殊的背景，以及其独特的个人才华和魅力对当代青年有很强的号召力、影响力、效仿力，起到偶像性的作用。从一定意义上说，当前网络社区中的规范精英参与网络社区的过程实际上也是社区中的规范精英与民族情绪浓厚的青年人员的双向互动过程，即社区中的规范精英权威的形成过程与当代民族情绪浓厚的青年人员自主接受其权威的过程。具体而言，网络社区中的规范精英的特质主要包括以下几方面。

（一）参与意识和参与行为

网络社区中的规范精英通过积极的信息传播和网络发帖，以足够的兴趣和热情参与网络社区，其他的民族性情绪浓厚的人员才能接纳和认可网络社区规范精英的建议和倡导。网络社区中的规范精英来源于社会各行业、各阶层和各领域，其能成为网络社区中的规范精英是因为对民族性表达参与事件的关注度、参与度及其号召力。网络社区的影响力和固定受众的形成还需要有强有力的网络社区规范精英，规范精英在网络社区中的主要作用在于能够及时熟悉某些社会信息与理论，并对此话题具有独到的分析能力和真知灼见。

（二）专业素养和语言表达能力

网络社区中的规范精英作为网络社区中的领导者与话语权把握者，特别需要具备与民族主义相关的专业知识和理论素养，具有自由的思想和独立精神，有深刻的个人见解，能够敏锐发现社会热点问题的实质和当代青年的思想需求。现实生活中的社区规范精英通过个人的影响力与人格魅力的展现，通过主动参与网上的社区与各种讨论，从而引起别人的注意，并能在网络社区的发展中，设置议题、引导舆论的导向，并最终影响其他社会群体的行为倾向，从而实现借由网络社区的传播力而形成现实与虚拟世界的双重影响力。

（三）社会责任感和政治敏锐性

当代青年的网络表达参与方式是一种无目的、无组织的行为，具有自发性和非组织性。他们以个人的身份参与完全是一种自发状态，无任何时间和空间的限制。作为在网络社区中的规范精英，其舆论引导和推动作用更加明显，更加需要其具备高度的责任意识和政治敏锐性，确保自身表达言论的理智性和爱国性，潜移默化地影响和感染其他热血青年，并发挥其号召力和感召力对部分参与者的非理性言语进行有效的干涉和阻止，从而促使网络社区传播环境的和谐性，从而在一定程度上确保网络社区的健康有序发展。

（四）个人权威和影响力

网络社区中的规范精英善于通过平等的良性互动，借助网络社区影响公众行为。在传统的社会权威影响模式下，权威的实现与命令的传达等都与垂直性的官僚行政体制密切相关，然而，互联网的迅速普及对传统的社会权威影响路径产生了巨大冲击。无法否认的是，在网络社区运动过程中，当前众多民族情绪浓厚的人员是成就社区规范精英的重要推动力量，社区中的规范精英往往通过网络发布信息，并通过个人的影响与人格魅力的展现，借助网络社区平台与民族性表达参与者就国家参与全球化过程中的利益受损事件进行多次的辩论以及分析归纳，抒发对全球政治经济不合理秩序的不满，对霸权主义干涉内政的愤怒，并对个人的观点乃至公众的社会行为进行较为深刻的反思，从而形成现实与虚拟世界的双重影响力。当代热血青年的追随往往促使网络社区规范精英的见解以指数级扩散其社会影响力，网络社区规范精英之间以及网络社区规范精英与普通网友之间的互动交流，最终会形成具有一定影响力的相互联系的规范精英圈群，从而促使其在社会公众之间的影响越来越大，对广大民众的行为具有引导作用。

三、社会作用

网络社区中的规范精英虽然来源于社会各阶层，其价值观和政治需求在现实社会中各不相同，其本质都是立足于在全球化过程中追求维护民族与国家的根本利益，特别是他们作为青年群体价值选择与社会理想的指引人，对于当前国内网络民族情绪浓厚人员的健康发展至关重要。网络社区中规范精英作用的发挥在很大程度上需要借助网络社区和广大网友的响应，只有这样才能够引起参与者的共鸣，依靠社区规范精英的号召力与影响力才有可能形成"网上网下"的舆论合力，这是社区规范精英能够引领网络社区向前发展、控制舆论导向与引导社会意见发展的重要基础。对规范精英在网络社区中的特征与作用分析，有利于深刻认识网络社区规范精英在网络民族性表达参与事件过程中的影响，为实现社区中的规范精英的责任使命，有效地为发挥社区中的规范精英的积极作用提供理论基础。甚至在一定程度上说，社区中的规范精英对于当前国内网络民族性表达参与的理性发展发挥着关键性的引领与疏导作用。

(一)引导网络社区和青年的舆论环境

在全球经济一体化的过程中,有关国家利益的涉外事件经常发生,特别是思潮中有关全球化的争论中,要将局部意见演化为重大舆论压力往往需要依靠网络社区中规范精英的引导,网络社区规范精英的理论指引起着关键性的作用。在一般情况下,社区中的规范精英对一些涉及敏感话题或者重大事件的认识和分析比较深刻,他们通过意见表达与建议辩论,引起社会的关注与讨论,具有明显的言论导向作用。

(二)推动网络社区和青年的健康发展

在中国网络社区不断兴起的条件下,通过审视每次网络社区的运行机制,可以看出网络社区中的规范精英在民族性思潮发展过程中的舆论所发挥的引领作用与社会影响越来越大。网络社区规范精英在设置议题、设定框架和讨论议程上掌握着话语主动权,并凭借自身魅力与号召力在潜移默化中主导网络舆论的走向与发展;另外,在网络社区中,部分青年个体因其自身素质、经历、知识和经验的缺乏,在分析事件本质与理论归纳方面能力较弱,以被动受众的姿态出现,希望通过分享网络社区规范精英的意见分析,希望通过别人的指导来帮助其分析归纳事件的真相与背后因素,"当普通人遇到需要决定是否相信、购买、加入、逃避、支持、喜欢或不喜欢的情形时,他们就会去社区中的规范精英那里寻求指导。"在这种背景下,就能够更加凸显出社区中的规范精英的影响力与号召力。甚至当网络社区中出现虚假信息与极端言论时,社区中的规范精英能凭借其知识的渊博性、敏锐性和果断性及时地对事件做出正确的评判,发表具有说服力和号召力的议题与观点,将对思潮舆论的走向起到正确的引导作用;如果没有网络社区中规范精英的及时引导,则会导致网络社区、社群的混乱,甚至会走向极端网络主义,在一定程度上会阻碍网络社区的健康与理性发展。

(三)维系网络社区和青年的联系

当前国内网络社区的理性发展需要构建一个比较稳定和相对牢固的组织框架,特别是在事件的爆发过程中,特别需要实现普通民众和网络社区规范精英之间的多层次互动。一方面，网络社区在某种程度上实质就是固定的网络社群，但其成员主要是具有共同爱好或者价值观的坚定民族情绪浓厚的人员，都是在全球化过程中主张坚决维护受损的国家利益，正是在这一最终奋斗目标的引导下，利用网络载体积极参与网络社区、博客、QQ群、微博、微信的建设与讨论，并就有关国家利益的重大事件提出各自的政治呼吁与诉求，并不是企图说服对方或者让别人接受自己的政治观点，并就相关事件发表各自的见解和看法，并展开讨论和引领舆论导向；另一方面，网络社区中的规范精英、热血青年积极参与和传授是维系当前网络社区有序运行的根本保证，而当代爱国青年参与的主动性和热情的持久性又与社区规范精英的引导密切相关，社区中的规范精英在网络社区的发展中掌握话语权，网络社区中的规范精英虽然存在于社会各阶层，但因其独特的人格魅力和理论素养成为民族情绪浓厚的人员群体价值选择与社会理想养成的引路人，网络社区规范精英的行为已成为情绪浓厚的人员群体不断发展壮大的重要推动力，对当代爱国青年参与网络表达、讨论起着引导与组织的维系作用。处于社会转型期中国的多元化文化景观中的典型现象就是"小众化"现象的普及，网络社区的蓬勃发展与强大吸引力促使当代青年团结于爱国主义旗帜下，树立共同理想和价值目标的"大众化"，当前网络社区的兴起在某种程度上，则是当代青年由"小众化"到"大众化"转变过程在虚拟世界的反映。随着信息技术的飞速发展，当前的中国全球化程度不断加深，对外纠纷不断涌现，以爱国主义为旗帜的民族性思潮其社会影响力不断增强，特别是在当代青年中的影响力呈现倒金字塔上升模式，许多参与者和爱国青年的信息获取、政治诉求和组织归属很大程度上依赖于网络的巨大信息量，当代青年的政治参与与利益诉求能够不断地从网络社区上得到满足与体现，而社区中的规范精英在当中发挥了巨大的作用。社区中的规范精英不仅是当前网络社区理性发展的维护者，还是群体成员之间思想顺利交流的疏导者。

（四）监督保障网络社区的发展与秩序

在当前网络社区的发展与动员过程中，青年规范精英依托于QQ群、社区、网站、博客、微博、微信等载体，通过自发而有序地开展一系列活动，引导与主导网络社区的理性发展。在经济全球化的今天，网络社区的健康理性发展需要具有高度责任感的网络社区规范精英，只有其担负起监督管理的责任，发表理性爱国言论，舒缓极端民族性表达言论，维护网络秩序，对一些信息去伪存真，才能避免极端网络民族主义言论的蔓延，确保国内网络社区的健康与理性发展。社区中的规范精英需要依靠其专业知识和理性素养，对此做出果断判断和迅速决断，采取有效措施维持当前中国网络社区的健康发展。

第三节　逆规范精英

与"规范精英"一样，网络社区青年中的逆规范精英的崛起也是异常迅猛。"逆规范精英"从一出现就面临反差巨大的不同评价。但不管怎样，网络社区中的逆规范精英都将继续存在，继续面对争议，继续发挥其对网络社区的影响力。

一、含义

随着全球化进程的加深、市场经济竞争的加剧，社会中出现了相当数量对社会现实不满、容易受到外界事物和自身主观因素影响、表现出标新立异甚至极端言行的"叛逆者"。其中不乏一些有理想、有激情、有胆略、有责任心的热血青年。在网络社区中也有类似的情况，本书就把他们中的典型人物统称为"逆规范精英"。在网络社区中，逆规范精英主要是特指那些以网络社区为阵地，受社会环境和个人因素的刺激，对民情民意阐发相对激进化表达的人物中的佼佼者。网络社区中的逆规范精英之间通过言语的互相批判与交流，能够使对事物的理解共同加深提高。

网络社区中的"逆规范精英"是一个相对模糊而宽泛的概念，指称的对象在不同的时期也有不同的具体含义和表现。网络社区中的"逆规范精英"一词也并不是一种独特的语言或网络符号，但网络社区中的逆规范精英的个人心理与群体心理是一致的，也许对同一事物的观点不完全相同，但在心理上能够互相理解。"逆规范精英"一词并不对应社会研究意义上的阶层，并不是用来代表固定的人群和社会阶层，而是一定群体的变动性和相对稳定性的统一。网络社区中逆规范精英并非固定的组织，其出现也不是组织性的结果，主要是对某些事物事件具有相对一致的认同性，从而产生相对一致的社会观点。

因网络的虚拟性，其活动和身份就具有隐秘性和不可确定性，特别是随着社会阶层的不断分化，因利益格局调整和社会心理状态的变化，促使逆规范精英的群体成分和数量构成不断实现扩大。网络社区中的逆规范精英的组成成分尽管复杂多变，其社会经济地位与社会阶层也不同，但他们有着自身的价值观和世界观。网络社区中的逆规范精英常常用理想主义的色彩去认识现实社会，企图通过自身持有的价值观和道德标准来批判社会现实和改变改造社会现实，使社会趋于完美。网络社区中的逆规范精英群体的社会批判立场和出发点，主要是基于对社会公德的遵守，对国家利益的忠诚。从这点上说，每一个人在成长的过程中，都会在一个特定的社会环境和心理状态下，因对一定事件充满极度热情从而成为具有网络社区中的逆规范精英的文化心理，甚至这种网络社区中的逆规范精英的情结会在思想上保持一生。由此来看，网络社区中的逆规范精英是一个值得我们正面认识的群体，对当前社会的发展起到一定的推动作用，是对部分社会不合理事件的鞭策与批评。

在中国网络社区不断发展的今天，网络社区中的"逆规范精英"一词已经被用来称呼许多网络民族批判情绪浓厚的人员，网络社区中的"逆规范精英"一词也意味着代表那些爱国者，具有较强爱国主义信仰，能够用实际行动的青年人，特别在全球经济一体化的进程中，通常利用网络社区发表维护国家根本利益的表达言论，达到实现国家利益最大化的青年群体。曾经有人把网络社区中的逆规范精英文化放到当前社会转型期的特殊历史时期来分析：随着中国综合国力的不断上升，特别是中国和世界之间的交融逐渐加深过程中，中国的国家利益既得到了许多机遇也受到诸多挑战。对国家经济利益受到挑战的关注以及对国家经济利益不断受损的担心是网络社区中的逆规

111

范精英文化兴起的根源。

二、类型

如果根据本书的视角来对网络社区中的逆规范精英的特征进行分类的话，可以根据其思想行为和言语情感的不同做以下划分。

一类是感情主导型的网络社区"逆规范精英"。这类网络社区中的逆规范精英在大多数人的心目中还是"偏激、谩骂、无聊"的代名词，但网络社区中的逆规范精英的感情是建立在西方国家歪曲和侵害中国利益的基础上，虽然它是一种很直接的情感，但在爱国主义情绪支配下其爱国主义行动也有现实主义的某些逻辑。

另一类是理性主导型的网络社区"逆规范精英"。他们针对的是中国社会的现实问题，痛恨当前社会中的道德沦丧、诚信缺失、中华民族核心价值观的缺失。这部分群体对当前国际、国内的现状都比较关心，他们结合自己在社会发展中的感受，对事件理解有自己独特的认识与观点。面对社会的民生与腐败问题，他们试图用发展的观点分析，并通过批评表达出自己的观点，提出改造的办法，但不会盲目地发表极端言论。此类网络社区中的逆规范精英的狂热思想基本局限于言语层次，很少付诸实际行动，他们认为仅依靠个人无法改变现实，要通过社会发展去解决问题。总的来说他们是积极者中的相对消极者。

三、产生原因

就历史因素来看，从某种角度上说网络社区"逆规范精英"这种群体现象的出现是必然的。

就全球因素来看，当前的社会文化环境是网络社区中的逆规范精英产生的文化因素。随着中国改革开放的不断深入，中国综合国力的不断增强致使部分民众（尤其是青年）产生了身份的不确定感。通过透视近年来网络社区的发展历程，对于部分中国民众而言，在参与全球化的过程中，国家的利益不断得到削弱。也有的学者将中国网络社区中的逆规范精英文化的兴起，概括为一种文化现象，并认为随着中国开放进程的加深，对外开放了某些领域，但并没有得到世界经济秩序的公平对待，在这种历史背景下，中国的网络社区中的逆规范精英文化得到发展，主张用强硬的手段和措施维护国家利益，强调中国在全球化进程中的国家利益受损，主张用对抗的甚至针锋相对的措施维护自身利益。

就社会转型因素来看，国内各种社会矛盾的影响是网络社区中的逆规范精英产生的文化因素。随着中国参与全球化进程的加深，部分青年不能全面、客观地认识历史与现实，从而形成了关于中国现代历史与中西方关系史的偏见，对中国古代文明的盲目自信与自大，对西方社会、政治和文化抱有很大偏见，用偏执与过时的思维方式考虑和观察国内国际问题。

四、积极社会影响

在全球化进程不断加深的21世纪，中国网络社区中的逆规范精英在网络上的兴起，将对中国社会的发展产生积极的影响和推动作用。

（一）对当前社会不公现象的批判

当前中国社会处于社会转型期，社会主义的政治、经济、文化等都处于转型过程中，由于社会主义市场经济体制的不完善，社会出现一些黑暗与腐败现象。通过发动民众的参与，形成强大的网上舆论影响，这对于反对腐败，提高社会透明度具有一定的积极作用。

（二）促进了当前网络市民社会的成长

网络社区中逆规范精英的出现，可能促进以某种议题为内核的网络市民社会的成长，对有关各方形成强大的社会舆论压力，有时也会对政府的行动提供有益的帮助。

网络社区中的逆规范精英促成网络市民社会的形成与发展，至少提供了市民社会形成的两个基本条件：其一，合法的网络沟通平台，相对有一定名气和相对固定的交流平台；其二，网络社区中的规范精英在网络平台能够及时发现和策划议题，引导网络社区中的逆规范精英的讨论，并主持网络讨论的舆论问题。社区中的规范精英在一定程度上能够引导网络社区中的逆规范精英讨论的方向，并疏导网络社区中的逆规范精英的情绪。网络社区中的逆规范精英作为一种独立的社会力量，能够对社会的正常发展起到舆论监督的作用，对相关事件责任人形成强大的社会舆论压力，迫使事件的相关责任者严肃认真地对待这一社会力量。网络社区中的逆规范精英具有充沛的青春活力与社会责任感，因此敢于发言、无所顾忌、敢于对话。

（三）对政府的行动提供帮助

网络社区中的逆规范精英的言语是对社会现实的批判，有时会对政府相关部门的问题解决与措施制定提供有益的帮助。网络社区中的逆规范精英的行为有时会与政府部门的行动形成一定的配合局面。网络社区与政府对事件的处理措施有时达到高度的统一与协调一致。

第六章

网络社区：教育新常态

第一节 网络社区发展原则

在现代语境中，全球化已不仅仅是经济学的概念，在实践中其扩张性力量已经使得人类文明都被烙上了全球化的印记。因此，随着全球化的不断推进，我们必须以一种开放的胸襟、"和而不同"的心态、自强自信的精神去迎接世界发展的新浪潮，在多元与共生中做出适宜中国国情的网络社区发展的价值选择。

一、和而不同

和谐之道意蕴丰富，其最终旨向是"和而不同"，即让各种多样性事物以各自的特色融为一体，以部分的丰富性为整体添加新意，它强调的不是单一，而是多样性基础上的整体功效的最大限度发挥。

全球化不是一种文化的大同或者是某一种文化对另一种文化的影响。在实践中，它既是全球化范围内一些文化因素流动对于不同区域产生的影响，也是不同区域的相互影响。在这种交互影响的过程中，对于弱势的一方面言，如果闭关落锁则会发展滞后，敞开大门却又存在被文化殖民的风险。如试图在文化的碰撞、交融中寻找平等的文化对话，却又可能限制于政治思维的干扰。如何正视强势的文化输入？中国传统哲学"和而不同"的思想为我们思考全球化下文化传播的价值取向打开了思路。

"和而不同"较早出自《国语·郑语》,"夫和实生物,同则不继。以他平他谓之和,故能丰长而物归之;若以同裨同,尽乃弃矣。"其意是多种因素通过相互配合、协调来组成新的事物或达到理想的效果,相反则损。《论语·子路》中孔子对其论述为"君子和而不同,小人同而不和"。无论是适用于物理世界还是人类社会,"和而不同"都诠释了"和"所具有的魅力。"和"是旨在促进参与个体通过优化组合而达"和谐共处"。全球化改变了传统民族育的文化环境,文化自身作为适应环境的系统,一旦原有环境发生改变,其自身便会发生变迁。

"和而不同"的原则要求我们面对网络社区的时候一定要处理好以下关系:首先是正确处理文化与文化的关系。文化是人类社会特有的现象,恩斯特·卡希尔认为人是文化的动物,不同人种之间的交往实质上就是不同文化之间的交流。文化之间的交流应本着相互尊重、共生共荣的原则,使各种文化在彼此交流中共同繁荣、多样化发展,在"和而不同"的氛围下相互竞争、相互丰富、相互促进、相互融汇。因此,符合时代要求的网络社区应正确处理好不同文化间的关系。其次是正确处理人和人之间的关系。人的社会性决定人不可能脱离其他人而独立存在,人正是在与不同的人交往中发展了自己。儒家指出"仁""恕""忠"可以调整人与人的关系:"仁"者,两个人也。你把人当人,人把你当人,也就是说人要相互尊重。"恕"是如心,将自己置于对方的角度去考虑问题,己所不欲,勿施于人,此乃恕道。"忠",把心摆正,解决的是上下级关系。具体到网络社区,应在人性的基础上发展人性化的结构设计和议题设置,正确处理管理者和运营者之间、运营者和参与者之间、参与者和参与者之间等的各种人际关系,在和谐人际关系中寻找网络社区新的生长点和发展点。

二、以人为本

在全球化背景下,网络工具理性得到进一步体现,网络被看作是培养现代人的"工具"。社会关注网络仅仅着重于网络制造的结果与效率,而忽视网络培养人发展人的本真。诸多现实问题时刻在呼唤价值理性的回归。价值理性是对工具理性的反思与批判，它所体现的理念是给予人终极关怀。

网络社区追求和完善回归价值理性对具有多元文化性格的少数民族而言具有不可忽视的意义。长期以来，人对生态环境的依附、依赖与相互作用使人的符号系统化。这种符号的系统与传承过程是人区别于其他动物所特有的功能。经验符号借助载体得以传承，其传承过程超越了时间与空间的限制。符号系统的经验基础可以通过回忆与重新组织，进而提高人类对生存环境的适应性。经验符号的回忆与再组织过程无须第三方工具的参与。然而，网络工具理性侧重工具在人接受文化（或者具体为掌握工具能力）过程中工具性的参与。我们暂时不考虑其工具是否在全球化时代被更新换代的可能，反思网络的本质，网络工具性是网络目的之一而不是全部。网络活动伊始便承担了文化传承的角色，文化传承是为了更好地使人能够在自然环境、社会环境中生存，但这并不是仅仅意味着网络所传承的文化能解决所有时空的问题。世上没有开所有锁的钥匙，网络传承文化的终极目的是发展人"真""善""美"的灵魂。我们可以从柏拉图"相"论中获得启发，"相"是现实世界的投影，其具永恒、客观、纯粹的品质。人灵魂的"真""善""美"虽超越了"形"的经验，但却能促发灵魂在美的指引下，运用于物质世界生存中以获得生存的能力。

第二节　网络社区与"文化中断"

社会系统中一般会形成"个体—群体—社会"这样一个多重的交互结构。其中，群体是个体的共同体，是缩小的社会，个体在群体活动中完成社会化过程。在社会的整体结构中，群体往往影响着、规范着、指导着个体的生活方式和行为方式，这是一定个体之所以归属于或依然归属于一定群体的重要基础。

迄今为止，中国围绕国家意识形态而展开的高校教育取得了不俗的成就，但也面临诸多挑战。就现实观察而言，不同高校青年的学校行为呈现出一定的差异性。这种差异主要是由文化而非地理或生物上的差异所致。部分高校青年成绩不理想的根本原因是其所接受的教育体系和教育内容与学生自身的成长文化存有一定的中断与脱节，即"文化中断"。

一、"文化中断"：理论与认知

（一）理论概述

"文化中断"初起是美国学者针对当时出现的所谓"文化同化主义"问题而提出的理论。据相关文献资料，20世纪初美国公立学校开始推行与实施"熔炉"政策，也就是要求生活在美国本土的移民、土著人、少数民族成员学习并融入美国文化。美国发展成为全球具有影响力的政治大国，不过民族文化却没有得到很好的处理与传播。旧式的教育体系忽略了外来者的文化背景且推行以后就没有进行重新审视与修订。他们需要花费大量的时间与精力才能完成作业，不仅学习效率低，还出现了较高的退学率。最终造成的社会结果就是移民、土著的学生的受教育程度普遍偏低，引发诸多社会顽疾。"从其族群矛盾的历史演绎变化中洞窥并建构出的族群关系模型将为后续现实问题的研究提供又一种参照与导引。"[1] 教育专家们为提高存有文化背景差异的学生的整体学习水平，采取了多种有效措施与方法。基于文化结构体系，他们主要侧重实施系统化的全面改革与调节，转变文化传播模式，弱化差异文化之间的冲突与矛盾，注重现实性文化问题的处理与解决，明确指出要基于文化角度对教育与学校之间问题进行全方位探索研究。到20世纪六七十年代，此理论得到了进一步改进与完善，突破了传统文化与教育束缚，具有很强的现实性研究价值，逐渐成为各国教育学者研究学习文化背景的重要参考理论。

（二）理性认知

基于此社会环境，多元化的文化教育理念诞生了。虽然学者们针对此教

---

[1] 班瑞钧. 蒙元际族群畛域关系模型略论 [J]. 贵州民族研究, 2014 (4).

育理念有不同看法与见解,但这是构成国家文化体系的重要部分,是不可否认的事实。多元化理论现已成为很多国家教育机制实施的重要内容。最具有代表性的主要是"文化剥夺理论""语言类型差异理论"等。这几大理论的诞生旨在从大空间尺度上妥善解决青少年学习过程中所遇到的各种难题。不过这些理论也存有很多漏洞与不足,所以未在全球范围内得到大力推广与践行。

二、教育应对:现实与局囿

(一)"文化中断"的现实

人类文明的演变需要文化的相互传播加以推动,而教育则是人类文化传播的主要手段。文化传播受阻除了受宏观经济因素影响之外,常常是源于教育所出现的问题。现代社会文化的教育传播主要是在学校范围内,而传播的内容以及方式都会受到主流社会的左右。成长环境对受教育者的文化"濡化"与学校对受教育者的文化"濡化"存在着较大差异。

(二)"文化中断"的局囿

学校在进行义务教育的同时,在传播主流文化、引导先进文化的推广和前行的过程中,不应以主流文化和先进文化来强行改造甚至剥夺文化特征等,应当在遵循客观规律的基础上实施过程化教育。

三、消解策略:转轨与衔接

对于青少年来讲,在学校接受教育其实是一个学习文化的过程。对于青少年的教育工作者来讲,需要对各类文化背景的青少年展开深入分析,应对受文化因素影响而产生的文化中止问题予以适度重视。全国采用相同的教育机制与教育结构,并且学制与教学规划亦保持一致,将汉语作为主要教育语言,在有限时空内会造成相当的困难。若是在少数民族区域强行按照内地教育方式开展教学活动是非常不明智的。这是一个采用何种方法处理主流语言和非主流母语语言冲突的问题。

在多元文化教育理论的前提下研究和探讨"文化中断"。多元文化教育理论是国内诸多学者广泛赞同并支持的一个基本教育理论,且将其视为指引国民教育活动的一个重要理论参考。20世纪60年代,多元文化教育理论首次被提出,经过半个世纪的发展,其内涵变得越来越多样化,逻辑性亦是变得越来越严谨。所以,多元文化理论的提出与应用为科学认知、理性消解"文化中断"这一问题给予了全方面、多层次的分析角度与理论基础。最近几年,教育界形成了这样的一个观点:"国民教育在注重传播人类共同文化财富的基础上,还需要将本国主体文化成果以及少数民族多年形成的优良文化传统予以广泛传播。"①

近些年来,诸多教育学者在借鉴、参考西方教育理论的基础上,认识到教学方法应该和文化背景相融合。设计重视文化差异的教学方法有利于降低因"文化中断"而产生的消极影响,并且能够促进教育教学的变革与发展。

第三节 网络社区与高校思政

在当今信息环境下,网络已经成为高校教育的新阵地。网络社区和高校思政各自体系的多样性、复杂性特点决定了仅凭某一方面的力量无法构建完备的网络资源和营造完备的游戏规则。各方都要参与到相关事业中,以期探寻一条网络社区的健康发展之路和高校思政教育的可持续路径。

一、网络社区与高校思政

高校是思政教育的主阵地。相关工作者系统总结研究中国高校思政教育理论政策的形成、发展与实践,对进一步促进高校教育的发展,具有十分重要的作用。中国的高校思政教育是社会或社会群体用马克思主义理论对社会成员施加有目的、有计划和有组织的影响,使他们形成符合一定社会所要求

---

① 崔延虎. 跨文化交际教育:民族教育若干问题探讨 [J]. 新疆师范大学学报(哲学社会科学版),2003(6).

的观念、意识、情感等，从而自觉形成正确处理社会问题行为的社会实践活动，具有较强的政治属性。新时期青年的马克思主义教育是爱国主义教育的主要内容和思想政治教育的特殊表现形式。

随着信息技术的发展和进步，网络社区作为时代的重要特征，已经逐渐影响高校思政教育的内容和形式。对于不同地区高校思政教育而言，网络社区作为一种新型的教育载体，对高校思政教育工作者信息优势地位和权威性、教育过程以及青年政治信仰、价值观念等产生冲击的同时，为教育内容、教育方式、交流方式等方面创新提供了难得的机遇，同时也带来了一定的潜在挑战。一定要把高校思政教育摆在更加突出的优先位置，给予充分重视。因为，树立牢固的团结思想是把具有不同习惯、信仰和语言的大学生凝聚在一起的关键。

二、网络社区：高校思政教育嬗变新场景

网络全球化的当下，以互联网为代表的新媒体已深入高校，渗透到大学生的日常生活中，影响着他们的思想观念、日常交往和学习行为。网络的普及与应用一方面为高校思想政治教育工作提供了新的运行载体和机遇，另一方面也带来了巨大的压力与挑战。

经过几年的发展，互联网这一传播载体的内涵不断拓宽，从桌面互联网发展到移动互联网，并可能进一步在未来实现跨越各种终端设备的互联方式。对于传媒行业而言，陈力丹教授曾指出，互联网思维即用互联网的传播特征来思考媒介融合，其本质是连接、整合、重视受众的思维。

（一）网络视域下高校思政教育应对

如今，随着信息技术的快速发展，网络已经成为高校大学生重要的聚集、活动和实践场域，网络虚拟实践已经成为一种新的实践形式。网络虚拟实践的实质是主体和客体之间通过数字化中介系统在网络虚拟空间进行的双向对象化的活动，是一个主体客体化与客体主体化相互作用的过程。一方面，网络上海量的信息、多元的价值、呈现出来的各种乱象等对大学生的思想与行为产生巨大的影响；另一方面，大学生在网络上的各种思想与行为表

现也会影响网络空间的舆论生态、社会心态。"思想政治工作是学校各项工作的生命线",高校网络思想政治教育是网络空间治理的重要组成部分,在网络空间治理中发挥着主流价值引领,网络舆论引导,社会心态疏导和服务大学生成长成才、满足其精神文化需求等功能。相对于传统的思想政治教育,网络思想政治教育具有新的特点和规律。要运用新媒体新技术使工作活起来,推动思想政治工作传统优势同信息技术高度融合,增强时代感和吸引力。

1. 网络的变量透析,技术的迭代更替

对于高校网络思想政治教育的因势而新,实质上是因形势、因技术而新。如今,网络技术日新月异,大量应用程序层出不穷,在应用商场中数量多、种类细、更新快。从宏观上来看,用户新需求的产生、企业新技术的支持、市场逐利本性的驱动,使网络技术呈现出一种"创新填补空白、先进代替落后、热门挤压冷门、盈利淘汰亏损"的迭代更替现象。高校思想政治教育工作者要充分认识到网络技术的迭代更替规律,善于应用新媒体新技术增强网络思想政治教育的时代感和吸引力。

2. 网络平台用户的固化迁移

高校网络思想政治教育和新媒体网络平台是内容和形式的关系,教育内容依托于新媒体网络平台,网络平台承载着教育内容。对于企业和开发者而言,一款应用的价值变现以一定规模的用户积淀为前提。而对于用户而言,应用的吸引力大小则在于它对个人需求的满足程度。某一网络平台如能满足大众的普遍需求或小众的特殊需求,就可能在平台上吸引、积淀、固化用户群。例如,微信等主流社交网络之所以具有很强的用户黏性,原因就在于其功能的普遍适用性。而"知乎"作为主打知识社交的网络问答社区,则更为吸引精英群体。迁移现象则主要伴随应用的迭代更替而发生。例如,有了微博可能就不玩博客,有了微信可能就冷落QQ。即便"新旧共用"或"多平台共用",都是对用户有限时间的再分割,实质上也是一种迁移。为此,高校思想政治教育工作者要经常关注学生在网络平台上的迁移动态,了解学生的最新网络生活方式,精准传播教育内容。

3. 网络内容供需的多元分化

高校网络思想政治教育的内容供给存在不平衡不充分的现象，坚持以教育内容为王已经成为做好网络思想政治教育的普遍共识。如今，大学生的个体差异决定了信息需求的多样多元，而信息需求的多样化、差异化又推动了信息生产供给的多元化。信息资讯的市场化、付费订阅趋势的形成，也将进一步加速个体间的信息供需分化。为此，高校思想政治教育工作者要切实把握好学生的特点和内在需求，开展个性化工作。

4. 网络秩序建构的被动滞后

网络思想政治教育的重要环节，是营造天朗气清、生态秩序良好的网络空间环境，这是高校网络思想政治教育追求的目标。党的十八大以来，国家和有关部门制定了《中华人民共和国网络安全法》《微博客信息服务管理规定》《互联网跟帖评论服务管理规定》等一系列关于网络空间治理的法律法规，各高校也相继制定了网络行为规范、网络文明公约等相关制度条例，这些都为高校网络思想政治教育的有效开展打下了良好的生态基础，并为廓清网络空间、促进网络空间治理建立了良好的制度保障。但就事实来看，秩序建构依然是网络和信息化发展的短板，其完善水平与互联网的整体发展依然存在差距。高校思想政治教育工作者要充分发挥学生在清朗网络空间中的主观能动性，增强学生的网络责任意识和主体意识，引导学生文明上网、安全用网。

（二）网络拓展高校思政教育新思维

基于互联网技术的迅速发展，在新媒体的发展过程中，不可避免地要提到互联网思维。即借鉴互联网思维来发展和做好思想政治教育。新媒体发展的初期，在百度2011年联盟峰会上，百度公司创始人、董事长兼首席执行官李彦宏在谈到中国互联网创业者的机会时，提到传统行业实现转型需要运用互联网的思维，后被简化为互联网思维。马云曾经在演讲中表示，互联网思维是跨界、大数据简捷和整合；周鸿祎在接受央视采访时表示，互联网思维应该是用户至上、体验为王、免费模式和颠覆式创新；雷军则将"专注、极致、口碑、快"视为自身的互联网七字诀。而张瑞敏认为，互联网思维是零距离和网络化的思维。综合来看，商界所认为的互联网思维是指在（移动）互联网+、大数据、云计算等科技不断发展的背景下，对市场、用户产品、企业价值链乃至整个商业生态进行重新审视的思考方式。

（三）网络新媒体充实高校思政教育内容

网络新媒体的即时性、互动性与便携性颠覆了传统媒体的内容生产与传播模式，也深刻地改变了大学生思想政治教育的环境和传播方式，不仅内容的重要性表现得更加突出，而且更加注重平台的作用。

首先，网络新媒体为高校思想政治教育引入了网络舆论热点内容。新媒体平台上的信息包罗万象、议题丰富，与社会关切的热点、难点问题直接关联，新媒体舆情中的政治、经济、社会、文化等多领域话题可直接为大学生思想政治教育提供案例和素材。大学生较多关注社会热点事件，对社会热点能够形成基本的认知和判断。如若将网络热点舆情引入思想政治教育，可以促进大学生心理上的共鸣和认识上的修正，从而弥补传统思想政治教育以理论教育见长，实践性、生动性和时效性不足的缺憾。课堂教学结合社会热点事件，向学生传授包含正能量的新媒体内容，还能够帮助学生树立正确的人生观、价值观，如广泛宣传最美行业人物、感动中国十大人物等正面案例，提升对主流价值观和媒体正能量的认同感。除正式的课堂教学内容外，新媒体还为思想政治工作者与大学生群体的课后互动提供了机会，原本在课堂教育中不会涉及的个人思想动态、现实困惑和理想信念等话题都可以成为师生互动的内容。高校思想政治工作者可充分利用网络新媒体作为与学生交流互动的媒介，使之成为师生之间、学生之间进行思想政治教育、思想政治学习的新空间、新渠道，从而为构建新型师生关系、同学关系，为构建思想政治教育新方法提供有益探索。

其次，网络新媒体使得大学生思想政治教育的内容更加依托"交流平台"。网络新媒体大学生思想政治教育的内容，不仅包括新闻资讯和主流价值观的融合，还涉及其他多个领域，如文学、游戏、搜索、娱乐、商业等行业，网络新媒体思想政治教育的内容也逐渐从纯内容的说教发展到内容的创新时代。而对于某个领域的涉足或者对思想政治教育能够形成怎样的影响，关键在于大学生受体对这一领域感兴趣与否，了解得是否深入。换而言之，大学生客体和某一领域的关系，常常是影响他们是否接受思想政治教育内容的重要依据。因此，在网络新媒体时代，创建和打造能够聚集人气、对客体能够进行精准分类，并研发相应思政教育内容的社区和平台很有必要。这样，在注重思想政治教育内容与时俱进的同时，应把内容分类和相应的平台社区有机结合起来，开拓和针对不同兴趣爱好和价值观的大学生与平台之间、大学生与大学生之间的关系的全方位内容创新。新媒体时代大学生思想政治教育不仅在内容上更加有优势，更加注重以网络交流平台为中心。通过交流平台，让大学生思想政治教育的主体与各个地域、各个年级的大学生受众集结到以新媒体技术为基础的一个网络平台。在这个平台上，多种观点和思想汇聚得越多，对思想政治教育形成的反馈价值也就越大。所有的内容都经由大家讨论决定，平台内的氛围和交流方式很容易使大学生接受讨论出来的观点，从情感上更愿意服从这样的决定。新媒体时代大学思想政治教育其平台打造的决胜点在于聚合"人"的能动能力和引导能力，提供有价值的信息点与有吸引力的内容，让大学生愿意回归到这个平台上来。例如，在这类平台上，学生们可以自由发表对各种书籍、音乐、电影的内容及观点的评论，在进行讨论的过程中，平台在后台的数据运行系统就可以计算挖掘出在线的每一名大学生的兴趣爱好和价值取向，且进行智能分析，依据分析结果向每个学生有针对性地推荐能达到思想政治教育目的和任务的内容。这种新媒体智能平台模式，能在大学生使用某一媒体平台进行日常生活交流的过程中，使思想政治教育以润物细无声的方式，对大学生的思想和行为产生积极影响。

因此，以网络新媒体为媒介的高校思想政治教育其未来的发展必须超越内容为王的单一视野，因为在这样的背景下，思想政治教育的实现方式正在发生变化，"内容"的地位正在被动摇，而互动"平台"的经营成了新的着力点。网络新媒体思想政治教育的内容必须调整策略，首要是要打造好平台，以关系建设为出发点，构建内容、平台和方式为一体的综合链。而如何维持定位好这一平台，需要思想政治教育工作者发挥他们的创新能力，思考如何实现对内容进行整合；针对不同的大学生、面对不同的媒体终端，怎样区分、设计和量化各个针对性不同的思想政治教育内容；怎样在引导和互动过程中激起大学生的思想火花和创造力。对于新媒体技术的开发者，研究如何在科技上实现平台的多功能研发，能使同类型的大学生在交流互动中聚合，并设计合理的反馈机制和系统等，都是网络新媒体大学生思想政治教育未来发展的方向。

三、网络社区为高校思政教育带来新机遇

相对于传统信息交流，网络社区有着全新的传播方式，是信息社会人们认识世界、改造世界的新工具。就教育层面而言，它有传统信息交流难以比拟的优势，提供了一个新的育人环境、新的教育模式、新的工作手段和新的工作载体，为加强教育工作带来了机遇，也是相关工作今后一段时期创新的主要方向之一。

（一）创新教育手段

网络社区技术的发展使得教育方法更加新颖，教育手段更加多样。传统思想政治理论课堂上，学生通过课堂、课本、教师获取信息和接受教育，在当下显示出渠道单一、方法单调的巨大劣势。教师可以借助网络社区，以文字、声音、图像生动地表达民族教育内容，并在最短的时间内将信息传达给学生，这样既可以拓展民族教育的育人空间，也可以进一步增强教育工作的吸引力和感染力。

（二）丰富教育内容

网络社区条件下的教育内容更加丰富。我国政府上网工程的全面实施，为民族教育提供了大量的资料、素材和政策文件，促进了教育工作经验的交流和借鉴。

（三）促进教育交流

网络社区使一对一、点对点的传播成为可能和现实，运用手机等移动终端支持的网络社区，每一"受众"都能变成"传播者"，同时互联网的普及

给人们提供了成本低廉的传播途径，只要拥有联网信息终端，任何个人既可以是信息的接受者也可以是发送者，真正实现了信息的互动交流。借助QQ、微博、微信等网络社区，思想政治教育工作者可以与学生平等交流，真正深入大学生的精神世界，了解大学生真实的心路历程，把握大学生的心理需求，寻找共同话题，通过思想沟通、情感共鸣，达到疏通、引导、教育的目的。

校园网络是反映学生思想动态的晴雨表。学生的学习、生活等情况，对国内外热点问题、学校管理中的现实问题等的意见、观点、看法，都能够迅速地在网络上反映出来。借助网络社区，高校思想政治工作者可以深入到学生中去，了解学生，疏导学生思想，对学生所反映的问题，要及时处理反馈，把问题解决在萌芽状态，从而增强教育工作的针对性、有效性。及时占领网络社区这块思想政治工作的新阵地，可以有效防止和抵制各种消极舆论、落后文化、腐朽思想乃至自由化思潮对学生的影响和渗透。

（四）推进自我教育

传统教育课堂教学模式表现为你教我学、我讲你记、你说我听，属于典型的填鸭式教学，这种教学模式形式呆板，难以调动学生学习的积极性和主动性，很难取得应有的教育效果。网络社区的出现在很大程度上扩展了教育课堂，将课堂从教室扩展到寝室、图书馆等所有学生学习和生活的场所。学生可以自主地选择学习时间、地点、内容以及学习方式，学习的自主性大大增强。在网络社区技术构建的全新的学习环境下，传统的教育权威被逐渐消解，教师从单一的知识传授者转变成了教学活动的引导者、组织者，学生由文化知识的被动接受者转变为主动学习者。网络社区可以成为学生自主学习、主动探索的得力工具。

四、网络社区对高校思政带来新挑战

（一）对教育工作者的挑战

网络社区是一把"双刃剑"。网络社区依托互联网这个开放的全球化的网络,可以使用户摆脱地域和种族的局限。在这个网络里,每个参与者不仅是信息的接受者,而且可以是发布者,其最显著的特点就是在很大程度上突破了信息言论传统的束缚,这种突破在人类文明发展史上是前所未有的。这种新情况对高校民族教育工作者提出了新的要求。教辅人员是青年大学生思想工作的直接管理者,同时也是学生健康成长成才的领路人。

首先,对其信息优势地位和权威性形成挑战。在传统的课堂教学过程中,教师在信息掌握方面始终处于一种优势地位。凭借这种优势,加之自身长期积累的理论素养和丰富的教学经验,教师在教学过程中比较容易树立起威信,得到学生的尊重和信任,从而有助于教育工作的顺利开展和教学目标的完成。但是在网络社区时代,教师的这种信息优势在逐渐弱化或趋于丧失。网络社区的交互性等特点对教育工作者的权威性带来了严峻挑战。网络社区的根本要求是要否定权威,提倡平等。借助网络社区,学生对信息的接受就有了很大的选择性和自主性,这就使得教师不能一厢情愿地强迫学生接受知识,而是要有意识地在授课内容和技巧的选择上增加对学生的吸引力。在网络社区时代,不同社会制度、意识形态的斗争已悄然转化为信息交锋。互联网上信息每天都在不断更新,如果教育工作者不能与时俱进,在理论知识方面准备不足,就不可能充分利用互联网上的海量信息资源,信息优势地位就会被持续削弱。

其次,对其媒介素养形成挑战。媒介素养指的是人们面对网络社区各种信息时的使用能力、理解能力、分析能力、质疑能力、评价能力以及思辨的反应能力。目前,受现实条件限制,我国高校大部分民族教育工作者往往没有接受过系统全面的媒介素养教育,不少人在网络世界里面属于新手级别,尤其是年龄偏大的教育工作者,大多由于没有接受过系统的计算机技能教育和培训,面对迅猛发展的信息技术往往手足无措、无法应对。而青年更容易接受新鲜事物,习惯于通过互联网来发表自己的观点和意见,这一反差就给高校教育工作带来了困难。网络社区技术的发展,对教育工作者的媒介素养提出了更高的要求,同时互联网所具有的隐蔽性特点也使民族教育过程更加复杂化。在课题教学中,教师所教授的知识学生可能早已了解,而学生从互联网中学到的新名词和热点话题教师却可能闻所未闻，出现这种情况就会导致教师无法及时有效、有针对性地开展思想教育工作，教学的实效性就会大大降低。

（二）对高校教育传统方式的挑战

教育的方式、方法是实现教育目的的保障，这是教育学上不证自明的真理。唯有有效的信息传输，才能最终形成青年学子成长辅导工作的市场价值。

网络社区的发展，使信息的传播在一定程度上摆脱了控制，互联网上的信息繁杂真假难辨，其内容可能和教师所宣传讲授的不同，甚至完全相反，这样就很容易引起学生思想上的混乱，以前学生思想状况发生变化，通过其言行举止，往往都可以察觉。在网络时代，学生更习惯也更乐于在网上来表达情绪和思想，这就给教育工作带来很大的难度。

学生接受统一的学校教育，获得同样的信息，他们的个性与差异要求或多或少地遭到了忽视，其教育的主体地位被淡化。而以互联网为标志的信息网络文化的出现，适应了以人为中心的现代教育的需要，它正在迅速地挑战着传统的教育方式。

毋庸置疑，网络社区的发展是不可阻挡的时代潮流。这对民族教育、对青年的影响总体上是积极的、有利的，同时我们也必须清醒地看到由此带来的负面影响。正如有关网络社区研究专家所倡导的那样：面对网络社区这柄双刃剑，我们应该肯定其主流，两利相衡取其重，两弊相权取其轻。因此，面对网络社区所带来的机遇和挑战，高校民族教育工作务必顺应发展的趋势，抓住时机、回应挑战，充分发掘网络社区的教育潜能来扬长避短。

第四节　高校思政教育网络社区现实困境

各高校在网络思想政治教育的建设与实践过程中都出现过一些问题，致使网络思想政治教育面临效果不显著、实效性不强等现实困境。深入分析其原因，找到症结所在，是推进思想政治教育工作发展的重中之重。

一、高校网络思想政治教育面临的主要问题

各高校通过校园网站、新媒体软件、网络课程等教育手段，不同程度地开展了网络思想政治教育教学。但由于各种条件限制，网络教育教学平台建设、教育主客体方面都遇到了不同程度的问题，没有达到思想政治教育的理想效果。

（一）课堂网络平台覆盖率不高，软件设施滞后

随着网络教育在我国的不断深入推广，网络课堂也加入其中并逐步发展起来。一直以来，教育部鼓励与支持各高校创建思想政治教育慕课、翻转课堂等网络教育平台。部分高校也纷纷响应号召积极投入建设，然而在这种课堂网络平台发展的大浪潮下，很多高校还没有投入到网络课程平台的筹划与建设中。

北京大学数字化学习研究中心于 2015 年发布的《高校翻转课堂：现状、成效与挑战——基于实践一线教师的调查》显示，"工学、理学、教育学、管理学、文学网络课程所占比例较大，而哲学类仅占总比重的 3%"。2017 年 "学堂在线" 中思想政治教育的网络课程为 20 门；而在 "中国大学 MOOC" 平台中该类类课程为 15 门；易班中为 13 门。跟所有学科相比所占比重较少。

教育部在线教育研究中心和 HCR（慧辰资讯）联合发布的《2016 中国慕课行业研究白皮书》显示，已有超过 30 多所 "985" 高校及多所 "211" 高校参与慕课课程制作和慕课平台建设，依旧有 90% 的国内高校尚未开展慕课课程平台建设。

由此可见，高校思想政治教育课堂网络教学平台建设还处于起步阶段，首先在部分重点高校中建设开展，在全国高校的覆盖程度不是很高。由于软件设施的滞后，很多高校还不能很快投入到课堂网络平台的建设中，各高校要把人力、物力的流动向网络教育平台建设倾斜，尽快实现思想政治教育课堂网络平台的搭建与完善。

(二) 课下网络教育平台运用较少

课下网络教育平台主要以校园网站、新载体软件为主。高校校园网站与新载体软件运用于网络思想政治教育。高校在这两部分建设上的投入有所欠缺。例如,辽宁地区某高校校园官方网站中,首页的党群建设板块中有以下四类项目:组织机构、党建活动、党建风采、工会活动。其中组织机构中为党政师生工作人员职务名单;在党建活动专栏中仅有一个党建项目活动项目,在其他项目链接中均为空白网页,该网页的点击量很少。由此看来校园网络平台中党建、思政模块运用相对较少。另外,新载体软件中舆论信息传播范围较为广泛,部分高校运用新载体软件对大学生的舆论引导功能发挥不是很明显,缺乏新意与创造力,发布内容不能引起大学生的广泛关注与思想共鸣,点赞率、转发量、评论互动情况很少。例如,辽宁省内某高校的官方微博公众号,其关注人数不足3万人,推广的思想政治教育信息内容多为会议活动信息、心灵鸡汤式名言等。然而在这类信息的下方转发率不高,评论互动区域账号固定,这在一定程度上说明了高校需要重视新媒体平台,重视新媒体思想政治教育。同时也说明了教育客体对高校网络教育平台内容缺乏认同感和兴趣。

(三) 教育主客体互动性不强

思想政治教育的实效性主要体现在教育主客体的互动沟通上,良好、频繁的互动沟通,表明了受教育者接收到了思想政治教育者所要传递的思想信息,并且产生了自己的感悟和理解,积极主动地与教育主体交流分享近期学习心得、思想感悟情况,教育者根据受教育者的个人情况,加以辅助引导其向更高的思想水平发展。互联网的迅速崛起,网络载体的形式多样化使得教育双方的沟通更加便捷,教育主体可以利用网络课程平台讨论区、文字、语音聊天、信息评论区与教育客体进行沟通,这些新形式的出现有利于主客体的互动交流,但是实践效果并不是很理想。例如,北京某高校的 2016 年"马克思主义基本原理"网络课程中,在讨论区设置了思考题:"人为什么要实践?为什么要发挥主观的能动作用改造客观世界?"但是在讨论区并没有网络学习者回答这个问题。有一位网络学习者提出了疑问:"对于老师提出的思考题,我们回答的思路和方向是什么?是照本宣科,还是结合生活经历加以阐述?"然而另一位网络学习者做出了这样的回答:"很少有人会注意到问题背后的动机问题,既然老师这么问,肯定是希望我们能对知识点进行复习与再认,我们的回答显然也存在动机。个人浅见,要能够如实向老师反映自己的掌握水平。抄袭别人的答案,容易给老师造成误导,这样不仅老师看不到真实的情况,我们自身也得不到成长。"这是关于这题的所有讨论,由此看来,部分高校教育主体与客体并没有建立起通过网络平台互动沟通的意识。

少数教育者对网络平台的使用及功能不是太了解,导致思想政治教育的网络互动反馈平台形同虚设,常常处于失联、不在线状态,加之大学生本身网络学习的意识不强,仅靠平台上发布的思想信息,很难提高教育者素质。长期下去,受教育者的主动性会逐渐下降。高校教育者要充分利用网络平台。

灵活使用各种网络应用软件,开展各种专题网络思想教育实践活动,营造网络思想政治学习氛围、创造互动话题,使受教育者主动内化思想信息,主动与教育者或其他受教育者交流心得、体会,提高教育实效性。

(四)网络不良信息冲击教育主题

互联网营造了一个虚拟的世界,高校大学生是网络虚拟世界的主要群体,受到这个空间的影响越来越深刻。首先,在这个信息大爆炸的时代,大量的信息席卷着人们的思想领域,没有你看不到的,只有你想不到的。网络世界是大学生接收各种资讯的开放区域,其中不乏一些宣扬黄色、赌博、暴力、欺诈、思想反动的信息,对于部分独立意识、反叛精神较为强烈的当代大学生来说有着极大吸引力。这些信息严重侵蚀着大学生的思想与生活,长此以往,不良信息对思想的侵害将逐渐蔓延到行为,容易使年轻气盛的大学生产生过激的言语与举动,甚至走上触犯法律的不归路。其次,是网络游戏的盛行,《丧失围城》《喋血街头》等网络游戏中带有大量血腥暴力画面,这些网络游戏对大学生而言有着极大的感官刺激和诱惑力。特别是,近两年比较风靡的手机网络游戏（简称"手游"）《王者荣耀》《穿越火线》等一直占据着下载排行榜前列，深受大学生的喜爱。在现实生活中，大学生需要面对来自学习、生活、感情、就业等方方面面的压力，而网络游戏对于在现实生活中受到挫折或遇到困难心里苦闷的大学生来说是一种解脱方式。在网络游戏中他们可以挥舞长剑厮杀，发挥游戏中的人物技能，尽情地宣泄情绪，能够短暂缓解情绪，这些都是在现实生活中缺少的体验，能够满足一定人群的武侠梦、英雄梦。但如果长此以往下去，他们会慢慢地在网络游戏的虚拟世界中迷失自我，从而对学习、生活失去兴趣，脱离现实生活，造成人格上的缺失等问题。这些问题对高校思想政治工作提出了新的挑战，不断地冲击网络思想政治教育主题，降低了教育传播内容的吸收效果，严重影响思想教育的实效性。

二、高校思政教育网络社区存在问题的原因分析

针对上述高校网络思想政治教育面临的主要问题进行详细的分析，主要分为以下五个方面：

（一）部分高校对于网络课程建设的重视程度不够

各个高校为了响应国家占领网络思想政治教育阵地的号召，少数高校已经率先建起了思想政治教育网络课程平台，部分高校对于思政网络课程的建设相对滞后。一方面，部分高校秉持传统的教育思想，缺乏网络课程教学意识，对网络思想政治教育课程持迟疑的态度或观望的态度，在网络平台建设方面，缺乏充足的财力、人力投入开发建设，没有意识到网络思想政治教育所带来的辅助教育功能。另一方面，对网络思想政治教育课程建设进行了初步探索与积极尝试，但由于缺乏网络课程专业指导、平台建设后期资金投入不足，网络技术支持跟不上互联网信息时代的发展速度等原因，在一定程度上限制了网络思想政治课程平台的建设与发展。

（二）网站功能模块不健全，新媒体运用不足

近年来，校园网站已经在全国各高校间普及，但部分高校校园网站功能

板块不健全，普遍设有党建板块，发布一些国家下达的政策信息和本校的党建信息，主要以传达信息为主，功能性较弱。心理咨询板块和思想政治板块的设立较少，功能上不健全、不完善，导致大学生对于校园网站部分板块失去兴趣，这些板块功能都是对大学生进行思想政治教育的新途径，要加强完善与建设。此外，对新媒体软件的舆论导向功能运用不足，微博、微信中存在一些大学生深受影响的信息或者舆论，高校教育者要抓住教育时机，根据大学生的心理特征有的放矢地把握舆论的风向标，要加强时下流行的微信、微博等新媒体力量，正确导向大学生思想与行为。

（三）教育主体网络运用水平参差不齐，影响网络教育效果

网络思想政治教育者的网络运作能力受自身因素和外部环境因素影响各不相同。一方面，一些思想政治教育者受自身因素影响，网络操作能力不强，又加之网络技术更新换代速度快，很多新媒体工具与网络技能超出了他们的接受范围，对于新媒体软件功能的认识不全面，很多功能不会使用，更没有精力投入大量的时间进行研究，导致很多新媒体教育平台功能闲置。另一方面，受高校网络发展因素影响，信息化水平相对较高的高等院校，其网络化程度要高于其他高校，其教育者的整体网络使用水平也要略高一些。相对而言，网络技术发展相对缓慢的高校，其教育主体的网络工作能力也会受到影响。以上两种情况表明网络思想政治教育者在网络运用能力上存在一定差异，必然影响网络思想政治教育的效果。

（四）网络教育内容设计缺乏吸引力

至今为止，全国高校的思想政治教育已经形成了一套较为完备的内容体系，学科建设与科目分类也比较具体。随着国家对网络思想阵地建设重视的提高，各个高校在不同程度上都开展了网络思想政治工作，然而效果却差强人意，并没有满足受教育者的需要。部分高校根本不考虑网络教育的现实因素，换汤不换药地把思想政治教育课堂内容以网络的形式呈现出来，还是以灌输教育模式进行网络思想政治教育教学，内容形式化严重，过于重视理论教育宣传，把长期以来"人灌"大搬家，换成了"网络灌输"的形式，内容

过于正统严肃、刻板僵化、脱离现实生活实际、不接地气,无法吸引大学生的注意力,很难被他们认可接受。高校的思想政治教育者要充分考虑学生的信息接收情况,对于网络上五花八门的虚假信息,要及时纠正引导以免受教育者的思想受到不良干扰,更重要的是引入有教育价值、鲜活生动、富有时代意义的思想信息内容,及时转发热搜新闻、热点事件,抓住思想政治教育的好时机,用大学生普遍喜欢的表现形式来传达思想政治教育信息,一定会取得意想不到的成效。

（五）网络信息监督不到位,造成不良信息出现

优质的网络环境为高校网络思想政治教育的开展提供有力保障,良好的网络环境需要高校建立全面的网络规范制度来维护。然而,从目前来看,各高校校园网络规范细则普遍缺乏全面性、系统性、灵活性,跟不上当前网络时代的发展要求。管理规范基本上都是对网络使用、缴纳网费、网络维修细则等的条条框框。详细而有约束力的校园网络规范相对较少,需要各高校针对大学生使用网络的不良记录,要及时制定、调整校园网络规范制度。网络监管技术水平是维护网络安全的后续保障力量。如今,对于网络上的不良信息拦截不够彻底等问题依旧层出不穷,大学生仍然可以通过校园网络链接到含有色情、暴力、反党信息的网页。这一系列问题均与高校校园网络规范不健全、监管力度不到位有直接关系。需要高校引起重视,加强网络监管资金和人才投入研究,健全校园网络法规建设,营造一个良好的网络环境。

三、网络思想政治教育的形式

"网络思想政治教育是高校采用网络新技术对大学生进行思想教育、政治教育、德育等工作的一种全新的教育形式,也使教育主体与客体之间产生了新的沟通互动和教学方式。"[①] 由于网络在我国的不断发展,高校除了借助校园网站、BBS 以外,QQ、微信、微博、博客等社交网络也成为高校开展

---

① 王艳.论高校网络思想政治教育的现状与提升 [J].湖南科技大学学报（社会科学版）,2012 (3).

思想工作的新途径。2013 以来，网络课程快速发展，高校思想政治教育学科也加入了微课、慕课（MOOC）、翻转课堂等网络课程的阵营，为高校思想政治理论课教育教学开启了新渠道。

（一）课堂网络教学形式

1. 微课

微课是 2012 年兴起的短时课堂教学视频（10 分钟以内），既支持在线观摩学习也支持保存下载到移动终端。教学内容短小精悍，聚焦问题关键点，重在介绍学科知识中的重点、难点、教学反思、学习方法、教学手段及教学观点等。其反馈及时的特征使教育者能够即时收到来自教育对象的课程评价。

微课的教学方式同样适用于高校的思想政治教育学科教学，在 2016 年 1 月，北京市教工委发起了首届北京高校思想政治理论课微课教学比赛，率先在思想政治理论课中进行试点，包含"马克思主义基本原理概论""毛泽东思想和中国特色社会主义理论体系概论""思想道德修养与法律基础""中国近现代史纲要"四门课程。

北京市工委副书记张雪充分肯定了微课对高校思想政治理论课教学改革的推动作用，并希望各高校都能按照习近平总书记的讲话要求，进一步加强对高校思想政治理论课的改革，根据大学生的心理特点和接受形式，让思政课走进大学生的内心和头脑。

2. 翻转课堂

翻转课堂，实际上是颠倒传统教学的新模式。传统教学模式中教育者在课堂上讲授学科知识，布置相应的课后作业。"翻转课堂"变成学生先在家通过视频教学完成学科基础知识的学习，再回到课堂上在教育者的指导下面对面进行讨论，最后教育者再进行疑点、难点解析，以及知识运用。

课程视频时长分为长（30 分钟以内）、中（10~20 分钟）、短（10 分钟以内）三种形式。首先进行基础知识教学，紧跟着会提几个问题以检测学生通过视频学习的成效，如果仍有疑问可以反复观看视频，或者连线在线教师进行及时询问。翻转课堂有助于提高学生的自学能力，充分激发他们的学习兴趣。2015 年，西北农林科技大学启动了"混合课程翻转课堂"的实践教学模式，马克思主义学院院长吴学琴指出，思想政治理论课在"翻转课堂"教学中激发了学生学习的自主性，教师在教学过程中也收获了成就感，这种教学方式在师生中普遍受到欢迎。

3. 慕课

慕课起源于美国，一般是指大型开放式网络课程，即 MOOC（massive open online courses）。在网络平台上提供免费课程，除了在线学习还包括社区互动、在线完成作业、考试、证书认证等。2012 年是美国慕课大规模发展时期，被《纽约时报》称为慕课元年。2013 年传入中国，2014 年国内学堂在线、MOOC 学院、中国大学 MOOC 等慕课平台相继建立，用户数量飞速增长。2015 年用户数量达到 575 万人。

高校思想政治教育学科也加入到慕课教学实践的行列中。由上海高校课程共享中心组织，包括复旦大学、北京大学、上海交通大学等 10 所高校联合创办，多名教师参讲的"思想道德修养与法律基础"课程于 2014 年春正式上线，全国 24 所高校 5000 多名学生通过共享平台选修这门课程。这次教学尝试把思政课教学推向了新阶段。

（二）课下网络教育平台

1. 校园网站

校园网站是以学校为基本单位创办的校园官方网站，为广大师生提供教学、科研、学校简介、就业信息、校务管理等服务。近年来，高校校园网站已经在全国范围内普及建设，在高校思想政治教育方面发挥了一定的积极作用，校园网站内包含有关于各类中共中央、国务院、教育厅下达的纲领性文件、校园发展历程、招生就业等信息。部分高校还在校园站上开设了网络思想政治教育理论课程，放宽了学生的学习时间和学习环境。全国第二十二次高校党建工作会议中指出，加强和改进高校思想政治教育的推广工作要充分发挥校园网的熏陶作用，通过校园网站进行社会主义核心价值观宣传教育来引领大学生思想，提高大学生思想政治素养。目前，高校领导必须明确校园网对高校开展各项工作的重大意义，特别是思想政治教育工作。网络上充斥着各种纷繁复杂的有害信息，侵蚀着大学生的世界观、人生观、价值观。高校要充分利用校园网的形式向大学生传播积极向上的思想信息，这必将成为思想政治宣传的有力平台。

2. 校园论坛（BBS）

校园论坛就是我们所熟知的校园 BBS，它通过营造一个虚拟的网络空间来缓解大学生现实生活中的压力。1995 年 8 月初，国内成立了第一个校园论坛"水木清华"，当时在高校掀起了巨大的网络浪潮。之后中山大学的"逸仙时空 BBS"、南开大学的"我爱南开 BBS"、华南理工大学的"木棉 BBS"以及社会上的一些网络论坛相继成立。校园论坛为大学生提供了释放压力、展现自我、张扬个性的空间，对充满好奇心和探索精神的大学生无疑有着巨大的吸引力。校园论坛一般有五个板块：计算机网络、体育健康、游戏、时尚和人文，也包含一些关于时事政治、校园兼职、公益助学、广告等方面的信息。主要的使用人群是高校的教师、学生、科研人员和其他学习者。这在很大程度上激发了科教人员和学者以及学者和学者之间的思想碰撞。校园论坛相较于校园网站更具亲和力，也更贴近大学生的现实生活，它不同于校园网站的信息接收，更多体现的是平等的交流与深入探讨，涉及人群也越来越广。例如，1996 年的"钓鱼岛问题"和 1999 年的"美国导弹击中中国驻南联盟大使馆事件"，以及 2003 年的"非典"和"伊拉克战争"，都曾在校园论坛中产生过激烈的讨论。

教师与学者在论坛上毫无保留地表达自己的思想观点和政治立场，有利于高校掌握大学生思想动态，引领舆论导向，掌握舆论话语权。这种网络思想教育形式更倾向于信息与思想的互动。

3. QQ、微博、微信

近年来，随着网络技术和智能手机的不断发展，QQ、微信、微博等应用软件相继兴起。越来越多的网络新载体跃入大众的视野，并嵌入人们工作、学习、生活中。这些新载体的主要特点是双向沟通与多向互动，人们通过文字、图片、视频、语音的功能进行互动沟通，即时接收信息和发布个人信息。大学生是自媒体使用率最高的人群，高校教育主体要把握机会通过与学生互动沟通传递思想信息，引导大学生身心朝着健康的方向发展。这是更具生活化的思想政治教育形式。利用QQ、微信进行思想政治教育主要是建立公共群，通过辅导员、思想教育学科教育者、党建人员组织实现。辅导员主要负责把国家下达的各类文件与指令信息，以及高校关于大学生生活、学习、思想方面的管理要求传达给学生，再负责根据学生的个性签名和互动聊天内容，追踪他们的思想动态，并反馈给学校。

思想政治学科教育者主要是通过群聊天、群文件的形式向学生传达思想信息并与学生讨论当下的时政资讯和热点新闻，来检查学生的政治信息掌握情况和思想发展情况，并及时做出调整，引导舆论走向。此外，根据学生的个性签名、空间动态、朋友圈及时掌握他们的心理动向。例如，"沈阳师范大学图书馆"公众号，经常发布各类思想讲座会议、书籍、活动推荐。还可设立有关"社会主义核心价值观"公众号供大学生关注学习，以达到潜移默化的思想教育效果。

微博是通过文字、图片的方法表达个人看法和观点的终端应用。人们可以通过留言、转发、回复的方式互动，通过关注自己感兴趣的人和领域来获取有关资讯。例如，2013年3月由教育部组织的"弘扬雷锋精神微博行动"在全国各级学校中展开活动。全国有超过1400所高校参与此次活动，其中有300多万大学生积极参与互动、转发传递雷锋精神正能量，积极响应爱心传递活动。高校目前越来越重视微博对大学生思想的影响力。通过大学生所关注的领域可以了解他们的喜好，根据他们发表的个人想法了解近期的思想活动。通过激励、开导的互动评价，一来可以引导大学生走出思想困惑，进行心理辅导；二来可以向他们传递校园文化，帮助他们建立正确的"三观"，有利于他们进行自我教育。

四、高校网络思想政治教育的特点

高校网络思想政治教育把互联网所固有的特点运用于思想政治教育工作中，以其开放性、互动性、形象性、多样性网络思想信息内容和教育方式，提升大学生的学习兴趣。

(一) 网络空间的开放性

"网络媒体以其本身特有的传播优势突破了时空的限制高效地传送各种信息，使人们运用网络途径迅速了解世界。"① 这种方式深受大学生的青睐，使大学生随时随地可以收到传送者所发出的各种形式的信息，给高校大学生的学习与生活带来了很大便利，同样也为高校推进思想政治教育工作提供了更广阔的空间。高校不必遵循传统思想政治教学方式，按照教务处安排组织师生在指定地点、指定时间进行思想教育活动，可以通过校园网站、各种手机终端软件及时地发布思想教育信息和远程课件进行开放教学。学生也可以在寝室、在家、在任何能接收到网络的地方进行学习。受教育者也能与同学、老师进行互动沟通，反过来教育者也能快速地得到教育反馈结果，追踪学生的思想动态。这种方式有利于充分调动思想政治教育者的教学积极性，以及大学生接受思想教育信息的主动性，大大提高了高校思想政治教育的实效性与开放性。

(二) 主客体之间的及时互动性

高校以网络为介质对教育客体实施思想政治教育的教育主体，包括高校思想政治教师、辅导员等，对于教育客体的定位则是高校大学生。教育主客体之间形成以网络为连接的教育活动，与传统思想政治教育有很大区别。高校思想政治教育由于教育对象广泛的原因，一般采用课堂教学、组织班会、开展专项讲座、红色基地参观等集体环境教育方式。受到传统教育模式的制约，教育主体不可能做到与每一位受教育者进行即时的沟通互动，只能小范围与个别学生进行互动，教育主体与部分教育客体的互动不及时，以至于教育者不了解整体学生的思想动态以及基础知识的掌握情况。网络思想政治教育的出现，解决了师生沟通互动的问题，有利于受教育者对于教育信息的接受和吸纳，被动接受变成主动参与，教育客体转变为教学主体，实现了思想政治教育地位上的平等，使相对比较内向的学生敢于在网络世界里表达自己的观点、想法以及学习、生活中的苦恼和困惑，通过与教育者沟通互动，这

---

① 曾令辉. 网络思想政治教育的提出及其特征探析 [J]. 教育与职业，2004 (15).

些问题都能有效得到化解，拉近了教育主客体之间的心理距离，同时也增强了教育客体自我学习的能力。

（三）教育信息的形象性

高校的传统思想政治教育多数通过教材、文件的形式展开。传统的思想政治教育内容基本上都是大篇幅的文字信息，很少掺杂图片信息，教材内容较为深奥抽象，难以长时间吸引学生们的注意力，或者学生根本投入不到教学情境中，长期下来受教育者会产生视觉疲劳、精神倦怠的厌学情绪。这一定程度上阻碍了思想政治工作的开展。如今，高校的思想政治教育搬到了网上，内容以网络语言、图片、音频、视频等多媒体交融的图文并茂方式呈现，赋予了思想政治教育新的色彩，更加生动、形象地传播思想政治教育信息，大大提高了受教育者的感官刺激，将大学生融入这种可视化学习情境中，享受这种视觉感受，增加了学习的趣味性，提高了教育效果，有利于思想信息走心入脑。

（四）网络教育方式的多样性

随着网络的出现，网络的足迹遍布生活的每一个角落，人类社会也越来越离不开网络，到处都是网络的印记。高校的思想政治教育也毫不例外地迈入了网络的行列。现如今，以手机终端主导的腾讯 QQ、微信以及新浪网微博等即时通信工具已经成为大学生互动和获取信息的主渠道。高校也开始根据当前网络发展趋势探索新的思想信息传送途径。例如，沈阳师范大学建立的电子图书馆和图书馆微信公众号，经常推送一些知识讲座、微课堂、好书荐读等信息。沈阳师范大学微信公号 2016 年 10 月推送的"红色追寻，不忘初心——纪念中国工农红军长征胜利 80 周年"主题阅读活动信息，动员广大师生积极参与，忆往昔长征精神，克服一切困难奋勇前进，对大学生的思想政治意识和行为习惯产生了一定的积极作用。

近几年，以校园为主体的门户网站和论坛正在不断趋于完善，是大学生了解所在高校信息、社会新闻的权威窗口，校园网络平台推广的各类信息与活动都对大学生的知行产生或多或少的影响，在传播正确的思想信息方面起到了一定的引导作用。网络课程是继校园网之后新兴起的一种教育模式,主要以微课、翻转课堂、慕课(MOOC)为主体展开教育活动,在思想政治教育学科领域广受欢迎,思想政治理论课也逐渐在网络课程中出现,并迅速吸引了学生的注意。众所周知,思想政治理论课是每个大学生的必修课程,在所有学科中的重要程度不言而喻。通过学习,每个大学生都应具备符合社会时代发展的思想素养和政治素养。学科内容科学性很强,特别是马克思主义基本原理,大学生普遍反映内容抽象、枯燥,当这些学科知识以视频、图片、音频的形式跃入大学生眼帘时,对于未知世界充满好奇的大学生来说,切中要害地抓住了他们的兴趣点,重新燃起了他们的求知欲。例如,北京大学、上海复旦大学"慕课"形式的"思想道德修养与法律基础"在全国打响了第一枪,来自北京、上海、江西、湖北等地的近 5000 名大学生收看了该视频的在线直播。随之各慕课平台、校园网络平台相继推出思想政治学科的网络课程。这从一定程度上调动了大学生学习思想政治的积极性。

第五节　高校思政教育网络社区意义

随着 21 世纪网络快速蔓延,信息化高速公路已经通向了世界的每一个角落,高校网络思想政治教育对于信息时代社会发展、教育理念与时俱进、促进大学生全面发展都存在重大意义。

一、信息时代社会发展的必然要求

互联网时代下,社会环境开放化、网络化以及信息传播多元化、及时化的发展方式,需要高校开展网络思想政治教育。

(一) 开放化、网络化的社会环境需求

随着互网络时代的来临,我国社会的总体环境与国际社会环境呈现出越来越开放化、网络化的态势。一方面是国际社会环境的网络化、开放化,加强了国际间的联系,一些外来文化思想逐渐流入我国社会,把来自世界各自不同领域的思想观念带入了我们的视野,将一些优秀的文化传入国内,其中也不乏一些与我国对立政治观点和意识形态的输出。对于充满好奇心和探究精神的在校大学生来说,网络是了解世界最近的入口,通过网络就能掌握来自世界各个领域不同的思想、文化、新观念,比我们在书本上所看到的、老师口中所讲述的更为广阔、更具有吸引力。比如,近年来很多美国影片广泛受到高校大学生喜爱,其题材内容过分渲染了人权主义、个人英雄主义,以及关于自由民主的观念。处于思想动荡期的在校大学生容易受到这些观念影响,如果不及时得到引导和纠正,很容易对自己和其他人以及社会造成危害。因此,需要高校开展网络思想政治教育工作,帮助大学生树立正确的意识形态与世界观。另一方面是国内社会环境的网络化、开放化,在很大程度上促进了我国政治、经济、文化、社会的快速发展,但相应地也带来了一些不利影响,各种社会现象被扭曲、夸大,不良现象的广泛、高速传播,都严重影响大学生的"三观"养成。这种社会环境的变化对高校思想政治教育提出了新要求,需要积极拓展网络思想政治教育,促进网络生态化发展,使大学生形成健康的思想观念、意识形态,使大学生自身的发展达到一个很和谐的状态,形成一个和谐的大氛围,从而促进和谐校园的建设,最终建成社会主义和谐社会。

(二) 多元化、及时化的信息网络需求

网络信息高速公路的建成,使人们方方面面的需求都可以通过网络来实现,事无巨细。例如,买房子、找工作、购物、旅游、娱乐等。近年来,教育也迈入信息网络的行列,各种网络教育平台、教育课程开始兴起,特别引起了大学生的广泛关注,对于求知欲望强烈的他们来说,需要通过这样一种多元化、及时化的网络渠道获取知识。网络的快速发展,一方面加强了大学生获取知识的广泛性,另一方面提高了他们获取知识的时效性,有利于在高速发展的网络时代中迅速提高自己的知识储备与竞争力。高校要根据信息网络时代的发展需求,迎合大学生多元化、及时化的学习新方式,借助网络新渠道拓展思想政治教育与宣传。这是高校提高大学生思想政治教育水平的必经之路。

二、高校思想政治教育与时俱进教育理念的必然选择

高校网络思想政治教育是创新教育环境、拓展教育内容、创建新型师生关系、促进校园网络文化发展的新渠道。

（一）开辟了高校思想政治教育的新环境

目前，高校的思想政治教育是依托一定的环境得以实现的，以内部环境为主、外部环境为辅的形式，受到一定的时间或者空间的限制，会不可避免产生一些弊端。随着网络技术的不断发展，这种教育环境并不是一成不变的，通过网络新环境进行思想政治教育，可以建立有效的沟通环境、学习环境、工作环境、信息环境。邓小平同志曾经指出："政治工作的根本任务、根本的内容没有变，我们的优良传统也还是那一些，但是，时间不同了，条件不同了，对象不同了，因此解决问题的方法也不同。"① 高校网络思想政治教育不仅适应新时代对教育教学提出的需求，对于高校思想政治教育工作改革也是一个千载难逢的机会。高校要重视网络思想政治教育的投入与建设，培养一支高水平的网络思想政治教育队伍。

（二）拓展和深化了高校思想政治教育内容

高校传统的思想政治教育内容主要来源是学科教材、政策文件、会议报告、谈话等。表现形式主要以文字、语言为主，大量的以黑白为主色调的文字信息，很容易使大学生产生倦怠感，精力投入的程度越来越低，影响了受教育者的接受效果。而思想政治教育内容以网络的形式呈现出来，给受教育者一种耳目一新的感觉。其不仅仅是借助了信息高速公路，让大学生及时、便利地接收各种思想信息内容，而且以真实图片、传神图画、生动的表情符号、视频、语音等形式使内容更具形象化，使原本的抽象化文字具有了生活的色彩，更贴近大学生的理解水平。网络的广搜性决定了学生随时都能上网搜索各种思想信息，一些教材涉及不到或者不全面的内容，都可以通过网络搜索得到扩展，使受教育者的学习更为全面与深入。

---

① 邓小平. 邓小平文选 [M]. 北京：中央文献出版社，1994：2.

(三) 创建了高校新型师生关系

"良好的师生关系也是实施思想政治教育的重要条件,是联系彼此思想和沟通的桥梁,良好的师生关系有益于思想工作的开展。"[1] 但如今高校思想政治教育者与受教育者的关系并不是很密切。一方面,由于高校大学生逐年扩招,学生基数很大,决定了思想政治学科的受教育者流动性很大,思想政治教育者往往同时兼顾几个专业的教育教学工作,由于接触时间有限,一般与学科代表或者是积极主动与自己沟通的同学比较熟悉,这些同学在教育者与其他受教育者中间充当纽带,使双方保持微弱的联系。另一方面,教育者在学生心目中的高大形象,使学生对老师总有一种肃然起敬的距离感,二者之间很难建立亲密的师生关系。

然而,互联网技术的发展为建立良好的师生关系提供了有力平台。通过互联网,学生可以进行知识的学习与反馈,师生可以互动增进彼此的感情,网络所提供的不单单是平等的互动交流的虚拟空间,受教育者既可以了解教育者的日常生活,反过来教育者也可以根据受教育者发布的动态掌握他们的思想走势,它在师生心里架起了一座友谊的桥梁,创建了一种新型的师生关系。

(四) 促进了高校校园网络文化的发展

校园文化建设与发展是高校思想政治教育的重要组成部分。高校的网络思想政治教育有利于营造积极、健康的思想氛围,有助于高校网络的精神文明建设,促进校园文化的发展。近年来,大学生在网络上发表或转发自己所认同的思想观念,已经形成一定的思想文化氛围,高校要抓紧网络思想教育的大旗,弘扬社会主义核心价值观,引导校园文化的发展方向;保护高校校园的物质文化,提高校园制度文化意识,宣传校园精神文化,增强大学生对校园文化的认同感;以多姿多彩的网络形式吸引大学生的注意力,建立高校自身的校园网络文化理念,引领校园网络文化的主流意识,创建与发展积极

---

[1] 殷际文.探讨网络环境下新型师生关系的构建[J].东北农业大学学报(社会科学版),2010(1).

向上的校园网络文化。

三、大学生全面发展的内在要求

"每一个人都无可争辩地有权全面发展自己的才能。"① 当代大学生是祖国未来发展希望,在网络时代背景下,增强网络学习、运用能力、创新能力是促进大学生全面发展的重要组成部分。

（一）突出高校大学生的主体地位

随着互联网的不断发展,实现了经济全球化的同时,我国的社会主义市场经济体制也在不断完善和发展,在人才的需求量不变的条件下,对能力的要求越来越高,随之竞争力也变得越来越大,大学生是社会市场需求的主要人才。"高校教育者与大学生都要面对现实,顺应时代的发展趋势,运用网络渠道加强大学生的思想政治教育,以网络为依托教育形式体现了教育的平等化,拉近了教育主客体距离,在虚拟世界平等的互动、沟通、反馈。"② 既促进了大学生主体意识的觉醒与创建,增强了大学生独立思考与解决问题的能力,也有利于培育大学生适应社会发展的创造能力与自主能力,为国家输送适应社会发展的优秀人才。

（二）增强大学生自主学习的能力

高校为社会主义现代化建设培养了大批高级专门人才,作为高等学府对大学生的学习能力也提出了更高的要求,除了参与课堂教学、实践活动、参加讲座以外,更多的是开发大学生自主学习的能力,让学生能够自觉主动地投入知识的海洋,增强学习实效性。而思想政治教育学科是各大高校的必修学科,每名合格的大学生都应掌握一定的思想理论知识,以提升自身的思想素质。以往的实践教学中,由于学科存在一定难度,内容也较多,往往都是教育者在讲台上一味地寻求知识架构的全面性,师生互动相对较少,以留作

---

① 中共中央马克思恩格斯列宁斯大林著作编译局. 马克思恩格斯全集：第 2 卷 [M].北京：人民出版社,1995：614.
② 梅英. 网络教育与教育平等 [J]. 学术探索,2003 (5).

业的形式验收讲授效果，部分学生普遍以应付差事的心态完成任务，教育者会根据部分同学学习实际情况加以督促，久而久之必定会引起学生的反感，使学生还没有真正体会到这门知识的奥妙和精髓，就已经丧失了学习的兴趣，这在一定程度上消减了大学生获取知识的积极性和自觉能动性。而现代网络技术的加入，为高校的思想政治工作增添了一抹亮色，学生不再是知识的被动接受者，契合了当代大学生本身的学习诉求。网络上各种生动活泼的思想信息都是思想政治教育的宝贵资源，可以极大地激发大学生的学习兴趣，开发他们的学习潜力，使大学生积极主动地投入到学习中来，不仅提高了自身的思想理论知识，也为专业知识的学习奠定了积极健康的思想基础，促进大学生的全面发展。

（三）尊重大学生的个性发展，激发创造能力

我国的教育改革要求对教育客体的培养按照"以人为本"的发展方式，"以人为本"就是要以尊重每个学生的个性为前提，高校要有计划、有针对性地使每一个大学生展现自己的想法、兴趣、需要。他们需要更多展现自己的机会与平台。高校很难提供这样一个舞台来满足所有学生的需要。而网络可以为大学生提供展示自我、发挥特长、相互交流的平台。网络世界追求的就是风格迥异、张扬个性的生活方式，在这个虚拟空间里，大学生可以通过自己擅长或感兴趣的各种形式发挥自身的优势，通过自行发布或者积极参与网络实践活动充分展现自我、自由发展。这有助于激发大学生们的创造能力，开发他们的内在潜能，实现全面发展。

第七章

网络社区：高校思政理论创新

第一节 重塑教师教育理念

高校思政教育与社会环境、高校环境、大学生自身等多个因素的协调发展息息相关。网络的出现和普及影响了当代大学生的思维模式、认知方式、心理意识，提升了其解决实际困难的素质，增强了其创新能力。高校思想政治教育工作者在新形势下，必须顺应时代潮流、拓宽教育思路、改进教育模式，打破原有单向性、灌输性、滞后性较强的传统教育模式，代入新媒体环境下的交互性、开放性、即时性等特性，这样才能更为有效地促进大学生的成长成才。网络的使用，使思想政治教育主客体关系与以往传统思想政治教育中的教育关系相比较而言，出现了新的特点与变化。在网络新媒体环境下，教育者只有不断与时俱进，紧跟时代的脚步，自觉树立新媒体与高校思政教育相结合的理念，不断更新自身的教育观念，才能适应新形势下网络时代的工作要求。

创新网络新媒体环境下高校思政教育，一定要结合网络新媒体环境所处的历史现状和意识斗争的实践加以总结和概括，不明确高校思政教育在网络新媒体环境的理论研究原则，不关注新时代中国特色社会主义思想与网络新媒体环境下的思想政治教育在观念、内容上的内在关联，必将找不到推进网络新媒体环境下大学生思想政治教育的现实路径，无疑就不能真正推动网络新媒体环境下大学生思想政治教育的发展。只有在研究过程中深入探索完善大学生思想政治教育形成发展的新要求，才能为推进网络新媒体环境下高校思政教育理论研究与创新提供一个理论基点。

一、网络环境高校思政理论创新原则

"两个巩固"的根本任务，既是我党对社会主义意识形态建设规律的认真总结，更是十八大以来经过实践证明的关于思想政治工作的正确认识，标志着新时代思想政治工作达到了新高度、开辟了新境界。"两个巩固"的根本任务，既是坚持和重申思想政治教育工作中马克思主义的旗帜方向，也是新媒体时代高校全面把握大学生思想政治工作的原则和方法。

（一）网络环境高校思政理论创新的重要前提

网络环境高校思政教育要基于马克思主义的立场分析和解决问题，首先，体现为坚持党对大学生思想政治教育的绝对领导和以人民为中心的阶级立场。坚持党的绝对领导是全面把握新媒体时代大学生思想政治教育创新研究的前提。网络新媒体大学生思想政治教育要坚持马克思主义的立场引导大学生、教育大学生，就是站在大学生的立场，帮助大学生实现对美好生活的向往和促进大学生的全面发展的目标，基于大学生群体推进党的思想政治工作，作用于大学生创造美好生活的能动性，调动大学生努力实现民族伟大复兴的积极性。其次，新媒体时代大学生思想政治教育体现在实现中华民族伟大复兴的政治立场和坚持共产主义理想追求的价值立场。我们正处在社会主义初级阶段，中国特色社会主义道路、理论、制度是以共产主义的目标理想为引导，依据中国的基本国情决定的。理论联系实际是马克思主义哲学的基本原则，实事求是是中国化马克思主义哲学的精髓。新时代中国特色社会主义道路是符合当前中国发展的实际国情所做出的选择，是新时代思想政治工作的科学指南，也是新媒体时代大学生思想政治教育的现实基础。新时代中国特色社会主义思想更是一个完整的思想体系和创新性的话语体系，它实现了新时代政治话语和群众话语的统一，是彻底的科学理论，完全也应该被群众掌握。新媒体时代大学生思想政治教育创新研究就要建立在新时代中国特色社会主义基础上，旨在引导大学生看到中国特色社会主义的伟大成就，帮助大学生正确看待改革开放以来累积的问题，看到我们党正视问题的勇气、解决问题的毅力以及实现跨越发展的决心和能力，成为推动新时代中国特色社会主义道路深入人心的重要助力。

（二）网络环境高校思政教育理论创新的有力武器

首先，马克思认为，社会生产力是社会发展的最终决定力量。生产力发展的好坏，关系着是否能为思想政治教育奠定良好的实践基础和社会环境。经济建设依旧是现阶段党的中心工作，是思想政治教育的物质基础和社会基础。物质生产和思想政治工作两手抓，是我们党多年来执政的经验总结，也是保证中国特色社会主义道路持续健康发展的保证。这是马克思主义生产的基本观点，坚持发展才是硬道理。物质生产成果的巩固不能仅仅依靠物质力量，物质的极大满足极易导致道德堕落，政治腐败，生活糜烂，还需要党执政能力的不断提高和人民对党和国家信心的保证。可见，经济建设和科技发展是党的中心工作，思想政治工作是党的一项极其重要的工作。其次，新媒体时代大学生思想政治教育的重要任务之一就是正确判断和分析当今国内和国际形势。坚持运用阶级观点分析当前大学生思想政治教育面临的国际格局、国内社会主要矛盾的变化，突出强调帮助大学生在日常生活和媒体舆论中分清阶级矛盾和人民内部矛盾。对于普通大学生的思想偏差和模糊认识要以细致耐心的科学引导和调解为主，坚持社会主义意识形态引导一切的根本原则，把党对意识形态的领导权与坚持"两个巩固"的根本任务统一起来；处理媒体宣传思想工作上，秉承在全面对外开放的条件下做宣传思想工作，用马克思主义理论占领主阵地，对恶意攻击社会主义制度和中国共产党的进行依法管控，敢于对西方的反对声音和不轨意图做科学的正面回应和反击。运用马克思主义阶级的观点增强辨别能力，团结一切以工农联盟为基础的可靠力量，抵御反对科学社会主义和社会主义民主政治的势力，保证大学生思想政治教育的有效性和切实性。在新媒体时代大学生思想政治教育中，以人为本既是新媒体思维的核心，也是大学生思想政治教育的出发点。坚持思想政治教育从群众中来，到群众中去的基本路线。只有把人民放在首位，才能解决好"为了谁,依靠谁,我是谁"这个根本问题,明确新时代思想政治教育是为党服务,党是为人民服务的道理。一方面,突出地强调把教育人民和服务人民结合起来,把党的主张和大学生的心声结合起来。这是我们党思想政治教育的优良传统,也是新媒体时代大学生思想政治工作的基本方法。另一方面,把党性和人民性统一起来,加强高校党委对大学生思想政治教育的绝对领导,确立新媒体时代大学生思想政治教育的政治方向和政治立场。只有党管意识形态,党管媒体,才能确保中国共产党领导下的大学生思想政治教育是以马克思主义为指导的、以人民为中心的,才能从根本上把新媒体时代大学生思想政治教育区别于其他党别和国家的意识形态工作。

(三) 网络环境高校思政教育理论创新"伟大的认识工具"

恩格斯深刻指出:"马克思的整个世界观不是教义,而是方法。它提供的不是现成的教条,而是进一步研究的出发点和供这种研究使用的方法。"[①] 马克思主义哲学世界观、方法论是新时代中国特色社会主义思想最根本的哲学依据。第一,矛盾分析方法是马克思主义哲学的基本方法。新媒体时代大学生思想政治教育要帮助大学生学习和掌握社会基本矛盾分析法。一是要把中国社会的发展与意识形态领域的变化结合起来观察,不断把发展大学生思想政治教育的新理念、新方法和适应生产力发展结合起来,把两者作为一个整体的、动态的事物来观察,才能真正掌握新媒体时代大学生思想政治教育的基本问题。二是在新媒体时代大学生思想政治教育中强调问题意识、问题导向,在准确把握实际情况的基础上,多研究,多创新,认真总结客观规律和经验教训,把个中问题转化为加强大学生思想政治教育的突破口。善于处理理论与实践、问题与机会的矛盾,才能深入理解思想政治教育的重要性和方法性。当前大学生思想政治教育面临的社会环境十分复杂,这就要求思政工作者找准思想政治教育中人民内部矛盾和阶级矛盾的分界线,善于分辨处理思想政治教育中的主要矛盾和次要矛盾、矛盾的主要方面和次要方面;判

[①] 中共中央马克思恩格斯列宁斯大林著作编译局. 马克思恩格斯文集:第10卷 [M]. 北京:人民出版社,2009:691.

断思想政治教育在新时代中国特色社会主义道路中的地位和作用,做好思想政治教育历史成就和当前问题的总结以及对未来的前瞻性判断;认清思想政治教育中实际调查和研究的作用,系统地、普遍地、全面地观察研究新媒体时代思想政治教育中遇到的问题和难题。第二,在实践创新和理论创新等方面具备与时俱进的辩证思维、思想,创新大学生思想政治教育的理论及其应用,并形成一整套更加成熟、更加定型的大学生思想政治教育的基本制度。一是需要在结合历史成就的基础上,不断结合当前建设和改革实践重塑思想政治教育地位作用。在掌握实际国情发展变化的基础上,把宣传思想工作摆在全局工作的重要位置,不断深化对宣传思想工作的规律性认识,把统一思想、凝聚力量作为宣传思想工作的中心环节。二是在理论形态上不断推动马克思主义中国化、时代化、大众化。坚持党对意识形态工作的领导权,坚持思想工作"两个巩固"的根本任务,坚持用新时代中国特色社会主义思想武装全党、教育人民,坚持培育和践行社会主义核心价值观。高度重视新媒体时代马克思主义中国化不断向前发展、与时俱进的理论品格。三是在制度形态上不断推进新媒体时代大学生思想政治教育向前发展。"不断推进建立在根本政治制度、基本政治制度、基本经济制度基础上的政治体制、经济体制、文化体制和社会体制等各项具体制度的改革"。[①] 具体到新媒体时代大学生思想政治教育上,重视大学生群体中出身于不同阶层和社会群体的学生利益诉求与政治表达,经过筛选、整合到思想政治教育工作中,同时建立健全有关网络媒体的各项法规制度建设,使思想和制度同向发力。既提高思想政治教育的社会影响力和政治亲和力,又成为党"不忘初心、牢记使命"的制度保障。

二、网络环境高校思政教育的理念创新

时代不同,大学生的思想特点也在发生相应变化。如果教育者观念不更新,显然是行不通的。所以,当前做好新媒体时代大学生思想政治教育的首

---

① 李婧,田克勤.中国特色社会主义制度的历史由来和创新发展——以宪法及其修正案为分析视角的思考[J].马克思主义研究,2013(8).

要环节是解放思想、更新观念。从事大学生思想政治教育工作的相关人员应当在大力加强对新媒体时代思想政治教育的研究和探讨的过程中，扫除落后观念和错误观念，逐步确立与时代要求相合拍的诸如有关新媒体时代大学生思想政治教育的主体、目标、任务、质量、价值、网络等方面一系列新观念，从而掌握主动权，保证新媒体时代大学生思想政治教育跟上新形势的发展。

（一）网络环境高校思政教育的主体观

纵观我国大学生思想政治教育的发展历程，经历了"教师主体、学生客体""学生教师双主体"等模式，对此，众多教育者在教育实践中已广泛地进行了摸索与探究。如今"主体性"教育观念向"主体间性"教育观念的转变已经成为思政教育的一种潮流。以"主体间性"理论探究改革大学生思想政治教育的培养模式，对新媒体时代大学生思想政治教育的进一步创新具有现实意义。主体间性理论属于哲学范畴。"主体间性"在《西方哲学英汉对照辞典》中的解释是"心灵的共同性和共享性隐含着不同心灵或主体之间的互动作用和沟通，这便是它们的主体间性"。西方哲学家对"主体间性"的思考已经比较深入。胡塞尔认为主体间性包括两方面：主体间的互识与主体间的共识。主体间的互识，即交往过程中两个或两个以上主体间的相互认识、相互理解；主体间的共识，即交往过程中两个或两个以上主体间对同一事物达成的相同理解，即主体间的相同性和共同性。海德格尔将主体间性视为人与人生存上的联系，包括人与人对同一客观对象的认同。马丁·布伯认为人与人之间的主体间性是通过"交往"达成的。哈贝马斯所探讨的主体间性是人与人在语言交往中达成相互理解和对某一客观对象的"共识"。纵观西方哲学家论述的"主体间性"，包含的主要内容都没有离开"交往""实践"和"生活"。他们认为，人与人在情感、思想上达成的某些共识是在交往过程中形成的。这种交往是建立在实践基础上的，在社会生活实践活动中实现，而非超实践的。在主体间性理论提出之前，学术界普遍重视的是"主体性"理论，即主体相对于客体的特性。例如，在思想政治教育上，常常对有关"学生主体论""教师主体论"以及"学生教师双主体论"进行学术争论。主体间性理论的提出不是对"主体性"理论的忽视和否定，相反，主体间性理论丰富了主体性理论。主体间性理论不仅重视人的主体性，更加重视的是人与人之间的主体间性，将关注的重点放在了人与人之间的沟通和交往上。主体间性教育理论是学生、教师和学校相互之间在平等交往基础上，形成的相互理解、相互尊重的和谐教育模式。主体间性教育与主体性教育的区别是：主体间性教育不仅关注学生在教育活动中的主体地位，关注教学活动对学生主体性的促进，还关注对教育主体性的发展和超越。这一理论从关注学生主体性转向了关注学生的主体间性，转向了关注学生在主体间性教育活动中的提升。这个转变对学生从"自我"世界之中走出来，正确认识和处理与他人、与自然、与社会的关系意义重大。主体间性教育理论将教育看作是学生与教师之间的一种交流方式，而不仅仅是思想的单一灌输。

通过师生相互交流、相互沟通、相互启发、相互补充和交往互动的一个过程，达成共识、共享、共进，实现教学相长、共同发展。教师需树立平等性的理念。在传统思想政治教育当中，我们一直强调，教师是主导，学生是主体。要不断激发受教育者参与思想政治教育活动的积极性与热情，鼓励受教育者不断提高对自身的信心，增强受教者在思想政治教育活动中的主动意识。对于高校思想政治工作者而言，要积极关注大学生的思想、行为，满足大学生在专业设置、校园环境、师资力量、信息技术等方面的需求，并且要通过新媒体这一技术不断丰富校园文化，创设鲜活的教育情境，搭建主客体双方主动自觉交流的平台，使大学生主动自觉接受思想政治教育，在这种教育模式中促使受教者自觉接受、理解、认同教育者所传授的知识与信息，不断激发受教育者的主观能动性，激发学生的自觉性。

传播学认为成功的传播要尊重受众，用大学生喜欢的方式去传播内容，从与学生的对话、交往、互动中获取学生反馈，了解学生真实需求；从学生的实际情况、自身兴趣、关注点出发，形成活跃、开放、争鸣的课堂；用学生喜闻乐见的方式传播内容，激发学生自主学习的积极性和创造性。把主体间性教育这一理论引入新媒体时代大学生思想政治教育的主体观中，有利于大学生思想政治教育进一步回归人本，回归现实。

(二) 网络环境高校思政教育的目标观

我们要实现党的十九大既定的战略目标，就更加需要坚持"四个自信"，在解决实际问题的同时解决好思想问题，目的就是为夺取中国特色社会主义的胜利举旗帜、育新人，目的就是为共同目标统一思想、凝聚力量。我们培养担任民族复兴大任的时代新人，对社会主义和共产主义的信念不能动摇，中国特色社会主义是充分结合和考虑到国内转型发展的实际情况，各阶层人民的利益和精神诉求，站在党和国家的发展大局上做出的科学选择，是实现"中国梦"的必经之路。同时，它也纳入全人类实现远大理想的精神内涵，将属于人类共同创造的民主精神、自由精神纳入新时代中国特色社会主义思想中，并把这一思想作为新时期思想政治工作育新人的目标引领。用中国特色社会主义理论体系作为指导我们实践发展的向导，用新时代中国特色社会主义思想教育大学生、武装大学生，进一步推进社会主义意识形态的构建。"中国梦"引导大学生努力追求真理、信仰真理。我党之所以能够始终在当前意识形态博弈中牢牢把握主动权，是基于党在思想建设领域始终保持了对真理的追求。中国共产党坚信并成为马克思主义的忠实继承者，也掌握了马克思关于人类发展和社会存在发展的科学真理，并在此基础上成功指导中国人民脱离苦难，成立新中国，步入新社会，赶上新发展。中国共产党正是得益于对马克思主义的研究、传播和实践，才成为中国人民唯一信赖的政党，中国也在今天迎来了比历史上任何时刻都更有能力实现中华民族伟大复兴的历史阶段。马克思主义认为，人民群众是历史的创造者。新时期党的思想政治工作跟随科学而鲜明的马克思主义旗帜，就必然把马克思主义的真理信仰体现在对广大人民群众力量的拥护和敬畏之上。

(三) 网络环境高校思政教育的任务观

在决胜全面建成小康社会、夺取新时代中国特色社会主义伟大胜利的关键时期，也是新媒体发展的蓬勃之时，"宣传思想工作就是要巩固马克思主义在意识形态领域的指导地位，巩固全党全国人民团结奋斗的共同思想基础"。① 这奠定了"两个巩固"在新时代思想政治教育中根本任务的地位。"两个巩固"的根本任务，是我党对社会主义意识形态建设规律的认真总结，也是新媒体时代大学生思想政治教育的正确方向。"两个巩固"强调了马克思主义是新时代思想政治工作的理论基础。在坚持以马克思主义为指导这一根本问题上，我们必须坚定不移，任何时候任何情况下都不能动摇。新媒体时代大学生思想政治教育只有坚持"巩固马克思主义在意识形态领域的指导地位"，才能从始至终坚持把马克思主义的立场、观点和方法分析贯穿在思想政治教育的全过程，才能不断提高大学生的思想道德素质，提高大学生认识世界和改造世界的能力，帮助大学生树立以马克思主义为指导的世界观、人生观、价值观和建设中国特色社会主义的共同理想，保证社会主义建设的方向和根基。"巩固全党全国人民团结奋斗的共同思想基础"，就必然要坚持实现中华民族伟大复兴的政治立场和坚持共产主义理想追求的价值立场。共产主义是人类历史发展的最终趋势，这是马克思主义关于社会发展的科学判断。我们正处在社会主义初级阶段，中国特色社会主义道路、理论、制度是以共产主义的目标理想为引导，依据中国的基本国情决定的。实现中华民族伟大复兴是中国特色社会主义的伟大目标，是通往共产主义远大理想的必经之路，是马克思主义指导下的思想政治工作的政治立场。坚持实现共产主义的远大理想是党和人民最终的价值追求，是坚持马克思主义的根本价值立场。新媒体时代大学生思想政治教育通过引导大学生形成崇高的共同理想和远大理想，进一步巩固马克思主义的根本指导地位。因此，"两个巩固"作为新媒体时代大学生思想政治教育的根本任务，一方面强调了我党思想政治工作的根本指导思想，另一方面也重申了新媒体时代大学生思想政治教育的发展方向和重要职责。

（四）网络环境高校思政教育的质量观

思想政治教育是一项有着特定目标导向的教育活动。不同时期的思想政

---

① 习近平. 习近平在全国宣传思想工作会议上强调，胸怀大局把握大势着眼大事，努力把宣传思想工作做得更好 [N]. 人民日报，2013-08-21 (1).

治教育工作都有着不尽相同的具体目标。新时代思想政治教育的目标与以往历史时期思想政治工作的目标任务有所不同，更加侧重着眼于党和国家以及社会未来发展的客观趋势、目标以及人们精神世界发展的长远需要，把中国特色社会主义发展的近期目标和实现中国梦的共同理想融入思想政治教育中，使大学生思想政治教育的前进方向和奋斗目标更加具有针对性和具体性。

培育时代新人的基本内容就是实现价值认同、理论认同和信仰认同，使其既能着眼于理论基础、分析眼前形势、解决实际矛盾，又具备坚定的共产主义理想信念和崇高理想。价值认同，要求时代新人要以社会主义核心价值体系和社会主义核心价值观为指引，时时处处要以这些行为规范为个人行为的标杆。价值认同是直接关系到能否实现社会和谐稳定的重要问题；理论认同是实现国家长治久安的理论根基。它要求新时代思想政治工作必须正确传播马克思主义理论，必须深刻阐明马克思主义的科学性和真理性，实现用马克思主义思想武装头脑，指导实践；信仰认同是在认同马克思主义理论的基础上，培养对马克思主义、社会主义坚定的理想信念，尤其是要培养大学生党员和大学生干部等中坚力量，怀揣理想，不忘初心，把为人民服务当成坚定不移的信仰。信仰认同切实关系到能否实现共产主义远大理想的最终目标。新媒体时代大学生思想政治教育把培育时代新人作为衡量思想政治工作质量的重要指标，旨在引领大学生全面提升理论素质、道德素质、政治素质，坚定理想信念，自觉投身民族复兴大业。它是我们党站在比历史上任何时期都更接近、更有信心和能力实现中华民族伟大复兴目标的关键时期，对大学生思想政治教育提出的新要求，是新媒体时代大学生思想政治教育必须完成的任务。

（五）网络环境思政教育价值观的创新

"立德树人"是关于思想政治工作思想中特别强调的一点，习近平多次在公开讲话、学生座谈和写信中提到"立德树人"的培养理念。要坚持把立德树人作为中心环节，把思想政治教育贯穿教育教学全过程，实现全程育人、全方位育人，努力开创我国高等教育事业发展新局面。"积极引导人们讲道德、尊道德、守道德，追求高尚的道德理想，不断夯实中国特色社会主义的思想道德基础"。① 从德的具体内涵来看，"德"包含个人的政治品德、道德品德和国家、社会的"大德"。"德"在中国传统文化中具有举足轻重的历史地位和社会地位。"德"既包括普通意义上的社会道德、涵养素质及理想信念的追求等，还有修身、齐家、治国、平天下的多个层面的释义。它是一个人世界观、人生观、价值观等小"德"或国家在政治观、法制观等"大德"上的综合呈现。"立德树人"要发挥思想价值引领作用，就要努力使思想政治工作者自身成为先进文化理念的传播者、中国共产党的坚定追随者、理想信念的拥护者，才能担起"指导者和引路人的责任"。革命理想高于天，理想信念是精神之"钙"。坚定共产主义理想与信念和中国共产党的崇高理想是实现"立德树人"的根本保证。从"立德"与"树人"的辩证关系来看，"立德树人"的思想继承了马克思的全面发展理论。"立德"是"树人"的途径，"树人"是"立德"的目标。换而言之，"立德"服务于"树人"，最终是要为实现新时代中国特色社会主义伟大胜利培育合格的建设者和接班人。"不断提高学生思想水平、政治觉悟、道德品质、文化素养，让学生成为德才兼备、全面发展的人才"②，强调德才兼备，认为社会主义的接班人和建设者一定要有立志于为社会主义献身的精神，也要有为社会主义奉献的能力。因此，立德树人是马克思主义实现人的全面发展在新时代的现实要求，也是新媒体时代大学生思想政治教育的重要概念和价值所在。

（六）网络环境高校思政教育的网络观

由互联网普及带来的网络理财、出行、娱乐、教育、商务以及政府办公等以快速增长的趋势改变整个社会的生活方式。主流媒体和传统思想政治工作方式受到巨大冲击，大大增加了新媒体时代大学生思想政治教育中舆情监

---

① 习近平. 习近平在中共中央政治局第十三次集体学习时强调，把培育和弘扬社会主义核心价值观作为凝魂聚气强基固本的基础工程［N］. 人民日报，2014-02-26（1）.

② 张烁. 习近平：把思想政治工作贯穿教育教学全过程 开创我国高等教育事业发展新局面［N］. 人民日报，2016-12-09（01）.

控和思想引导的难度。

　　教师在教学中须树立虚拟性的理念。环境影响人，人的思想品德的形成需要在一定环境中进行，环境的变化和发展影响着思想政治教育的创新与发展。新媒体环境对大学生思想道德素质的形成、变化、发展均产生着一定的影响与作用。由于新媒体所具有的虚拟性，新媒体环境所具有的虚拟空间是现实生活的外延，但却无法取代现实环境。因此，思想政治教育工作者必须立足于两者的相互影响与相互结合，将现实的大学生思想政治教育与虚拟空间的大学生思想政治教育有机地结合起来，不断创新教育的手段与方法，更新学生的学习观念，激发大学生学习的积极性、主动性、创造性，才能达到最佳的教育效果。

　　新一代党的领导集体认识到当前思想政治工作的严峻形势，充分利用互联网传播特点和规律，变劣势为优势，变被动为主动，对于不良风气和错误观点进行及时纠正和合理引导。

　　第一，通过制度保障、思想导向和推进精神文明建设，运用网络传媒广泛传播正能量，营造良好的网络环境，提高人民思想觉悟和道德水平，增强思想政治工作的效果。近来，更是首次明确了行业监管中互联网企业履行主体责任的义务，提出法律法规上严厉约束不法和违法的网络传播，力求在逐步完善网络中新兴行业长效监管机制的同时，充分发挥互联网强大的传播力和辐射力，促进社会政治建设和经济发展。

　　第二，我国首次明确提出互联网的归属问题。我们拥有维护本国网络和平安全和打击他国网络盗窃、扰乱破坏的责任和义务。倡导各国共同反对网络霸权。在维护每一个国家网络安全的前提下，倡导合作、共赢的网络理念。在一定程度上遏制了西方意识形态对包括中国以及广大发展中国家的文化渗透，扭转了文化同一化的趋势。

　　第三，我国首次提出构建融通中外新概念、新范畴、新表述这一概念。这是中国在国际话语权，尤其是掌握网络国际话语权方面的一大理论创新。中国千年的历史和百年独特的社会发展过程，无论从文化、政治或意识形态体系都和西方资本主义国家有很大区别。中国共产党的执政能力、中国现今的发展阶段和发展速度如何让世界了解并接受,融通新概念新范畴新表述必不可少。它是构建政治话语权,为新媒体时代大学生思想政治教育营造有利的国际舆论环境,实现"两个一百年"的重要一步,是实现中华民族伟大复兴的必经阶段,也是着力构建民族性、原创性、时代性的中国特色哲学社会科学体系的内在要求,是"讲好中国故事,传播好中国声音"的理论前提。

第二节 构建动态思政网课

一、丰富平台教学资源,创新教学内容

思政课网络课堂的顺利开展离不开网络教学平台的支撑,只有建设一个功能强大、在内容和形式上都能够吸引和打动学生的网络教学平台,才能有效地开展思政课网络教学,才会使学生积极主动地参与到思政课的学习当中,才有利于更好地实现思政课的预期目的。

(一)构建动态化思政课网络教育资源

高校思政课的教学内容具有一定的稳定性,但相比其他学科又表现出一个显著特点,就是思政课的教学内容必须要与社会发展的趋势和学生思想实际密切联系,这是思政课教学保持与时俱进的生命力的必要条件。高校思政课的教学内容反映着社会发展诉求、学科理论重点、学生发展需要等方面,支配着整个教学过程,是影响思政课教学实效性的重要因素。网络背景下,要提升教学实效性就要保证思政课教学内容多元化。信息资源丰富,为思政课教师提供海量信息的同时,大量的冗余信息和过载的信息使思政课教师不能及时准确定位其所需求的信息资源,难以运用网络技术对思政课教学内容进行科学合理的组织,并实现具有教学实效性的教学活动。因此,要对思政课网络教育资源中的信息进行收集、整理和加工,构建动态化思政课网络教育资源库。一方面,构建动态化思政课网络教育资源库要具备四个特点,即科学化、标准化、结构化和动态化。教育资源库中的内容必须是科学的、准

确的。在构建的过程中，应以思政课的骨干教师为核心，根据思政课的课程内容、特点以及学生的认知规律等，精心编选，合理的结构可以确保网络教育资源库的合理性和易用性，长期稳定的更新和维护是思政课网络教育资源库永葆活力的重要保障。另一方面，要善于开发和研究思政课教育资源，发动全体思政课教师参与到资源库的建设中来，将多年积累的思政课的优秀教案进行整理并建库。教师要通过利用多媒体丰富的教学资源，根据自己所设计的教学方案进行修改和整合，逐渐学会从资源的汲取到资源的建设再到资源库的构建。

构建动态化思政课网络教育资源库是一项长期而艰巨的任务，它要随思政课教育教学的改革而发展，只有不断完善才能适应新形势下思政课教学的最新需要。

（二）充分利用线上资源，激发学习"四史"动力

建立师生共享"四史"教育虚拟仿真实践平台和资料库，把线上资料和线下基地相结合。采取学生乐意接受的方法，把理论教学与实践教学有机地连接起来，探索多样化的学习方式，激发学生学习的内生动力。开展"四史"教育，除有效利用课堂教学主渠道外，应充分利用线上资源（如学习强国、视频纪录片等）学习相关内容。首先，将线上资源有效嵌入教学实践，可以调动学生自主学习性，是新形势下思政课创新教学模式的有效路径之一。建立线上学习小组，实行打卡监督学习制，要求每天至少学习一小时，让"四史"学习日常化。其次，将课堂教学与线上学习同步，使其能够自主学习，提高课堂效率，更好培养学生日常政治学习习惯。

（三）加大网络道德修养教学内容

移动互联网背景下，面对大学生这一最大规模的网民群体中常常发生网络行为失范的现象，急切需要提高他们的网络道德修养。在高校思政课教学中，可以将网络道德教育渗透到日常教学过程中，让学生耳濡目染，最终达到提升其网络道德修养的目的，这不仅可以促进大学生提高网络自律能力和辨别真伪网络信息的能力，严格规范自身的上网行为，在一定程度上起到了

净化网络环境的作用，同时也使网络给大学生带来的诸多负面影响得到了减少。

1. 加强理想信念教育

历史认同，坚持社会主义方向不动摇。1949年中华人民共和国成立，中国共产党把旧中国的制度变成了历史。我们重新建立制度：政治上，实行共产党领导下的人民代表大会制度和多党合作制度；经济上，消灭了土地私有制，没收了官僚资本，建立了公有制计划经济和农村的人民公社集体经济制度；社会制度上，实行了教育免费、城市公费医疗和农村合作医疗制度，住房和就业实行按需分配。从此，我们走上了社会主义道路，中国走社会主义道路是历史必然。

未来认同，坚定共产主义理想不动摇。共产主义能不能实现，不是能不能的问题，是想不想的问题。1921年共产党成立的时候，一共有50多个党员，包括毛泽东在内的13名代表召开了第一次党员代表大会，形成了决议：推翻压在中国人民身上的三座大山；实现公平正义、共同富裕、人人平等、按需分配的共产主义。经过艰苦卓绝的努力，1949年，中华人民共和国的成立标志着第一个目标已经实现。但付出了巨大的代价，共产党员牺牲近400万。抗日战争，中华民族死伤3500万。第二个目标的实现取决于我们对共产主义理想的坚信不疑，坚定不移，不懈奋斗，随时为党和人民牺牲一切。

做好网络时代大学生思想政治教育，首当其冲是帮助大学生树立坚定的理想、信念、信仰，就必须着力解决好政治认同、理论认同、历史认同、现实认同、未来认同这"五个认同"。

政治认同，相信党跟着党走不动摇。在生活工作中，对不认同的人，他的话我们不会去听，不认同的观点我们不会接受，不认同的理论我们不会照着去做。新媒体的发展为非政治类的资讯和交流扩大了空间，但关于政治认同的目标坚持，我们依然不能放松。利用便捷的传输速度和表现形式，加大对中国共产党的宣传力度，尤其是在党的重要时刻和纪念日，在新媒体上全面展播党为中华民族在过去的奋斗、对当下的信心和对未来的决心，将大学生对党的认同、对政治认同作为新媒体时代大学生理想信念教育的第一步。

理论认同，信仰马克思主义不动摇。2018年5月4日，在纪念马克思200周年诞辰大会上，习近平总书记指出，历史和人民选择马克思主义是完全正确的。1921年中国共产党成立，成立的中国共产党，将马克思主义作为理论武器，推翻帝国主义、封建主义、官僚资本主义三座大山，成功地带领中国人民走向今天。新媒体时代的大学生思想政治教育，要更加凸显马克思主义理论的指导性和引领性，要通过多种渠道和手段，加大对马克思主义的宣传力度，使马克思主义在大学生中人人熟知。

现实认同，坚持道路自信不动摇。今天我们走的是中国特色社会主义道路。1949年以后的中国，成为社会主义国家，实行了社会主义制度，走上了社会主义道路。1978年改革开放：第一，国际国内环境显著改变，所以要集中精力发展经济，以经济建设为中心。第二，我们国家处于社会主义初级阶段，这个阶段是不可逾越的阶段，这一阶段的经济制度要和它相适应。在城市，把原来的单一公有制调整为公有制为主体多种所有制共同发展；在农村，安徽省凤阳县小岗村18户农民搞了一个创举，土地分田到户，实行承包经营，全国学习推广。经过这样改革之后的社会主义，在1982年党的第十二次代表大会上，正式明确为中国特色社会主义。从此我们就走上了中国特色社会主义道路。走中国特色社会主义道路是时代的选择，我们要坚持道路自信不动摇。

2. 加强爱国主义教育

培养大学生对伟大祖国悠久历史的优秀传统的认同感，进而激发大学生的爱国主义情感。这是大学生发自内心地接受思想政治教育的情感基础，也是应对西方意识形态渗透的现实需要。利用网络新媒体引导社会大事件舆论的同时，激发大学生的爱国主义情怀成为现今思想政治教育的共识。网络已然成为保护意识形态安全的一个主战场。传统媒介如电视、广播、报纸等，属于单向度的新闻报道方式，带来的信息比较单一，并且难以在受众之间形成交流。网络由于具有互动性、即时性、海量性、新颖性和丰富强大的功能性等特点，已经成为现今人们主要的交流工具，也成为意识形态工作的重要阵地。

网络时代的爱国教育是不断与西方意识形态做斗争的过程。海量信息传递的价值观，在一定程度上影响了中国特色社会主义意识形态权威的认同度。网络新媒体成为影响大学生意识形态极为重要的一个要素。网络能够使各式各样的观点集中出现在一个舆论平台上，不同意识形态的正面交锋成为无法回避的现实。由于多样化特征的显现，一些学术思想论争直接挑战国家意识形态，围绕马克思主义经典著作、抗日战争、中华人民共和国成立后的历史等问题不断争论，虽有理性探讨但也不乏蓄意挑衅，在合法与不合法之间游走，干扰意识形态安全。如今，网络海量信息对中国特色社会主义意识形态造成巨大冲击，这些信息常常隐藏在一张图片、一条信息、一部广告之中，有着极强的隐蔽性。大学生作为新媒体的主力军，具有更高的思想独立性，其发布的信息也体现出了这种年龄的人的特点，因而往往会对意识形态安全造成间接的危险与挑战。网络安全意识形态是当前思想政治教育的一大关口，如果没有网络安全，就等于没有了大门的阻击，一切是非都会一拥而进，扰乱大学生的认识和判断，严重危害社会主义的意识形态教育。我们进行爱国主义教育，在全面加强教师队伍建设，确保用心、用情、用历史事实讲话的同时，不断增强我们对新媒体的掌控能力。

网络时代是"以个人传播为主，以现代化、电子化为手段，向不特定的大多数或者特定的单个人传递规范性及非规范性信息的媒介时代"。[①] 一方面，自媒体这种信息传播方式的革新影响着大学生的思维方式、认知水平和行为习惯，在一定程度上满足了大学生对获取信息资源和话语表达的强烈需求；另一方面，自媒体传播的多元性、自主性和交互性以及自媒体网络监管的滞后性使得自媒体环境纷繁复杂，大学生的道德理性受到严峻考验。要维持良好的网络秩序，既依赖于网络空间治理和网络内容建设，更取决于网民道德理性的培养。因此，在自媒体时代，深入探索大学生道德理性培育问题具有重要的现实意义。

---

① 赵雪. 传统媒体时代与自媒体时代大学生思想政治教育话语体系比较 [J]. 长春大学学报，2017（2）.

3. 加强道德理性培育

道德理性作为区别于工具理性的道德层面的理性，是"道德主体分析道德情境，进行道德推理，确立自己的行为准则的理性能力"[1]，在构建个体道德及指导其道德活动的过程中实现自己善的诉求。道德理性是主体选择道德行为的内在驱动力，也是主体持续选择道德行为的原动力。因而道德理性是个体道德行为选择的核心，是大学生网络行为合理性的重要保证，也是使网络空间保持风清气正的关键要素。在自由虚拟的自媒体环境中，网络道德主体受现实道德规范的约束显著弱化，其在网络空间的行为活动表现出明显的非理性和无序化，严重破坏了良好的网络生态环境。这一方面为大学生的网络行为提供了错误参照，导致大学生网络行为的盲目化，另一方面也因外在强制约束力的缺乏使得大学生的网络行为更加非理性和情绪化。道德理性能在价值判断层面为大学生揭示理想道德与现实道德间的差距，为其行为选择指明方向；同时，也能作为一种内在的约束力，在虚拟自媒体环境中约束大学生的内在欲望和激情，引导他们将内在的欲望和激情置于道德规范的约束之下，从而规范其网络行为，避免其做出缺乏理智、盲目从众的网络失德行为。

网络教学平台上可以呈现更多的教学资源，这也是思政课网络课堂的优势所在，高校思政课网络教学平台首先在外观上应该简洁明了，将各个基本板块置于显目位置，并且准确设置其名称，便于师生快速查找到需要的信息。其次，对于思政课教学资源的呈现要直接明确，去除烦琐的步骤和不必要的信息，同时还要突出重点，让学生可以有直观的感受，帮助学生更好地理解课程内容。另外，要注意思政课程的系统性与逻辑性，在简化平台操作的同时，也不能忽略教学资源之间的联系，要将教学内容尽可能系统化、完整地呈现在平台上，这就需要在优化各板块功能应用时注重其内在的联系，各板块呈现的资源有不同的层级，所发挥的功能也呈现出不同的层次，以满足不同需求的学生更好地进行自主学习。

---

[1] 杨宗元. 论道德理性的基本内涵 [J]. 中国人民大学学报, 2007 (1).

二、思政理论课教师要加强线上线下综合运用教学方法

（一）注重网络课堂教学与传统课堂教学的结合

目前，传统课堂依然是思政课的主要教学开展方式，网络课堂只是作为一种辅助教学形式，起到协助的作用。随着网络课堂模式的普及应用，许多高校的思政课教学开始采用传统课堂加网络课堂的形式，这是一种比较好的尝试。传统课堂在思政课的教学中依旧占据着主导地位，思政课的教学离不开传统课堂，它必须借助传统课堂完成教师对学生的情感以及没有涉及的教学资源价值的引领，同时，思政课网络课堂的开展也是很有必要的，网络课堂可以为思政课的教学提供更广阔的平台，它可以补充在传统课堂上未教授的内容，同时为学生提供更有针对性、自主性的学习空间。因此，思政课教师在开展教学的过程中，要注重将网络课堂与传统课堂有效结合起来，根据学生实际的学习情况，合理分配两种教学模式所占的比重、所用的时间，将教学资源与内容合理地用于不同的教学模式，这样并进的方式不仅可以较好地发挥出网络课堂模式的效果，在整体上也提升了思政课的教学实效。

（二）注重学生线上学习与教师线下辅导的结合

在网络课堂模式下进行思政课的学习，给了学生更多的自主性和灵活性，学生在自主学习的过程中，对教师想要传达的信息的掌握程度变得难以管控，尤其是对情感信息的把握上，学生的思想较为开放、自由，如果在学习过程中教师不加以正确的引导，就会导致学生在思想上的偏差。因此，在学生自主进行网络学习的同时，教师在线下要对学生有良好的管控，及时发现在网络学习中学生出现的偏差，利用传统课堂、讨论教学等线下方式进行指导，引导学生树立正确的价值观念，帮助学生在科学的环境中完成网络学习。

（三）注重网络教学引导，开展讨论互动思考练习

在网络课堂模式下，思政课教师依然占据着主导地位，必须发挥出自身

的主导作用，而网络平台中的讨论区就是一个很好的渗透路径，教师可以通过在讨论区与学生的交流互动，对学生进行正确的引导。网络平台上的讨论区为师生提供了一个思想交流的平台，这对于思政课的教学是非常重要且必要的，教师可以通过讨论区设置问题导向，引导学生积极参与思考，在学生的回答中掌握情感动态，在对学生的解答中就可以进行有效引导。同时，教师还可以结合教学内容发布一些时事热点问题，带领学生进行讨论，以提高学生对思政课的关注度及参与度。教师在网络教学中，不能忽视对学生的考核与练习，通过让学生完成习题、参与讨论等形式，及时地对学生在网络课堂中的表现做出评价，并通过对学生的评价来引导学生的思想动态。

（四）建立相应激励政策，确保学生的参与度

思政课教师在进行网络教学的过程中，要积极地与学生建立起良好的关系，适当地采取一些激励政策，提高学生的参与热情。首先，教师要对网络教学有明确的开展计划，明确规定学习时间与强度，在一定程度上保障学生的参与度。同时对于平台上的教学内容，可以通过设置问题引导学生主动学习，把握好教学进度，不能将所有的内容全部一次性地呈现在学生面前，要有层次性地逐步进行。其次，教师通过完善考核方式，科学地对学生的学习进展进行评定，以激励性的评定为主，以学生在网络课堂中的活跃度、参与度作为评定参考，纳入课程考核当中，以此激发学生参与思政课学习的积极性。

三、加快网络知识更新速度

网络时代大学生对知识更新速度提出了更高的要求，思政课教师只有加快网络知识的更新速度，才能适应新的教育教学形式，实现教书育人的目的。首先，思政课教师要坚持每日浏览网络信息，掌握最新网络资讯，并将网络信息中带有科学性、思想性、趣味性的内容筛选出来并运用于教学内容中，不断提高自身的信息超前意识，更好地优化教学内容。其次，思政课教师要有效利用交流和沟通的机会。在不断学习网络知识的过程中，也需要相互之间的交流与学习，其中包括思政课教师与学生之间、思政课教师与其他

教师之间的交流，交流的过程就是一个自我知识更新和学习的过程，从而实现加快网络知识更新速度的目的。最后，根据思政课教师所需网络知识的不同，选择适合的网络教育资源，进行自我知识的更新与积累，思政课教师只有拥有丰富的网络知识，才能精于思政课课堂，才能使学生不断汲取新的知识。

四、增加网课数量，提高教学质量

在高校中，思政课网络课堂已经有多种开展形式，其中主要的形式有两种，一种是直播式教学，另一种是录播式教学。根据笔者的调查以及查阅的相关资料，就目前而言，录播式教学占据了主流，直播形式还没有成为高校开展思政课网络课堂的第一选择。以直播形式开展网络教学，就需要高校有匹配的信息技术作为支撑，思政课师生也要具备较好的网络技术操作水平，才能将思政课以直播式的教学进行下去。因此在现阶段，高校还是主要选择较容易实施的录播形式开展教学。

五、借鉴各高校经验，获取高质量资源

无论各高校的思政课网络课堂目前处在怎样的发展阶段，都需要注重高校与高校之间、地区与地区之间的交流互动，建立起良好的合作关系，可以参考一些公共课程网站的设计思路，尤其是以高校联盟、地区联盟为基础的课程网站，可以据此共同设计开发网络教学平台，服务于更多的教师与学生。对于网络课堂建设水平较弱的高校，要更加积极地借鉴其他高水平的高校，挖掘出可行性较强的路径，再结合自身的办学特色，提高本校的建设水准。同时，各高校还要充分利用基于公共课程网站的思政课网络课堂，将课程网站中高质量的思政课融入本校思政课的教学中，在公共的课程网站中，有许多可借鉴的教学资源，这些都是高校可以加以利用的资源。只有高校之间建立起了良好的交流互动，成为互帮互助的共同体，才能推动思政课的教学得到有效实施。

第三节　搭建高校思政网络新平台

一、引导强化，搭建思政教育网站主阵地

现如今互联网已经是当代青年学生查找资料、获取信息、联络感情、解决生活中各种问题的重要渠道，尤其是对大学生的专业知识学习、扩展视野、与任课教师增进相互间了解有着积极的作用，但与此同时，网络中一些负面的内容严重影响着大学生的身心健康。因此，要提高大学生网上思辨能力，增强大学生的自我保护意识，提高大学生的道德修养，就必须强化网络育人功能，占领以互联网为技术的新媒体阵地。学校要建设专门的思想政治教育网站，并与学校宣传部、校团委、教务处等工作平台联合，大力推进网络教育，让网络安全意识走进每个学生的内心、印在学生的脑海，进一步强化和完善校园网络文化建设与管理，推进网络育人体系建设，促使思想政治教育工作的传统优势同现代信息技术高度融合，积极引导学生增强网络安全意识，拥有网络思维，提高辨别是非真假的能力，能够自觉抵御网上各种不良"诱惑"与负面影响，形成网上网下思想政治教育的合力。网站要加强与学生的互动交流，密切关注网上动态，了解大学生思想状况，及时为大学生解疑释惑，有效发挥网络的功能。除了建设好学校自身的思想政治教育网站外，还要按照《高校思想政治工作质量提升工程实施纲要》中提出的"拓展网络平台，发挥全国高校校园网站联盟作用"的要求，充分发挥全国高校校园网站联盟作用，实现资源互享。

（一）完善网络教育平台建设，拓展网络新载体

1. 丰富校园网站教育功能板块

校园网站心理功能板块与党政板块是高校网络思想政治教育工作的重要组成部分，完善高校校园党政板块、心理功能板块，帮助大学生坚定正确的政治立场，具备积极健康的心理素质，对于提高课下网络思想政治教育的实

效性具有重要意义。

(1) 开设网络心理咨询板块,加强大学生心理疏导

高校大学生处于人格形成的关键期,拥有积极健康的心理素质是其全面发展的首要条件。当代大学生多为独生子女,一旦踏入大学校园中,相当于走进了半个社会,来自五湖四海的学生要在一起体验集体生活。然而"90后"大学生大多具有张扬个性、标新立异的特点,在学习、感情、生活中难免产生一些摩擦,在遇到问题时,不愿意找老师或同学倾诉、求助,往往选择在网络上发泄情感,不考虑其他人的感受,有可能进一步激化矛盾,长此以往下去,负面情绪累计得会越来越多,如果这些负面情绪不能得到及时的消解,会严重影响大学生的心理健康。

高校要积极构建网络形态的心理咨询室,建设以校园为基点的大型心理服务平台,为广大学生进行心理疏导,解决心理困惑。大学生可以以匿名的方式登录进行咨询,有利于保护学生隐私,增加他们的信任感、安全感。定期开设网络心理课程和心理测试电子调查问卷,既有利于大学生意识到自身的心理问题,也有利于教育者掌握大学生的心理动态。

①允许匿名注册。

很多大学生在一定时期内,内心会产生迷茫、无助、失落等情绪,都需要心理咨询师给予一定的指导。但由于很多学生碍于面子或者是性格等因素,害怕同学之间的非议,不敢直接求助于心理健康教师,长此以往导致更多心理问题的产生,甚至引发精神疾病。匿名注册为这些大学生解除了后顾之忧,当然同样也允许实名制注册,方便后续追踪了解学生心理动态,以尊重学生的意愿原则为先。二者都以保证学生隐私不受到任何侵害为前提。

②在线、留言询问。

在线问答或者留言询问的形式是比较符合当代大学生的沟通方式。学生可以根据时间段选择在线咨询或者留言询问,在线咨询时间为教师工作时间,在工作以外的时间学生可以选择留言的方式进行咨询,同学们还可以在线选择自己喜欢的心理健康老师进行咨询。

③约见心理咨询师。

部分大学生可能更习惯于面对面解决问题的方式,可以选择直接约见心

理咨询师，或是在与网络心理咨询师有一定接触了解基础上，通过在线交流和通话交流的方式，预约自己喜欢或信任的心理咨询师进行面谈，尽快排除心理问题，走出困惑。

(2) 建立网络党校，开启党政管理新模式

很多学生在迈进大学校园之初，就想成为一名中国共产党党员。由于我党对于共产党员的要求严格、名额有限，因此，只有在政治上严格要求自己，在学习和管理班级事务中有突出表现的同学，在老师推荐与同学票选之后，经过一段时间的学习、考试通过，再通过全体党员的投票表决，才能成为一名正式党员。一些党内活动只针对共产党员展开，非党员对于党内事务知之甚少，久而久之，慢慢磨灭了同学们想成为党员的积极性。高校可以通过开展网络党校，普及党内信息。一方面，向同学们宣传我党的政治制度与政策，坚定他们的政治立场，还可以创新党员选举方式，在网络党校多开展一些党建活动。例如，在网络党校开展党章学习、知识竞赛等，鼓励学生们参加更多的党建活动，还可以根据学生参加活动的多少、表现程度进行评分，将其纳为入党考核的一个项目，给更多的同学一个展示自己加入中国共产党的机会，同时也增加了竞争的公平性。另一方面，可以通过网络党校创新管理模式，例如，通过网络党校审查思想汇报、收取党费、党员档案袋管理等，有利于创新高校党建工作方式，推进党建工作的开展与完善。

2. 积极运用微信、微博等新载体

随着信息时代的发展，各种网络新载体应用软件应运而生。微信、微博是时下较为流行、普及率较高的社交沟通软件。大学生作为主要使用群体，他们乐于在其中感知世界、分享生活、抒发情感、发泄情绪。学生利用微信、微博既可以私下聊天，也可以通过关注公众号了解各方面信息、热点新闻，大学生对网络虚幻世界充满好奇但又缺乏判断力，很多时候处于盲从阶段，微信、微博平台中很多违规公众账号经常散布一些动摇政治立场、颠覆意识形态的煽动性文章，然而部分大学生考虑信息来源与真实程度的意识较差，盲目相信信息内容，对大学生的思想产生一定负面影响。高校和教育者要引起足够的重视，抓住机遇拓展"议程设置"舆论引导功能，根据当前网

络新载体中大学生关注度、转发、评论较多的信息及时地进行隐形舆论引导。议程内容要贴近学生的生活实际、要接地气、要能够引起共鸣。例如，"萨德事件"，在微博中有一则视频是一个韩国老年人在中国餐馆吃饭被一男子辱骂，在大学生中引起了广泛热议。高校可以借此机会利用微信、微博等新载体进行"理性爱国"教育，不要以爱国为口号发泄私愤，甚至引发暴力事件，及时引导大学生树立正确的爱国主义精神。还可以设置一些正能量的议题，例如，在微信公众平台发布"感动校园人物评选"活动，参选人员附有感动校园小故事，让同学们票选出自己心目中的榜样，引导大学生树立正确观念、健康的思想，从而在无形之中达到思想政治教育目的，真正地为学生的思想健康发展而服务。

中共中央办公厅、国务院办公厅印发的《关于进一步加强和改进新形势下高校宣传思想工作的意见》也提出：高校要创新网络思想政治教育，同时要着力加强高校宣传思想阵地管理。可见，党和国家非常重视高校思想政治教育工作的网络阵地建设。营造健康良好的网络环境、把握住网络领域思想政治教育工作的话语权并占领网络阵地对于高校思想政治教育工作实效性的提高十分重要。

第一，融入网络舆情，开辟高校思想政治教育工作的新平台。要增强实效性，高校就必须具备创新理念，树立网络思想政治教育意识，能主动融入网络舆情，借助各类网络平台，充分重视、挖掘和利用网络舆情的意识形态构建思想政治教育传播功能。《关于进一步加强和改进新形势下高校宣传思想工作的意见》中明确指出："打造示范性思想理论教育资源网站、学生主题教育网站和网络互动社区，推进辅导员博客、思想政治理论课教师博客、校务微博、校园微信公众账号等网络新媒体建设。"高校应高度重视新平台的开辟，在微信、微博、QQ等网络平台上开设思想政治教育板块，传播社会主义核心价值观等正能量的信息。除此以外，高校在新平台的运作过程中，还需要关注并调动大学生浏览相关信息的积极性。高校应在提高思想政治教育内容的吸引力上下功夫，借助网络平台文字、图片、语音、视频等功能，创作大量顺应时代潮流且大学生喜闻乐见的思想政治教育内容的图文或视频,让大学生能自主地去学习,并乐于参与评论。

第二,培养意见领袖,引导在校大学生坚持正确的思想政治方向。由于网络的隐匿性,网民在网络平台上可能并不知道其他人的真实身份,因此网络中的意见领袖,相比普通网络用户,其影响力会更大、影响范围会更广。意见领袖也因其在网络中的活跃度,会对各类网络舆情信息更加敏感和了解。所以,高校在开展思想政治教育工作的过程中,应该积极把一些优秀的大学生培养成为意见领袖,如学生干部或者学生党员。一方面,大学生意见领袖通过与其他学生在网络上的互动,他们能及时了解到大学生的关注点和真实想法,辅导员老师可以通过学生意见领袖来掌握大学生的思想动态;另一方面,大学生之间,更容易相互了解和达成信任,这样不仅能影响其他大学生的思想观点,还能影响他们的行为方式,甚至能带动网络舆情的走向。高校培养大学生意见领袖并不能一蹴而就,首先,高校要从增强思想政治教育工作实效性的战略高度出发,将培育大学生意见领袖纳入具体的思想政治教育工作中,通过定期培训提高他们的思想政治素养;其次,高校需邀请新闻学、社会学等领域的专家,向这些学生意见领袖讲授关于网络舆情或是媒介素养的课程,开展网络媒介的相关培训,提高他们研判和处理网络舆情的能力;最后,高校还应建立奖励与评价机制,调动学生的积极性,同时也对优秀的学生意见领袖给予鼓励、肯定和支持。

第三,创新话语体系,加强高校思想政治教育工作的吸引力。对于现在95后、00后的大学生群体而言,传统的思政话语体系是严肃且缺乏色彩和生气的,因此,大学生往往表现出对接受思想政治教育的排斥与逃避,工作实效性大大减弱。在当前的网络时代,网络用语风趣幽默,有其独特的风格,已经成为现在大学生惯用的语言表达形式。高校在开展思想政治教育工作的过程中,应该跳出原有、传统的话语体系模式,将网络流行语灵活地应用到教育之中,甚至创作出新鲜词语来吸引学生的兴趣。比如,"正能量""给力"等词语在一定时期带动着积极、正面的社会情绪,社会风气也因此改善;"命运共同体"则反映出民众对世界更加美好的向往和企盼。将这一类的网络用语应用到思想政治教育工作中,不仅能吸引学生的兴趣,同时还能正向影响学生的思想行为。高校应敢于变革思想，创新话语体系，但不能盲目迎合，最终还是要回归到增强思想政治教育工作的实效性上。

(二) 创新网络环境下高校思政教育手段

随着网络新媒体技术的高速发展和经济全球化的深入，各种意识形态层出不穷，纷繁复杂的错误思潮和非主流意识形态，开始对大学生的思想和价值观产生负面影响。做好新媒体时代大学生思想政治工作，就必须积极采取有效的手段加以引导，实行理念引导、价值规范，最大限度地消除错误思潮和非主流意识形态在大学生中的消极影响，让大学生认可社会主义制度的优越性以及我们党所主张的理念和价值并自觉实践。要坚持和创新在新媒体中客观真实地反映社会主义制度优越性的手段和方式，在大学生中大力宣传党的路线、方针、政策和改革开放取得的辉煌成就，形成鼓舞大学生前进的巨大精神力量，以利于凝聚人心、催人奋进。

1. 讲好中国故事

不同层次、不同阶段、不同形式的思想政治教育除了对培养大学生的文化素质有关键作用外，对于培育提高大学生的思想道德素质也起着重要作用。为使这种作用得到充分有效发挥，就必须采取一些符合现实情况的措施。新媒体时代的大学生思想政治教育一是要利用好新媒体平台，二是要创新大学生思想政治教育的内容。讲好中国故事，就是要契合当下大学生的特点，用讲故事的方法，利用和整合各种资源，把爱国主义教育、革命优良传统教育、中国传统美德教育和中国梦有机地统一在其中，增强大学生思想政治教育的趣味性和接受性，使大学生理解透、掌握好马克思主义基本理论和中国特色社会主义思想。对大学生讲好中国故事，就要讲好以下几方面的故事：一是要讲好中国道路的故事，党的十九大报告强调"坚定道路自信、理论自信、制度自信，文化自信"[1]，首先强调的是道路自信，必须从理论和实践结合上讲清楚新时代坚持和发展什么样的中国特色社会主义、怎样坚持和

---

[1] 习近平. 决胜全面建成小康社会 夺取新时代中国特色社会主义伟大胜利——在中国共产党第十九次全国代表大会上的报告 [N]. 光明日报，2017-10-28 (1).

发展中国特色社会主义。二是要讲好中国目标的故事。党的十九大报告提出了实现"两个一百年"的奋斗目标、实现中华民族伟大复兴的中国梦并描绘了未来中国的宏伟蓝图,"到那时,我国物质文明、政治文明、精神文明、社会文明、生态文明将全面提升,实现国家治理体系和治理能力现代化,成为综合国力和国际影响力领先的国家,全体人民共同富裕基本实现,我国人民将享有更加幸福安康的生活,中华民族将以更加昂扬的姿态屹立于世界民族之林"[①]。三是要讲好中国战略的故事。为了实现理想、目标,党中央统筹推进"五位一体"总体布局、协调推进"四个全面"战略布局,"十二五""十三五"规划胜利完成,"十四五"规划顺利实施,党和国家事业全面开创新局面。四是讲好中国外交的故事。讲清楚我国在坚持和平发展道路,推动构建人类命运共同体方面所做出的努力和贡献。讲述中国坚定奉行独立自主的和平外交政策和坚持对外开放的基本国策,积极促进"一带一路"国际合作,推动人类命运共同体建设,共同创造人类的美好未来。

2. 弘扬传统文化

大学生思想政治教育作为社会主义精神文明建设的基础性工作,是物质文明和精神文明平衡发展的保证。因此,新媒体时代大学生的思想政治教育依旧要与弘扬中华民族的优秀传统文化紧密联系在一起。同时其也为新媒体时代大学生思想政治教育提供不竭的源泉。大力弘扬优秀传统文化对于彰显文化自信,弥补当下新媒体时代信息的碎片化、大学生树立正确价值观具有重要价值。大力弘扬优秀传统文化,并从中汲取养分,反哺和滋养时代精神,全面提高大学生的文化素质,引领新时代大学生时代面貌,是新媒体时代大学生思想政治教育的基本要求。

大力推动中华优秀传统文化创造性转化、创新性发展,合理、辩证地实现以文化人。习近平总书记指出:"中华优秀传统文化已经成为中华民族的

---

① 习近平. 决胜全面建成小康社会 夺取新时代中国特色社会主义伟大胜利——在中国共产党第十九次全国代表大会上的报告[N]. 光明日报, 2017-10-28 (1).

基因，植根在中国人内心，潜移默化影响着中国人的思想方式和行为方式。"① 新媒体时代大学生思想政治教育以中华优秀传统文化为底蕴，无论是中华传统文化中的"天下兴亡，匹夫有责"的爱国主义情怀，还是"国而忘家，公而忘私"的奉献思想，抑或是"苟利国家生死以，岂因福祸避趋之"的献身精神，都有助于教育大学生形成强烈的爱国主义和为中华民族伟大复兴的目标而奋斗的献身精神。新媒体时代大学生思想政治工作要在善于发掘优秀传统文化资源、发现历史智慧的基础上，运用中华传统文化中一些超越时代或与人类总体命运相关的内容，帮助大学生塑造良好的文化素养和道德观念，并树立崇高的共同理想和远大理想，以此提高大学生的思想素质、道德素质、政治素质。习近平总书记强调要善于发掘优秀传统文化资源，发现历史智慧，并吸收和借鉴国内外优秀的文化内容和成果，在此基础上合理、辩证地实现以文化人。以文化人有利于拓展新媒体时代思想政治教育的战略格局和文化视野，加强思想政治工作的精神内涵，提高思想政治教育的理论创新能力。大学生思想政治教育经过中国共产党几代人的努力探索和实践，发掘、汲取和结合了优秀传统文化精髓。因此，依旧要把大学生思想政治教育的观点、理论与传统文化中的精髓相对应，在大学生思想政治教育过程中体现中华民族特质的精神追求、文化血缘、民族基因，增强新媒体时代大学生思想政治教育的说服力。

弘扬优秀传统文化需用辩证的科学态度。习近平总书记指出，不忘本才能开辟未来，善于继承才能更好创新。弘扬和传承中华优秀传统文化，并不意味着故步自封，闭上眼睛不看世界。而是坚持用马克思主义的方法，坚持古为今用、推陈出新，有鉴别地对待，有扬弃地继承。这要求新媒体时代思想政治教育进一步立足于中华优秀传统的文化根基，在运用新媒体载体的过程中，不忘根植于丰沃的中国文化土壤，在继承、批判、吸收、升华的基础上，把握"扬弃"、辩证运用。

---

① 习近平. 青年要自觉践行社会主义核心价值观——在北京大学师生座谈会上的讲话[N]. 人民日报，2014-05-05（02）.

二、发挥微信、微博平台作用

当前,微博、微信平台在日常生活中为人们所广泛使用,它们具有覆盖面广,人们关注度高的特点,这就为大学生思想政治教育提供了新的契机。要不断完善微信、微博思想政治教育工作载体建设,充分发挥其文化育人功能。一方面,要积极搭建为大学生思想政治教育服务的微信、微博平台,可以通过建立协会,宣传部门、官微官博的联合办公室,实时维护和及时更新,使其成为思想政治教育的重要窗口,思政工作者可以广泛利用微博或微信和学生交流,构建庞大的微博思想政治教育网络。另一方面,思想政治教育工作者还要积极引导大学生在官方微博和自己的微博上建立"关注",借助这种"相互关注",可以及时了解大学生的动态与需求,做好"疏导"工作。借助"疏导",可以促进大学生积极参与学校发展规划热门话题的讨论,表达自己的观点、发表自己的想法、释放自己的情绪,消除师生之间的距离感和思想隔阂,拉近双方的感情距离,为思想政治教育工作开展打开新的局面。在做好"疏导"的同时,还要加强"管控"。没有规矩,不成方圆。创新推动网络育人,提高高校信息系统共建和资源互享,如论坛直播、校园网站及微信、微博公众平台等各类网络意识形态阵地的管理,同时落实校园网络使用实名登记制度,督促学生做到上网有度、有序、有节,设立网络安全红线,牢牢掌握网络战场主动权,"使互联网这个最大变量变成事业发展的最大增量"[①]。

三、打造"移动客户端+思政工作"新模式

随着社会发展与科技进步,手机等移动客户端与互联网的结合已经使其成为一个重要的大众传播媒体。随着手机成为当代大学生的标配,以手机为代表的移动互联网越来越使教育对象呈现广泛性、教育内容紧跟时代性、教育手段具备互动性,教育方式更加具有人性化。同时,移动客户端所具有的

---

① 张洋. 习近平:举旗帜聚民心育新人兴文化展形象 更好完成新形势下宣传思想工作使命任务 [N]. 人民日报,2018-08-23(01).

高度便携性、广泛的交互性、丰富的受众资源、快捷的更新速度和多媒体化等特点更深受广大学生的欢迎,它不仅可以拓展思想政治教育的广度,而且还能大大加深思想政治教育的深度。为此,可广泛借助移动客户端等新媒体,与传统思想政治教育模式深度结合,探索"移动客户端+思政工作"新模式,将传统的以说教式为主的模式变为寓教于乐和渗透式的教育模式。此外,移动客户端的使用,除了有助于整合网上教育教学资源、思想政治资源,构建新型网络教育模式,还便于教育者及时掌握并处理当下大学生存在的思想问题和舆情动态,做好热点问题和突发事件的网上舆论引导,有利于加强校园网络舆情搜集研判,切实监督网络意识形态安全,在守好网络精神家园、唱响网上主旋律方面发挥更大的作用。

在移动互联网时代,人们可以随时随地通过网络媒体平台自由讨论、传播信息、发表观点,这就打破了传统媒体话语垄断,在新媒体社会化的过程中,官方媒体也加入运用新媒体拓展思想者政治教育的舆论阵地中来,积极推进新媒体技术与思想政治教育的有机融合,在潜移默化中发挥对大学生的思想引领作用。

(一)官方媒体的重度参与——以"学习强国"APP为例

首先,"学习强国"占领了网络舆论宣传制高点。根据新浪微博的统计,民众对时事类新闻的关注度最高。这就决定了新媒体市场需要一款严肃、全面、健康的官方综合性应用软件。"学习强国"紧跟新媒体技术发展步伐,建设并维护官方平台,不断开辟思想政治宣传教育平台。一是建设红色专题宣传网站,制作发布体现社会主义核心价值观的网络视频资料;编排内容紧扣当下热点话题及民众生活实际的栏目,将理论性、思想性与趣味性、互动性融合,增强其吸引力、感染力,实现主流意识形态对民众的浸润。二是明确了管理和引导的主要对象。"学习强国"主要是以党员、党员干部为主、普通民众舆情信息员为辅的官方门户,注册成员基本上比普通民众拥有更坚定的政治立场,敏锐的政治洞察力,同时具备较高的网络信息管理技术,能掌握网络语言,把握舆情态势、引导网络舆论。网络使用实行实名制,通过法律、行政、技术等多种手段,防止不良信息在社会舆论中滋生传播。三是线上线下齐发力。在最初运营的时候，要求各党支部和党小组组织动员党员和干部注册，并作为一项基本任务分发下去，有部分党小组还要求每天在工作群组里展示登录记录和积分。在一段时间的线下半强制辅助后，一部分大学生党员把每天在"学习强国"的打卡和积分增长视为骄傲，这一线上的积分功能设置和线下的组织配合，成功使得"学习强国"突破网络虚拟的限制。

其次，"学习强国"的创造力不仅体现在平台搭建、渠道拓展以及对用户的精准定位这些方面，对内容生产的创新作用也是其中的一项重要内容。一方面，"学习强国"的内容生产符合新媒体快而准、小而精、抓眼球的思路。根据人民网的统计，自媒体融合发展正式上升为国家战略以来，各大媒体大力发展融合，使得一批传播广、点击量高、用户体验反馈好的融媒体作品涌现出来。另一方面，在新媒体思维的影响下，"学习强国"内容的组合方式也更加多元，用多种形式可以将复杂的新闻内容、复杂的人物或事件关系抽丝剥茧，为受众降低阅读难度、减轻阅读负担。"学习强国"学习平台承担着传递信息、传播知识的任务，内容包括中央精神、党的理论和路线方针政策，涵盖了政治、经济、文化、社会、生态、法律、历史、科技、党史、互联网、国际等多方面知识，为大学生党员和普通大学生在互联网条件下，学理论学知识学文化提供了一个基于传统、顺应时代、着眼前沿的学习平台。

毋庸置疑，"学习强国"是大学生认真学习中国特色社会主义思想的新载体和新平台。

（二）短视频的迅速崛起——以"抖音"短视频 APP 为例

新媒体科技的快速发展和广泛普及，使得网络虚拟空间成为社会现实交往空间之外的另一重要舆论场。社会重大典型事件的形成和发展，往往经过较以往舆论传播速度百倍以上新媒体的传播和发酵，成为近期社会生活中的重要谈资，甚至引发多个连锁反应。"现象级"事件、作品和人物的出现，就是新媒体时代思想政治教育生态环境的一大特色。下面以"抖音"短视频 APP 为例，分析现象级背后的舆论导向和内在逻辑。

1. 短视频的主要内容和特征

短视频是互联网上的人或事，或者经过制作剪辑之后形成时间较短的视频，经过媒体平台推波助澜的成果。以抖音为代表的短视频平台在2019年上半年实现现象级增长，庞大用户量和可观流量使得此类短视频平台进入主流视野，吸引政府、国企和官媒入驻。举例来看，最早入驻抖音的官方机构——共青团中央和中国长安网（中央政法委官方网站）有多个视频播放量破亿。北京市公安局的官方账号"平安北京"以一条警务处理视频，获得了超过1200万次播放。短视频平台异军突起，舆情重心开始偏移。2018年现象级品牌"抖音"的迅速蹿红，直接促使小视频成为一部分民众最重要的个人社交平台和展示窗口，并带动一大拨"抖音网红"的产生，大有赶超明星知名度和经济效益的势头。其中，大学生成为"抖音"的主要受众之一，据不完全统计，截止到2018年年底，抖音平台日活已突破2.5个亿，月活达到5亿。手机互联网因其便捷性、交互性、快捷性等特征成为大学生获取资讯、娱乐、生活的主要场景，而短视频的出现尤其契合了大学生群体要求短小、立体、生动、有趣的需求，使得内容从图片和文字向音像视频转化成为新媒体发展的大趋势。

2. 短视频的舆论导向

抖音的迅速蹿红和用户数量的增加，从表面看，新媒体实时应用终端的兴起对全民舆论，尤其是大学生流行审美的导向作用功不可没。短视频引发一拨又一拨的民众风潮甚至制度革新，其背后意味着大众审美及取向的改变，尤其是媒体平台上大学生的生活习惯和审美取向改变，短视频的出现只是迎合了这类改变而已。换句话说，短视频的爆红，只是因为在时代的发展和科技的进步达到一定程度时的大环境下，它于合适的时间出现在了合适的平台上。

3. 短视频的内在逻辑

从这个角度而言，我们可能就会比较清晰地梳理出新媒体时代大学生思想政治教育的生态环境在发生巨大改变的前提下，思政教育应该以怎样的姿态和思路迎接挑战。以抖音短视频为例，通过打造内容生态，算法推送助力，让兴趣相投的用户可以通过内容分享拓展社交关系。抖音打破了传统内容生产和分发的关系。例如,微博和微信公众号的内容生产"中心化",即少数头部用户吸引大部分流量。抖音通过设置话题挑战、丰富音乐场景,设置同款模板等方式加速培育精品内容,通过平台算法代替传统微博、微信用户的转发作为传播节点,使得分发机制"去中心化",加速了传播效率,短时间内可以引发多个热门抖音话题。尽管抖音的初衷是以大量的转发、创意用法和多次曝光,为各种品牌带来人气和口碑,最终实现商业营利,但一味地"围追堵截"并不是新媒体时代大学生思想政治教育的主流手段,时代的发展推动了社会进步,同时也滋生了阴暗的空间和投机的产业链。树立正确的价值观是新时代思想政治教育的重点。外在的不利因素,如同时刻想吃到羊的狼,我们无法完全预料狼某天能学会爬梯子还是会使用锯齿,新媒体时代的大学生思想政治教育,要最大限度地帮助大学生树立正确的世界观、人生观、价值观、政治观和道德观,时刻谨记与时俱进、防患于未然,这才是新媒体时代大学生思想政治教育的正确之道。

四、高效使用即时通信

伴随着中国互联网的蓬勃发展,即时通信工具的种类越来越繁多,所具有的功能也越来越丰富,已经成为中国社会化网络的重要接连点,也成为人际交流中最重要的交流工具之一。新媒体的不断进步和发展,要求高校思想政治工作也要与时俱进,利用新媒体进行沟通,并结合网络传播的新特点,使用即时通信软件与学生保持联系,如通过 QQ 群、微信群、飞信和易信群等随时随地发送通知,大学生就可以即时接收通知与消息,而不必像过去那样在固定的地点和时间聚集。大学生是特殊的青年群体,其心智与思想还未完全成熟,独立性和自主性也需不断锻炼与加强,思政工作者利用即时通信平台对学生进行积极的舆论引导,常与学生互动,关心学生们的心理动态与情绪变化,把握大学生思想道德教育的主动权,把握舆论导向,用正确、健康、积极、先进的网络主流文化引领学生成长成才,从而占领高校网络思想阵地,使马克思主义理论真正融入高校青年大学生的思想灵魂中去,并在实践中内化成为其理想信念。此外，利用即时通信还可以随时了解学生对课上知识的掌握情况与了解程度，及时为学生们答疑解惑，进行心理疏导，塑造健康人格。

五、优化网络平台各功能应用，简化教学平台操作

网络教学平台是开展思政课网络课堂教学的重要载体，平台上各板块功能的应用对能否顺利实施网络教学有着重要的影响作用。各高校在开展思政课网络课堂时，会根据自身办学条件选取不同形式的网络教学平台，而无论依托何种平台，高校都需要将平台建设放在重要位置。高校思政课教师与学生在开展网络课堂教学时，对网络平台的操作熟练度仍需提升，有学生因为对平台操作得不熟练而耽误了正常学习，同时也有教师，因此耽误了正常的教学进程。因此，高校所使用的网络教学平台应该首先满足简单明了的特点，再将其中的各板块内容丰富完善。

第四节　健全完善高校思政监管服务机制

一、高校作为首要监管者，负责监管工作

加强对思政理论课网络课堂教育的监督管理，建立相应的机制。思政课属于国家级课程，高校在开展思政课的教学工作时，应当与国家统一规定的标准及要求保持高度一致，这也就要求高校在思政课的教学工作中应成为直接的首要负责主体。当前高校作为深化教育改革的主体，对思政课的教学工作改革应承担领导责任，因此在思政课网络课堂模式实施过程中，高校应当发挥带头作用，在大局上做好统筹协调工作。高校应由校领导班集体带头，下到课堂基层开展科学调研，在充分了解学校思政课网络教学现状和存在的问题的基础之上，建立健全相应管理规章制度。建立起高校相关领导人直接负责，专门的部门协调运作，思政课教师为主要课程负责人，其他网络技术人员共同参与的思政课网络课堂管理机制。在这样一种机制下,高校可以根据实际办学情况,成立相应的领导小组或部门,对思政课网络课堂的开展情况进行定期的反馈,做到实时了解。

(一)培养网络专业队伍,加强网站美工、管理能力

面对众多的网络思想政治教育平台、新载体渠道,高校急需培养一支网络专业队伍,满足网络教育工作中对技能的高要求,需要网络课程制作与网站美工设计、课程数据监控与网络安全维护这两方面的网络人才。

网络制作专业人员,要求具备网络课程设计与网页美工设计,以及漫画制作、微电影制作等技能。当代大学生普遍对这类新鲜事物比较感兴趣,需要这方面的高技术人才把这些元素融入网络课程与校园网站建设中,吸引大学生的注意力,激发他们的学习热情。

网络数据监督人员,要求具备一定的网络安全维护、数据监测、故障解决等技能。他们负责对校园网站以及校园网络的安全维护,分析数据,检测大学生用网情况以及网络课程学习情况,解决在网络使用过程中网络信号不稳定、网卡等具体问题。保障网络的正常运行,是一切网络工作的前提基础。

网络专业队伍的建设,可以引入部分网络信息技术专业的大学生积极参与加入,一方面,他们了解当代大学生对网站审美或网络课程平台功能需求,从学习者角度出发,可以增强网络平台设计的实用性;另一方面,身为大学生的他们,了解身边同学平时的网络活动、上网规律、校园网络漏洞、不良的网络行为等,能够提出有针对性的建设意见与管理意见。

(二)加强网络监督,优化网络环境

互联网作为与社会接轨的快速通道,以其独特的开放性、广泛性、交互性等特征,为现代人类社会的发展做出了巨大贡献。但是伴随着网络的不断发展,问题也接踵而至,网络上各种带有色情、暴力、虚假成分的负面信息大量存在,时不时地跃入大学生视野之中,对大学生的"三观"具有一定冲击力,特别是对于缺乏判断力的大学生来说,如果不及时加以引导和规范,

很可能导致受教育者的思想水平整体下滑,给高校思想政治工作的开展带来一定难度。因此,高校必须加速完善校园网络规范,投入人力、物力、财力确保规定的实施,严格地进行网络监管,为大学生营造绿色的网络环境。

1. 完善校园网络规范,优化网络秩序

俗话说:"没有规矩,不成方圆。"在整个社会大环境中,在一定人数的群体内,都会形成约定俗成的规矩。合理的规定会使整个群体氛围变得越来越融洽。网络规范对于维护网络环境有至关重要的意义,各高校必须完善校园网络规范,规范大学生网络行为,促进大学生养成良好的上网习惯。各高校的网络发展受到技术水平和软件设施制约,致使高校间的网络发展程度不同,高校应从本校网络发展程度和大学生的用网实际需求出发,制定适合本校网络使用的制度规范,以便有效监督管理。

目前有部分高校已经创建了校园信息服务网站,制定了校园网络管理办法。例如,宁波大学网络中心制定了《宁波大学校园计算机网络管理办法》,内容很详细,共有总则、管理机构、运行管理、网络服务、用户管理、经费管理、网络安全、附则八部分,网络规范条例总计 40 条。网页顶端设有登录页面次数,可以有效查看学生的网络点击次数。在网页下方设有网络部和系统部电话,方便学生询问、提供建议。这为高校健全校园网络规范与网络安全管理提供了借鉴。校园网络规范普及也是一项重要工作,为加深大学生对校园网络规范的认识和了解,可以在大学生办理校园网络宽带之前,对其进行校园网络规范测评考试,不合格者不具备办网资格。还可以举办校园网络规范投稿大赛,写出你认为自己或其他人的不良网络行为,并附之改善建议。这既可以充分调动学生的积极性,从学生的角度看待问题完善网络制度,也可以探查大学生的网络规范意识,了解他们具体哪一部分认知缺失,对于校园网络规范的完善、优化具有实在意义。

2. 大力研发监管技术,提高监管水平

互联网的开放性决定了网络信息的错综复杂、风云万变,在铺天盖地的网络信息中掺杂着各种不利于大学生成长的有害信息,还有使人眼花缭乱、层出不穷的网络病毒。甚至还有大学生因为用网过度,过分沉迷于网络游戏，影响自身的学习与身体健康，这些情况是目前网络普遍存在的问题。高校要大力投入资金、科研，研发出新型有效的监管技术。

首先，研发校园网络安全软件，以供同学们下载安装使用。对网络中的不良信息进行有效的屏蔽、过滤，从校园网络登录存在有害信息的页面以马赛克、空白页等不显示的高端科技手段，从源头上杜绝大学生接触有害信息。其次，设立防火墙，对于防止网络病毒的侵袭，高校网络运行中心对检测出可能存在病毒风险的信息或网站自动禁止学生登录。最后，运用网络监督测评软件，明确限定每日网络娱乐时间，严格控制大学生网络游戏时间，凡是超出网络娱乐时间的用户，关闭其当日网络。校园网络主要是为大学生提供科研和学习的用途，对于经常进入非法页面和转发危害他人信息的用户，坚决不手软，要严格按照校园网络规定予以处罚，根据违规程度进行停网处理，情节严重者剥夺其校园网络使用权利。为了校园网络的安全和学生的身心健康考虑，高校既要强化监督技术水平，也要提高校园网络的管理力度，创造和谐健康的网络环境。

二、完善网络新媒体机制建设

当代大学生成长于互联网快速发展的时代，面对互联网、新媒体信息良莠不齐的现状，完善新媒体信息的监督和把关，是提升高校思想政治教育工作实效性的必然要求和应有之义。一是严格落实监管责任。作为互联网监督管理机关，各级网信部门要严加把控，大力加强对网络的管理与监督，充分运用行政和法律手段加强互联网和各类新媒体管理。二是设立信息"把关人"，严把信息的"输入"与"输出"，包括对网上信息发布规范、网上信息监督、知识产权的保护等，建立起国家级"信息海关"，控制信息源头，最大限度地阻止各类不健康信息的输入。

（一）加强自律体系建设，积极引导大学生的网络自主学习能力

加强新媒体行业者的行业自律以及新媒体从业人员的道德自律，规范新媒体行业秩序，提升新媒体从业者的道德水平，尤其是在传播信息过程中，要坚守职业道德，坚持原则，避免出现因私误公、舆论导向偏离公共政策等

现象，使"网络空间正能量充沛，主旋律高昂，守护好网络精神家园"。

思想政治教育者引导大学生自主学习能力也是教育工作的一部分。网络对于当代大学生的影响非常大，已经成为他们获取信息的主要渠道，教育者要利用网络引导他们积极参与到学习中来。大学生要发挥网络学习主观能动性，提升网络自律意识。大学生要主动投入网络思想政治学习中来，提升自身的政治素养、思想素养、心理素养，自觉规范自己的网络行为。

1. 发挥网络学习主观能动性

大学生是接受网络思想政治教育的主体，同时也是学习的主体。目前高校网络思想政治教育对于大学生的影响并没有达到理想效果，这与大学生还没有树立起网络学习的意识有很大关系，没有充分意识到网络的学习功能。

首先，大学生应该积极主动投入学校组织的网络思想政治教育的活动中去，主动关注校园网站更新的各类思想信息，通过校园微博、微博官方公众账号等正规的网络渠道获取即时的热点信息，及时转发有正能量价值的信息，主动与身边的其他同学以及老师分享，通过这个过程享受学习趣味。其次，自觉学习本校或者其他平台思想政治教育网络课程，认真地学习分析，完成相应的课后习题，对于困惑与疑问，及时与老师、同学互动交流，并分享学习后的心得体会，丰富自己的内心世界。这不仅增加了学生主动学习的意愿，也为教育者在网络课程的制作与改进方面提供参考。最后，积极参与学校、辅导员、教育者组织的网络思想政治教育活动，实践活动不仅仅是检验理论教学的一种手段，也是丰富学习形式的有效方式，使教育者寓教于乐，大学生能够全身心沉浸到网络学习的气氛中，发挥学习的主观能动性。

2. 提升网络自律意识

网络自律意识是网络道德行为自律的先决意识条件，良好的网络自律意识是作为一个合格网民的基本前提。高校大学生作为网络世界的主力军，对于网络世界的维护责无旁贷。很多大学生认为网络是一个虚拟的空间，在没有身份验证的情况下，可以自由展现自己的意见和行为而不为人所知，各类运营网站和网络新载体平台都曾出现过评论语言过激、低俗、歪曲事实等问题，在这方面仍缺少相关的法律支撑。大学生作为具有一定学习能力和知识储备的高素质人群，在网络的虚拟世界中更应该对自己的言行负责，通过法治网站和传统的法治课堂积极主动地学习我国的网络法律法规，以及遵守学校的各项网络规范。

首先，加强大学生自身网络法律知识储备，提高个人网络法律意识，形成更高的网络道德观念。其次，有效约束自己的网络行为，养成良好的网络行为习惯。不要过分沉迷于网络游戏以及其他的网络娱乐项目。CNNIC2014—2015年中国手机游戏用户调研报告显示："至2015年上半年我国使用手机上网玩游戏的用户规模达到2.67亿，游戏年龄结构在20~29岁占游戏总人数的83.4%，以高校大学生为主要人群。"网络游戏可以帮助大学生缓解学习疲劳以及消解生活中的紧张情绪，但要注意合理安排网络娱乐和网络学习时间。最后，大学生也要紧握网络法律武器保障自己的权益和他人权益不受到侵害，当下网络环境复杂多变，网络社会中有很多语言暴力行为、违法网站、有害信息的案例，我们要学会运用网络法律法规，检举、揭发、打击各种网络违法乱纪行为，为网络环境的有序发展献出自己的一份力量。总而言之，大学生只有抓住网络自律的内在因素，通过养成良好的行为习惯发扬这种自律的网络道德精神，从而影响更多的网民，形成一个人人自律的良好的网络氛围，有利于提升高校大学生网络思想素质。

（二）完善监督惩处机制

一方面，要积极加强对新媒体从业者的法律意识、道德规范、媒介素养等相关素质的培养，畅通公众举报渠道，完善社会公众监督机制，最大限度地规范新媒体从业者网络经营行为。另一方面，还要加大违法查处力度，对恶意造谣、践踏法律者依法惩处，杜绝不良信息与行为的蔓延。此外，要加强网上正面宣传，大力宣传科学精神和诚信美德，"用社会主义核心价值观和人类优秀文明成果滋养人心、滋养社会"①，在新媒体网络环境中促成人人讲诚信、人人遵纪守法的良好氛围。

---

① 习近平．习近平谈治国理政：第2卷［M］．北京：外文出版社，2017：337.

三、专业技术人员与思政课教师共同承担网络课堂的管理任务

在网络课堂模式下开展教学工作，除了思政课教师主要负责日常的教学任务之外，还需要网络技术人员的配合。教师与技术人员各司其职是保障网络课堂顺利进行的重要前提。网络课堂教育的普及，对思政课教师以及相关网络技术人员提出更高的要求。首先，通过提高教师的网络技术操作水平，适当地放开教师对网络平台的管理权限，加强教师对网络平台的管理水平，让教师对网络平台有更多的操作权，便于教师更熟悉网络平台，更顺畅地进行教学。其次，技术人员与教师应当对网络平台的管理进行合理分工，在各自擅长的领域开展工作，但又不能就此割裂，应当作为一个整体合力发挥出最大化的价值。这样有规划地进行管理工作，才能保障思政课网络教学可以得到有效实施。

四、建立评价反馈机制，保障思政理论网课有效运作

对于思政课网络课堂的有效运作，除了管理机制作用于网络课堂的日常运行之外，相应的评价机制与反馈机制也是不可缺少的，这是保障网络课堂运行的完整性、系统性的重要组成因素。只有建立起相应的反馈与评价机制，才能更加准确地掌握思政课在网络课堂模式下的实际开展效果，才能进一步实施教学。

教师应当建立起有效的反馈机制，教学反馈是教学过程中不可或缺的重要环节，这是教师掌握教学进度，了解教学效果，促进师生交流的重要途径。在网络课堂模式下，教师因为缺少与学生的面对面交流，更要将反馈机制的作用发挥出来。在网络教学过程中，学生可以通过在线交流或实时语音即时地向教师反馈教学信息，教师可以根据第一时间获得的反馈及时调整自身的教学进程和教学节奏，从而提高教学效果和质量。同时，在网络教学结束之后，思政课教师要对学生的学习和掌握情况进行及时了解，教师可以通过网络教学平台背后的大数据整体了解学生的思政课学习情况，从而帮助自己完成课后的反馈，将线上反馈与线下反馈有效结合起来，得到更全面的信

息,以便实施后续的教学。另外,高校应当建立起完备的评价机制,对思政课师生总体的教学情况进行定期评价。要针对思政课教师建立起相应的网络教学质量评价机制,明确要求教师在网络教学工作中的职责,承认在网络教学中的劳动,将网络教学纳入教学质量考核范围当中,同时可以保留网络教学平台上的原始数据,这些客观记录教学过程的有效数据,可以作为对教师进行评价的参考。在网络教学质量评价中,要明确评价指标,可以将教师对教学计划的制订和执行、网络值机时间、答问次数和比例、学生对教师答疑的满意度等作为参考指标。对于学生,可以根据在网络课堂中的参与讨论次数、作业完成情况、在线学习时间、资源贡献量等进行评价。在建立相关评价机制时,还要注意结合思政课的教学特色,设置适合的评价原则。坚持以学生和教师的全面发展为出发点和落脚点,坚持灵活动态的评价原则,根据参与主体在教学过程中的综合表现,尤其是在思想方面的表现,整体地来进行评价。同时,科学地设置评价标准,采用定性与定量相结合的方法,对师生的教学活动进行有效监督。高校要在思政课的教学工作中树立开放的观念,与其他高校建立起良好的互帮互助关系,组织教师共同进行学习交流与讨论,可以通过召开会议、论坛、教学比赛等形式鼓励教师主动参与学习,转变观念,改善自己的教学工作。

五、完善管理及资助服务功能

网络时代给高校思想政治教育工作的改革与创新提供了良好契机,但由于互联网上各类负面信息的存在,不可避免地为高校网络舆论和意识形态领域危机的发生埋下了隐患。

一要完善组织管理体系。建立独立的学校新媒体管理机构,招聘专业的新媒体技术人员,组建一支思想过硬、业务精良的专业网络管理队伍。积极开展队伍培训,特别是思想政治素质方面的培训,不断提高学校管网治网水平,有效提升网络育人功能。同时,大力加强师生的道德自律,提升广大师生的道德水准,养成自觉遵守网络秩序与规则的习惯,为维护有序的新媒体环境奉献力量。

二要完善资助育人体系建设。把"扶困"与"扶智"、"扶困"与"扶志"结合起来，不仅在物质上给予学生帮助，也要在精神方面给予激励，形成有效融合的育人机制，建立国家资助、学校奖助、社会捐助、学生自助等多种类型的发展型资助体系，实现无偿资助与有偿资助相结合的方式，大面积、全方位、多层次为学生提供助教、助管、助研等岗位，着力培养受助学生独立自强、乐于助人、知恩感恩等优秀个人品质以及自强不息、创新创业的进取精神，坚持资助育人导向，不断完善学生资助体系建设和管理，深入开展勤工助学活动，培养学生树立正确的成才观和就业观，不因眼前的利益而丢失方向，不因一时的享受而放弃人生追求，不被网络上的利益所诱惑，保持自己的初心，坚守自己的原则，在成长中筑牢感恩之心，树立家国情怀。

三要完善服务育人体系建设。把解决大学生的实际问题与解决大学生的思想问题结合起来，围绕学生的真实情况及所思所想，把握其成长发展需要，积极帮助学生解决学习生活中的合理诉求，坚持在教育、服务的过程中，真正做到关心学生、帮助学生，在服务学生中教育学生、引导学生，努力培养出社会主义合格的建设者和接班人，培养出能够担当民族复兴大任的时代新人。

六、网络环境高校思政教育方法机制

网络视域高校思政教育的机制方法既是丰富高校思政教育的理论内核，又是形成对网络时代大学生感召力的方法基础。只有不断进行高校思政教育的机制创新，才能增强社会主义意识形态在意识形态领域和大学生思想政治教育领域的话语权，进而提高党和国家对思想政治教育工作的把握和引领能力。

（一）渗透机制

近些年由于全球意识形态竞争激烈以及党和政府对思想政治教育的重视，关于思想政治教育中渗透机制的研究多了起来。灌输法和隐性法具有不同的特点和作用，我们在新媒体时代大学生思想政治教育的实践中，要将它们有机结合，使其互为补充、互为渗透，从而更好地拓展思想政治教育的空间，开辟新渠道，提高思想政治教育的实效。

1. 渗透机制的特点

思想政治教育的渗透机制是指充分利用各种公开的手段、公共场所，有领导、有组织、有系统地进行思想政治教育的工作方法。它的主要形式有大众传媒（主要包括书籍、广播、影视作品、报纸、杂志、互联网等）、课堂教育、政治形势报告会、专题理论讲座等。在新媒体当道的时代，渗透机制也是进行大学生思想政治教育的重要方法，以塑造和提高大学生的思想政治觉悟和道德素质为根本目的，使大学生在其影响下，让自己的意志、情感和行为按照党和国家的要求进行规范。做好新媒体时代思想政治教育，必须明确在思想政治工作要潜移默化地渗透到大学生的学习和生活过程中，确保以下几个原则：

第一，目的性。思想政治教育是有目的、有计划地安排、传达党和国家所倡导的意识形态和价值观念，有意识地用先进的思想、理论对民众施加影响，使其接受国家所要求的思想观念、政治观念和道德规范等。明确思想政治教育的目的性是做好渗透工作的前提。只有目的明确，思想政治教育才能有计划地担起理论导向的作用，而不是不知所云的说教。第二，时效性。思想政治教育通过显性的活动方式或者隐性的氛围营造，进而迅速传达来自上级党政机关的相关信息。新媒体时代信息瞬息万变，保证渗透过程中的实效性是新媒体时代思想政治教育的重要原则。因此，新媒体时代大学生思想政治教育的相关工作者要通过课堂、网络、移动终端等这些传递迅速、涵盖面广的途径，让大学生很快了解和捕捉到党和国家的意图，达到迅速渗透大学生的目的。

2. 渗透机制的途径

第一，坚持党对网络时代大学生思想政治教育的主导地位。针对思想政治教育在当前发展中最容易出现的偏差，要坚持党对思想政治教育的主导地位不变，作为渗透机制的基本原则和取向。尤其是网络高速发展的这几年，经常会有人将网络思想政治教育中潜隐的、间接的、渗透的特点视为新思路、新观念欣然接受,并在一些学校简单地付诸实施。但是,这样的思想政治教育方式是不全面的。党对大学生思想政治教育的主导是影响大学生意识形态最直击人心的关键;其他社会教育、媒体公知以及网络思想政治教育等非主导性教育则是在日常活动中,潜移默化地影响大学生,具有水滴石穿的作用力。在当前意识形态多元共存的形势下,我们都知道,党对大学生思想政治教育的主导直接体现在快速及时地实现对社会意识和人们思想的导控方面。如果完全依托于不成形的社会教育,很容易丧失思想政治教育的存在形式和影响力。我们必须保持清醒的头脑和正确的取向,将党对大学生思想政治教育的主导性这一关系大学生思想政治教育的影响力状况和基本活动方式的发展问题,作为长期不懈的重点来抓。

第二,增强网络时代大学生思想政治教育的接受度。当前,大学生思想政治教育应积极探索适应思想政治教育对象主体意识增强的实际和社会发展要求的新理念、新措施,将借由组织权威形成的正式正规的思想政治教育条件作为工作平台,切实提高大学生对思想政治教育所使用的方式和所传达的信息的接受程度。网络时代大学生思想政治教育应将提高接受度作为改进发展根本目标的取向:一是应主动依据大学生接受心理规律的变化做出调整,增强大学生主动参与接受的积极性;二是随着媒介宣传覆盖面的不断扩大,要形成一个融互联网和广播、电视、报纸等传统媒体以及宣传广告为一体的新媒体立体式全方位思想政治宣传网络;三是不断拓展大学生思想教育实践活动的形式,大大提高大学生的自主参与度。网络时代大学生思想政治教育要想增强亲和力和可接受性,发挥其应有的作用与价值,必须不断改进自身的表达方式和活动形象,在继承意识形态工作优良传统的基础上,积极利用现代媒体传播技术提供的设备条件,广泛吸收传播学、心理学、广告学等相关学科的最新知识成果,只有这样才能达到预期效果。

第三,加强网络时代大学生思想政治教育的整体协调。大学生思想政治教育是一个由理论、宣传、疏导、示范、批评等多种方法综合而成的方法体系。从大学生正确思想意识发展过程看,思想政治教育中的各种具体方法是相互衔接、相互配合的有机整体。使人"明理知事"的理论认知和宣传普及,是大学生形成正确思想观念的基础和前提,没有正确的"知",就不可能形成正确的观念与态度;疏导是提高大学生认识能力和思想境界不可或缺的核心方法,通过疏通思想隔阂,协调组织矛盾,使大学生的视野与思维得到拓展;示范在前,引导批评在后,提醒和纠正已经和可能出现的错误与偏差,是大学生形成正确行为目标和方向的推进器,推动大学生思想发展和行为选择;实践是知行统一的必要途径,通过践行实现内化—外化—内化的根本方法,将大学生获得的正确认识不断深化,从而推动大学生正确思想的形成。以上几类方法共同构成了完整的大学生思想政治教育的方法体系。然而,有一种与这种整体性要求相违背的偏向,却出现在网络时代大学生思想政治教育的发展中:过多注重一些可以借助媒介和组织权威进行的大面积的毯式传播,导致类似方法强势发展,这些传播方式虽然费力较小,但影响流于表面化。一些对大学生的智慧条件要求较高、需要花费较多精力和时间深入大学生之中的有效传统方法,却很少使用。所以,在网络时代发展大学生思想政治教育,对于这种发展和使用不平衡的现象,必须加强整体协调发展。这一发展取向要求大学生思想政治教育的主体增强主动使用疏导、批评、实践等具有深层次个性化影响功能的意识,使之能同宣传普及、理论认知等强势发展的方法协同推进,加强开发、研究、创新的力度,树立显性方法的整体效用观。因此,要想将网络时代思想政治教育搞得既轰轰烈烈、有声有色,又扎扎实实、深入细致,传统思想政治教育的方法体系同各方法之间必须相互渗透和整合,形成能够对大学生思想产生多方面深层次影响的方法合力。

(二) 互动机制

网络时代要增强大学生思想政治教育的有效性,提高大学生思想政治教育的科学化水平。网络时代大学生思想政治教育能否取得实效,关键之一在于教育者与大学生之间能否进行有效的互动。因此,互动理应成为大学生思想政治教育的有效途径。互动是指沟通主体为了调动客体的学习、工作积极性,提高客体的思想道德水平,同他们进行的一系列信息相互传递、反馈、交流直至理解的活动。互动机制是一种双向互动性沟通,沟通双方的信息传输也是双向流动的过程。当一方发出信息时，另一方就是信息的接受者；另一方作为信息的发出者时，这一方就变成了信息的接受者，他们都担负着信息传递和接受的任务。互动是相对于单向沟通而言，它既是思想政治教育的一种重要方式，又是在思想政治教育中进行有效沟通所必须遵循的一条重要原则。

第一，兼顾原则性与灵活性。为使大学生保持区分善恶、识别是非的能力，思想政治教育者就必须坚持党性原则，遵照正确政治方向的指引，把新时代中国特色社会主义思想作为根本指导思想，在互动的方式和传递的信息内容上要坚定正确的政治方向，否则，互动主体服务思想政治教育的目标就难以实现。与此同时，为避免双方在互动沟通过程中出现单调、严肃、被动的情形，必须根据不同大学生的思想实际，坚持互动的灵活性，灵活运用互动的方法和技巧，使大学生能够顺利理解和接受思想政治教育者发出的信息。因此，在大学生思想政治教育的互动过程中，我们必须将互动沟通的原则性和灵活性结合起来，既讲原则又讲灵活，实现对缺少情感的单向灌输的超越。

第二，兼顾平等性与主导性。互动的平等性要求在沟通过程中，为达到思想政治教育主客体之间感情的融洽，应互相尊重双方的人格、情感，协调好人际关系，将互动双方置身于平等的地位，使两者之间愿意进行思想沟通、感情交流，从而保证互动能够在良好的外在氛围中顺利进行。与此同时，由于大学生存在生理、心理等方面的局限性，选择和处理涉及主客观问题信息的能力还不够，这就要求思想政治教育者要加强在互动发起速度、模式以及内容等各方面的主导性，引导互动客体面对纷繁复杂的信息做出正确的价值判断。因此，要保证互动的目标不发生偏离甚至逆转，就要求思想政治教育者适时加强自身的主导性。

第三，兼顾及时性与经常性。在网络时代，信息更新迭代的速度加快，很多信息过了一定时间，就失去了其所拥有的价值，因此，思政教育对实效性的要求越来越高，这就要求在网络时代大学生思想政治教育过程中遵循互动的及时性原则，主客体双方应及时地向对方传递有效信息和思想观点，尤其是思想政治教育者应因势利导，及时抓住需要沟通的思想信息与学生沟通，使双方都能做出正确的决定。与此同时，思想政治教育者要把握大学生的思想脉搏与思想切入点，双方之间要通过经常互动来增进双方的理解、信任以及预防矛盾。这就要求大学生思想政治教育在网络新媒体高速发展期，遵循互动的经常性原则，保持主客体之间互动的连贯性和经常性，准确地抓住大学生思想上的敏感点、生长点，从而增强互动的效果和思想政治教育的针对性。事实上，现代新媒体科技彻底改变了传统的信息生成和接受模式，与传统的"单向灌输"不同，网络时代的信息传播是一种"双向流动"的循环传播形式。在新媒体信息传播过程中，大众不仅是信息传播的受众，其还能够发挥主体性，进行信息的搜寻、甄别、筛选、输送和反馈等。因此，在以互联网为基础的新媒体传播语境下，要建立马克思主义意识形态传播的大学生思想政治教育互动机制，增强其传播实效性，进而增强思想政治教育在日常生活中的影响力。一方面，要加大投入，培养一支既熟悉马克思主义理论，又懂新媒体传播的优秀党员干部、专家学者队伍，增强思想政治教育在传播互动过程中的双向性与时效性；另一方面，要丰富主流意识形态的内容，立足于社会生活现实，回答日常生活中大学生关心的各种热点、焦点和疑点问题，增强思想政治教育互动的实效性。

(三) 管理机制

要主动出击，敢抓敢管。思想政治教育尽管是以引导、灌输、互动为主要方法，但是在实际工作的过程中，要把约束管理作为思想政治教育工作的重要方面。思想政治教育实际上在做大学生意识形态的工作，因此，在这一过程中，各级党委要负起政治责任和领导责任，牢牢把握意识形态工作的领导权；相关学生管理部门要切实行使对大学生思想舆论工作的管理权；理论工作者要苦练内功，努力掌握思想舆论斗争的话语权。三方面联合起来形成对大学生思想政治教育的约束机制，履行好管理的责任，起到保障、保证、纠正大学生意识形态的作用。

第一，保障大学生意识形态教育有纪可循、有法可依。要使大学生准确把握、区别对待意识形态领域各种问题。新媒体平台上的意识形态领域问题敏感复杂，有政治倾向问题，也有学术研究问题，必须科学分析、准确把握、区别对待、妥善处理，既不能无限上纲上线，也不能偏宽偏软，要有理有力有节地搞好管控。

首先，我国现行宪法的根本指导思想是"四项基本原则"，《宪法》第一条明确指出我国"是工人阶级领导的、以工农联盟为基础的人民民主专政的社会主义国家。社会主义制度是中华人民共和国的根本制度。禁止任何组织或者个人破坏社会主义制度"，这是我国立国之本，也是意识形态安全的底线，所有讨论都应在遵守"四项基本原则"的基础之上进行。要使大学生在使用新媒体的过程中清楚认识到，反对"四项基本原则"的任何思潮，实质就是违宪行为，没有任何讨论的余地，必须旗帜鲜明、态度坚决地予以依法处置。

其次，在网络平台上的煽动颠覆破坏行为，同样要受到法律的制裁。意识形态斗争对每个国家和政党来说都是事关存亡的政治战，特别是在西方意识形态渗透加剧的背景下，一些怀有"政治目的"的"异见分子"异常活跃、极力迎合，以"言论自由"之名，行"煽动破坏"之实，有的大肆编造政治谣言，公然否定共产党的领导和社会主义制度，有的利用社会矛盾问题恶意炒作，有的直接勾连境外反华势力，并将在校有激情、有文化的大学生作为颠覆的首要目标。网络平台也不是法外之地，大学生要高度保持维护媒体意识形态安全的意识，让网络时代大学生意识形态工作有纪可循、有法可依。

第二，纠正大学生在意识形态领域的错误认知和偏差。随着改革开放的深入和综合国力的增强，西方国家利用优势条件和各种手段，加紧对我国进行思想文化渗透，意在同我们争夺阵地、争夺人心、争夺群众，破坏中国的现存秩序，干扰中国的稳定和发展。改革开放以来，意识形态领域暗流涌动，各种社会思潮你方唱罢我登场，新自由主义、宪政民主、普世价值、历史虚无主义、民主社会主义、公民社会等反马克思主义思潮相当猖獗，来势凶猛，经常需要花更大力气澄清理论是非，还要进行必要的批判、斗争。总体来看，反马克思主义思潮往往在意识形态领域处于攻势，尤其是在网络平台上，一种思想偃旗息鼓，另一种思潮又冒了出来。大学生的意识形态工作做不好，就一定会威胁到我国意识形态和国家政权的安全。在此情形下，"我们要本着对社会负责、对人民负责的态度，依法加强网络空间治理，加强网络内容建设，做强网上正面宣传，培育积极健康、向上向善的网络文化，用社会主义核心价值观和人类优秀文明成果滋养人心、滋养社会，做到正能量充沛、主旋律高昂，为广大网民特别是青少年营造一个风清气正的网络空间"[1]。在自媒体发达、网络传播的时代，人人都有"麦克风"，人人皆是受众。要使大学生有效应对网上思想斗争的新挑战，必须敢于纠正大学生在意识形态领域的错误认知和偏差，严格管控传统媒介和网络新媒体，建立直接巡查、管理、惩处通道。

---

[1] 习近平．习近平谈治国理政：第2卷[M]．北京：外文出版社，2017：337．

第八章

网络社区：高校思政实践创新

第一节 提升思政教师网络技术

一、提升思政理论课教师网络技术

网络课堂模式下开展思政课教学，要求思政课教师在掌握基础的教学能力之外，还需对网络技术有一定的了解与掌握。信息化时代背景下，网络技术素养对高校教师来说，是需要去加强与注重的问题之一，教师需要掌握一些基本的网络操作才能更好适应现代化的教学。思政课教师在开展传统课堂教学的过程中，对互联网的应用不多，导致了一些思政课教师对网络技术的生疏及忽略，进而在高校开始实施网络课堂教学时，无法快速适应，无法跟上教学改革的步伐。因此，如何提升思政课教师的网络技术素养问题，关乎教师是否可以在新形势下发挥出思政课应有的教学效果。

（一）对思想政治理论课教师开展网络课堂建设的技能培训

高校实施思政课网络教学模式，就必须要求思政课教师掌握必要的网络技术知识和技能，就需要高校在网络课堂开展过程中，对教师集中地开展技能培训，让思政课教师快速地掌握一些网络信息技术知识和技能，进一步认识网络教学，提高教师网络教学的能力。高校应对思政课教师有计划地开展多层次的网络技术知识和技能培训，高校可以通过成立相应的网络技术管理中心，积极发挥组织协调和指导协助的作用，安排专门的技术人员指导思政课教师进行网络教学，管理维护网络教学平台的正常运行，并培养教师担任二级管理员，督促教师掌握一定的网络技术。同时，应对思政课教师开展定期定量的技能培训，在专门的时间段解决教师在开展过程中的各种问题，并通过现场或后续的反馈操作，确保教师的网络技术水平在培训中得到有效提高。掌握一定的网络信息技术知识，是思政课教师在"互联网+"背景下进行思政课教学的首要前提条件。此外，学生是思政课教学的主要对象，学生要积累网络信息技术的知识，从而为自身更好地接受思政课教师的网络授课方式提供前提条件，思政课教师只有熟练地掌握网络信息技术知识，不断汲取新的知识，才能一直走在时代的前沿，从而指导大学生有效地进行思政课理论知识的学习。

（二）组织思想政治理论课教师开展网络课堂建设的校内外交流学习

思政课教师作为开展教学工作的首要主体，对课程的有效开展在一定程度上起到决定性作用，只有将教师自身的教学能力提高到一定水平，才能科学地发挥出教师的决定性作用，反之会阻碍思政课教学工作的提升。对思政课教师来说，教学能力的提升不仅仅是依靠自己的学习，与他人的交流学习同样重要，思政课的教学内容是由国家统一规定的，因此思政课的教学实效在很大程度上取决于教师用何种方法开展教学，每一个教师都有自己独特的教学方法，而如果想要在教学工作中有所进益，就要积极果敢地从自己的方法中走出去，多向其他教师学习，借鉴优秀的教学经验。高校在实施思政课网络课堂时，可以将这种优势利用平台上的各个板块体现出来，给学生耳目一新的感觉，进而使学生更乐意地主动学习思政课。网络教学平台上的资源种类多样，但缺乏一定的创新，其实用性不足。思政课网络课堂作为一种辅助教学形式，应当与传统的课堂教学保持内在的相同，外在的不同，应当以思政课教学内容作为基础，着重进行拓展与深入的教学。网络课堂可以为学生提供更有针对性的、自主性的学习，因此应当充分利用这一特点，在网络课堂上呈现出更有针对性与启发性的内容，主要内容源于教材，但不能局限

199

于教材。同时要注重用问题引导教学，通过对相关问题的探讨，便于学生更好理解。在平台的各板块中，也要注重学生知识与能力的拓展，为学生提供更丰富的参考资料，但同时要注意的是，对教学资源的选择要科学合理，要更加贴近教学目标，对网络上丰富的教学资源要进行有效筛选，保障教学资源具有鲜明的意识形态性，将带有错误思潮的内容及时地去除，从根源上保障网络教学处在一个健康良好的环境当中。还要将教学资源进行一定的分门别类，有层次性地整合相关资源，确保教学资源更好地服务于学生，对学生有实际的用处，同时又可以帮助学生树立正确的价值观念，培养良好的行为习惯，提升学生的整体素养。帮助学生在思政课的学习中构建系统、完整的体系，让各板块的使用"活起来"，确保学生在学习参考的过程中形成完整的逻辑结构，这样才能更加有效地进行思政课的学习。

二、提高网络应用技术能力

网络背景下，网络应用技术能力已成为现代教师素质中的一项基本要求。思政课授课教师只有不断提高其网络应用技术的能力，才能有效解决网络时代思政课授课教师网络技术水平不足的问题。思政课教师要充分认识到信息技术的功能和作用，形成网络应用意识。一方面，网络应用技术的能力体现着思政课授课教师在日常教学中使用信息技术的专业水平。在网络技术应用上，授课教师除了要掌握一些系统软件和应用软件之外，还要能够运用所学知识进行教学应用设计、教学应用实施、教学应用评价、教学沟通、教学反思等。另一方面，思政课教师在软件学习的过程中，通过对某类软件的学习要做到触类旁通，掌握学习软件的基本方法，遇到新软件也能自我摸索和运用。提高思政课教师的网络技术应用能力，充分发挥信息技术优势，将信息技术与思政课教学进行全面深度的融合，促进思政课教师教学能力的提升。

教学主体是高校思政课教学实效性的主要因素之一，包括思政课的施教者和受教者，只有提高教学主体的网络"教""学"的能力，才能从根本上提升高校思政课的教学实效性。

（一）增强网络传播意识

正所谓意识决定行为。运用互联网优势提升高校思政课教学实效性，树立网络传播的教学理念是首要必备条件之一。一方面，各级教育部门和高校应加大对思政课教师的培训力度，注重引导他们认识网络、了解网络、认可网络，形成把网络化教学作为最优选择并优先使用网络接收信息的理念应用到工作中的行为自觉。另一方面，要建立健全网络教学制度，把网络教学方式作为硬性要求，坚持网络教学方式标准化、网络教学内容多样化、网络教学成果品牌化，着重推崇网络教学精品课程，让大学生真正感受到新的教学方法带来的不同体验和学习效果，进而坚定思政课教师使用网络教学方法的信心，激发教师做强做精网络教学课程的动力。在网络传播逐步成为教学方式主渠道的过程中，逐渐融合统一教育者与受教者的思想价值观念，把高校思政课教学实效性提升到更高层次。

（二）掌握网络信息技术知识

思政课教师网络信息技术知识掌握的程度对大学生学习思政课的积极性具有直接的影响作用，进而直接影响教学实效性的高低。互联网为思政课赋予了全新的概念，思政课教师在教学中要有超前意识，要树立现代化的教学理念，思政课教师的教学理念决定了教师在教学活动中所持有的看法和态度。学生可以通过网络或其他技术手段，获取信息。

（三）提升教育者学网用网能力

"善于运用网络了解民意、开展工作，是新形势下领导干部做好工作的基本功。各级干部特别是领导干部一定要不断提高这项本领。"对广大思想政治教育工作者来说，学会上网、用好网络，这也是基本功。一是建好网络工作队伍。在网络新媒体环境下，要不断强化教育者网络意识，提高学网用网能力。要充分运用好全国高校思想政治工作网，加强信息发布、工作交流和数据分析；要有效使用全国高校思想政治理论课教师网络集体备课平台，不断提升思想政治理论课教师政治素质、业务能力和育人水平。要积极引导广大学生增强网络安全意识，遵守网络行为规范，避免出现思想错误倾向，打造一支政治强、业务精、作风硬的网络思想政治工作队伍。二是增强业务工作本领。在新媒体环境下，教育者必须努力学习新媒体知识，吸收更新学习相关学科的教育理念，增强自身了解、把握、分析、判断社会舆情的能力，坚定正确的政治方向，提高风险防范意识，正确引导大学生积极接受正面、主流舆论的教育，自觉抵制负面舆论的影响，帮助学生提高辨别是非的能力，进而不断提升自身的思想政治素质。

三、加强思政教育工作者和大学生媒介素养培养

随着网络新媒体技术的迅猛发展，网络新媒体环境对思想政治教育工作的"媒介化"发展也提出了新的要求，良好的媒介素养不仅是网络使用者个人发展和营造良好网络环境的需要，也是维护社会稳定、促进社会和谐发展的需要。高校思想政治工作者作为大学生健康成长的指导者和引路人，在使用新媒体对大学生进行思想政治教育时，不仅要教育引导学生提升媒介素养，更要提升自身的媒介素养，只有这样才能有效地利用网络新媒体平台开展教育工作，提升大学生思想政治教育效能，开拓思想政治教育工作新局面。

（一）加强思想政治教育工作者媒介素养培养

数字电视、手机、互联网等新媒体已经成为当代大学生学习、生活、娱乐中不可缺少的一部分，国内很多学者把目光聚焦在了对学生"媒介素养教育"问题的探究上，却忽视了对思想政治工作者进行新媒体媒介素养的培养，加强高校思想政治工作者的媒介素养教育，组建好全员育人的教师队伍，需要从以下几方面着手：

一是建立媒介素养教育资源共享平台。通过平台建设，可以进一步提高思想政治教育工作者的媒介信息意识，帮助高校思想政治教育工作者在心理上接纳新媒体，在实践中学习新媒体，保持积极的学习心态，有意识地了解新媒体，在工作和生活中使用新媒体，不断培养对媒体信息的敏锐认识。新形势下，教育者面临的最大困难是其价值观与思维方式存在滞后性，跟不上时代的脚步、形势的变化、网络的节奏。在技术使用上面，也存在不同程度

上的难度。

网络新媒体环境下的教育工作，不仅要求高校思想政治工作者具备较强的信息意识与信息敏感度，而且要求其能够很好地运用网络平台与网络技术去进行教学，以便与学生有进一步的交流与融合，缩小因年龄、地位等客观因素所产生的距离感，掌握正确的沟通方式，促进师生之间的良性交流。

二是开设相关课程和培训。通过课程学习和培训，使思想政治教育工作者具备较强的媒介能力。想要更好地利用新媒体为高校思想政治教育工作服务，充分发挥网络新媒体所具有的优势，使其效果最大化，要求实际工作者不仅要具备媒介意识，同时还应具备较强的媒介能力。因此，要积极开展专题技能培训，不断提升思想政治工作者对媒介的使用效能，促进思想政治教育工作者在掌握媒介基础知识的同时，正确使用媒介工具，熟练操作媒介设备，全员动员，共同打造良好的实践环境。在日常教育过程中，思想政治教育工作者要通过共享平台去展示热点问题、典型案例，与学生展开沟通、交流，引导学生多角度去认识各种现象，去理性看待社会问题，进而促进学生树立正确的新媒体道德观。

三是不断提高思想政治教育工作者媒介道德水准。网络新媒体环境下引发了一系列媒介道德伦理问题，高校思想政治教育工作者自身首先要树立正确的新媒体伦理道德观，自觉抵制不良信息的侵袭，合理并有效地控制自己的媒体行为，起到模范带头作用。在思想上、心理上建立网络安全红线，积极自我实践，全面增强媒介法律法规意识，在此基础上有针对性地对学生开展有说服力的媒介素养教育，全面提升思想政治教育工作的实效性。

（二）提高思政理论课教师对现代技术手段运用于教学重要性的认识

对于思政课教师提高自身的网络技术素养这一问题，首先要转变思政课教师的观念，提高思政课教师对现代化教育手段的认可，通过对国家相关鼓励性政策的学习，使思政课教师尤其是资质较老，但在网络技术方面较薄弱的教师，明确现代化教育手段应用于思政课的必要性以及可行性，同时对思政课教师开展相关的培训与体验式学习，采取激励政策鼓励教师利用现代化技术手段进行教学，让教师在不断体验中发现现代技术手段的优势。

（三）强化提升大学生网络媒介素养

在网络新媒体以无处不在的姿态存在于我们生活周边的背景下，不仅施教者要提高新媒体媒介素养，而且受教者同样需要不断提高自身的媒介素养，强化自身的"三观"教育养成。开展大学生思想政治教育，必须正视新媒体复杂环境以及其他因素的外部影响。这些因素的存在，使大学生的认知方式、思想观念不断地发生变化，不可避免地受其影响，因此必须从理想信念、传媒道德、心理健康等方面着手，加强教育引导，全面提升大学生科学使用新媒体所应具备的媒介素养与能力。

一是强化大学生理想信念教育。高等教育的最终目的不仅仅是传授知识，而是将其培养成一个全面发展的人，一个对社会有用的人，一个意志坚定的人。安格尔曾说："你的信念应当成为你的甲胄，它驱使你勇往直前，不遇难而退。"当下的大学生正处于人生的十字路口，也是其"三观"形成的关键时期，加强大学生的理想信念教育是当下思想政治工作的首要任务，主要从教育内容、形式、载体、路径等方面入手。将大学生的理想信念与社会及个人发展实际情况相结合，积极引导其认识到他们的根本和长远利益所在，引导他们看到未来和前途。开展不同层次的理想信念教育，从个体出发，针对不同的专业，因材施教。运用多载体多方式开展理想信念教育，注重互联网的作用，注重新媒体所带来的积极影响。

二是加强传媒道德教育。网络新媒体文化是一种开放的文化，与以往我们所学的文化有所不同，它是由不同文化的传播、碰撞、交融在一起的。因此，思政工作者必须正确引导大学生在网络中学会汲取营养，加强大学生新媒体道德建设。一方面培养大学生正确使用新媒体所应具备的道德意识，另一方面是新媒体背景下大学生在现实生活中的道德教育。现实生活中的大学生道德教育是思想政治教育的基本内容，在新媒体环境中以及传统的道德教育基础上，实现大学生思想道德教育的创新，不断发展新媒体道德教育，并将新媒体道德与传统道德进行互补和整合，进而引导大学生正确使用新媒体，针对新媒体道德教育存在的盲区，不断完善其存在的不足之处，开设相应的课程,如传媒素养课、新媒体道德教育课、规范使用指导课等,帮助学生们认识到新媒体的使用除了要掌握相关知识与技术,更要遵守其中的道德要求与行为规范。要尊重规则,倡导自律,自觉提高抵制各种新媒体带来的不健康思想的能力,不断提高大学生判断信息和选择信息的能力,懂得为自己的言行负责。

三是积极开展心理健康教育。通过开展新媒体心理健康教育,不断增强大学生心理素质。面对新媒体给大学生带来的困惑与烦恼,要积极开设大学生心理健康课程,加强心理健康辅导,使大学生明晰过度依赖新媒体会对自己的心理产生消极影响,进而帮助大学生树立正确的新媒体心理健康观念。同时要在线下开展丰富多彩的实践活动,帮助大学生克服过度使用新媒体引发的心理问题。要全面适应大学生多样性需求,搭建好各种平台,大力拓展心理健康阵地,促进大学生形成积极向上的健康心态。

大学生是思想政治教育工作中的"主体性"客体,这种特殊的身份表明他们是内、外化理论知识的主体,这也要求高校在开展思想政治教育工作时必须坚持以学生为本。大学生对思想政治教育的接受和认同程度,以及所反映出的行为是评估高校思想政治教育工作是否取得实效的最为直接的标准。所以增强工作的实效性最终还是要落实到大学生自身,尊重大学生的主体地位,对他们进行正确的引导至关重要。下面将会从价值判断、伦理道德、心理健康、法治意识、媒介素养和信息素养六方面着力提升大学生的思想素质和网络素养。

第一,提高大学生的网络价值判断能力。引导在校大学生树立正确的价值观念一直以来都是高校思想政治教育工作的重要任务。"价值判断能力在价值观的形成过程中发挥着根本性作用。"① 同时,随着我国社会对外开放的不断深入与互联网的高速发展,网络舆情信息中反映出的价值观念日渐丰富并发生着深刻的变化,使得当代大学生面临更多的需要价值判断的情况。这些现实都说明提高大学生的价值判断能力十分有必要。那么,首先,要大

---

① 张兴海,朱明仕.价值判断能力视角下的大学生价值观教育论析[J].思想教育研究,2014(3).

力弘扬社会主义核心价值观，帮助大学生明确价值判断的标准。对任何事物的评价都要在一定的价值标准下才能完成，且这一标准必须是得到全社会共同认可的。"在当代中国，全社会共同认可的核心价值观就是社会主义核心价值观。社会主义核心价值观从三个层面二十四个字深入回答了我们要建设一个什么样的国家、建设一个什么样的社会、培育什么样的公民的重大问题。"① 它能帮助大学生在面对复杂的网络舆情时，正确地分辨是非对错，抵制消极负面的思想观念，做出符合社会和学校要求的价值判断。其次，要系统开展马克思主义理论、毛泽东思想以及中国特色社会主义理论体系的基础课教育。"理论是价值判断能力的基本来源，理论教育是提升大学生价值判断能力的基本途径，对科学理论的把握程度影响着价值判断能力的强弱。"② 高校必须要高度重视四大思想政治理论基础课程的重要作用。最后，还是要回归于实践，高校应开展各种类型的社会实践活动，大学生通过参与活动更多地认识现实社会、积累经验，在遇见问题到解决问题的过程中不断提高其价值判断的能力。

　　第二，培养大学生的媒介素养。在网络舆情的视域下，考虑传播网络舆情的媒介因素。现如今网络新媒体的大量涌现，给高校思想政治教育工作增加了难度，也对大学生的媒介素养提出更高的要求。虽然网络媒介已经成为大学生日常生活和学习不可或缺的工具，但是大学生对于媒介素养还略显生疏。"媒介素养是一种解读和使用媒介的能力。"③ 首先，最基本的是大学生应该认识媒介。在传播学中，媒介是指利用媒质存储和传播信息的物质工具。电话、邮件等通信类设备，电视、报纸等广播类设备，以及现阶段最为发达的网络类平台都属于媒介。除此之外媒介的特征、属性、功能等基本常识，都是需要大学生掌握的，因为对媒介常识性认知是媒介素养的基本组成部分，不可缺少。其次，最重要的是要引导学生积极地参与媒介。参与媒介

---

① 杨圣诞，胡思佳. 社会主义核心价值观教育融入高校思想政治理论课教学研究［J］. 山西高等学校社会科学学报，2018（9）：63-67.
② 张兴海，朱明仕. 价值判断能力视角下的大学生价值观教育论析［J］. 思想教育研究，2014（3）：64-67.
③ 宋萍. 对媒介内涵的再认识［J］. 文学界（理论版），2011（5）：233.

指的是学生可以参与制作和设计媒介传播的内容,如发表的微博文章、上传的拍摄视频等,这里更倾向于实践。这点给了高校思想政治教育工作很好的启发,可以在学生之间组织一些以社会主义核心价值观内容为主题的文章、视频征集活动,并通过网络新媒体平台传播,达到思想政治教育的效果。最后,最关键的是要培养大学生运用媒介的能力。媒介的使用最终要服务于大学生自身的生活与学习,这才是培养媒介素养的最终目的。大学生应该根据所遇到的情况,选择合适的媒介,有效地解决问题。比如,学生可以通过网络平台向学校、老师提出意见或是寻求帮助,学生要让媒介除了发挥传播功能外,还能发挥其他作用。

第三,提升大学生的信息素养。需要强调的是,信息素养并不等同于媒介素养,很多高校思想政治教育工作者将两个概念混淆,这直接影响了实际工作的开展,也使得工作实效大打折扣。信息素养最重要的价值在于能够帮助人们解决信息社会中各种各样的需要信息技术参与解决的问题,它主要强调信息检索、识别、组织、利用等能力。网络舆情中蕴含着各种各样丰富的信息资源,但是信息有好有坏、鱼龙混杂,学生只有能正确地分辨,才能有效地利用,足见提升大学生信息素养的重要性。信息素养一般包括信息意识、知识和能力三方面。要激发大学生的信息意识,对于大学生而言,着重强调信息的功能意识和需求意识。

首先,高校思想政治教育工作者要引导大学生充分认识到信息对于其自身生活、学习和工作的重要作用,领会到信息在社会发展中的重要地位,进而激发大学生对于信息的需求意识。其次,要对大学生进行信息知识教育,向大学生普及信息基本的理论和信息技术、方法等知识,目前更侧重于网络信息安全和技术的相关培训。最后,要加强大学生的信息能力,其一,大学生应该掌握信息检索的技能,通过学习,大学生应该知道如何在网络平台上查找并获取自己所需要的相关信息资源;其二,大学生应该掌握信息处理的技能,高校思想政治教育工作者应教会学生对已检索出的信息进行分析和评价,在众多的信息资源中如何甄别并筛选出最符合个人需求且最有利用价值的信息;其三,大学生还应掌握信息整合和应用的技能,大学生应学会如何梳理和重新组织筛选出有效信息，并将其转化为全新的信息知识，科学合理地运用到日常学习和生活中。

第四，规范大学生的网络道德行为。对于大学生个人而言，伦理道德是体现其自身素质和修养的重要方面。进一步加强在校大学生的网络道德规范教育十分紧迫。首先，要培养大学生形成自觉的网络道德意识。意识是行为的先导，大学生必须认同当前社会的伦理道德准则并形成自己的道德底线，在此基础上，才能进一步对其行为进行规范。在网络空间也同样如此，大学生只有培养起道德的自觉意识，即便是匿名和虚拟的空间，也能合理约束自身的行为。其次，要激发大学生网络道德的情感共鸣。情感是行为的重要影响因素。高校可以通过宣传一些正面事例，树立一些先进模范，学生在接受正能量的同时会形成一种道德责任感；也可以以一些负面事件为案例，引导学生进行反思和自省，促使他们知晓道德耻感。这两种道德情感的产生，会使大学生在遇到类似事件时自觉地规避"耻"而宣扬"荣"。最后，如果大学生不能自觉规范网络道德行为，那就需要高校建立一套完善的网络道德监督和评价体系，从外部来进行约束，营造积极健康的网络环境，以正确的价值观念引导网络舆情，减少负面的网络舆情信息，这对规范大学生网络道德行为的影响将是潜移默化的。

第五，关注大学生的心理健康。在校大学生处于二十岁左右的年龄段，在这个年龄段的人心理尚不成熟且波动较大，外在环境以及学业、情感等各方面的问题都会对大学生脆弱的心理造成影响。这不仅不利于营造良好的校园网络环境，有的甚至会威胁到校园的稳定。关注大学生的心理健康，了解他们的思想动态，及时控制一些心理极化行为，才能高效地开展工作，培养大学生良好的心理素质和品质。首先，要面向全体在校大学生普及心理健康知识。要让全体学生都能了解最基本的心理健康知识，比如，常见的心理问题、自我调适的方法、维护心理健康的途径等。普及的方式也有很多种，可以专门开设心理健康相关的专业基础课程，也可以把心理健康教育融合到第二课堂活动中，还可以开展一些专业的讲座和咨询等。其次，要把心理健康教育有效纳入高校思想政治教育工作体系，充分发挥专职辅导员联系学生的作用。辅导员应该通过一些专业的测评问卷和软件,定期开展心理健康的早期筛查工作,及时发现学生存在的心理问题。最后,高校要重视心理健康中心和心理咨询网站的建设。高校应建设一支相对稳定、素质较高的以专职教师为主、以兼职教师为辅的心理健康教育工作队伍,并保障心理健康教育工作所需的硬件条件,打造功能齐全、运作高效、服务规范的心理健康教育服务场所。在网站建设方面,除了基本的心理咨询辅导以外,高校可以建立一套在校大学生的心理健康档案和数据库,对来咨询过的大学生的心理健康状况可以进行实时跟踪,出现的问题也能及时得到解决。

第六,强化大学生的互联网法治意识。网络给大学生提供了自由发表意见和言论的平台,也正因为"自由"的原因,使得一些大学生在发表言论时不经思考、缺乏理性,甚至有些言论已经逾越了法律的底线。首先,要教育大学生知法。高校思想政治教育工作者应该通过授课、讲座、实践活动等多种途径,向学生普及法律法规知识,让他们进一步熟知和了解网络相关的立法,如《中华人民共和国网络安全法》《全国人民代表大会常务委员会关于加强网络信息保护的决定》等法律法规。随着网络环境的发展,我国网络安全法律法规也在不断修改完善,所以高校对学生的普法教育不能是一次性的,而应该是与时俱进的。其次,要教育大学生守法。最后,要教育大学生用法。在大学生权益受到侵犯时,要学会利用网络法规维权,抵制各种破坏校园稳定和社会稳定的不良行为。

第二节　改进思政课教学及考核方式

网络具有传递信息多、传递速度快、更新速度快等特征,思政课教师应改变传统教学方式,充分利用现代化教学手段,构建适合大学生思维方式和学习习惯的教学方式,将简单的知识传授转变为启发学生发现问题、思考问题和解决问题,调动他们学习思政课的积极性和自觉性,建立起良好的师生互动关系。这样不仅有利于提高思政课的活力,还有利于提升思政课的教学效果。

一、网络教育特点

(一) 教育信息: 从封闭到开放

教育资源配置是指各种教育资源,如人力、物力、财力、政策、制度等在多样化的使用空间和使用方向之间的调度和分配。教育资源配置的目标是使投入的各类教育资源能够在相应的时间内得到充分有效利用。教育信息作为教育资源的一种在互联网网络时代更加开放,互联网的发展提高了教育资源配置的效率与公平。首先,"互联网+教育"模式可以将教育信息通过网络载体传播出去。通过互联网,偏远地区的学生也可以获取优质课程,如通过"中国大学 MOOC"大学生可以轻松简单地学习国内外优质课程,学生还可以根据自己的兴趣和专业选择课程并进行自主探究,打破传统教育信息闭塞的困境。其次,"互联网+教育"可以加强跨地域、跨校区间的合作,网络为不同院校之间的沟通和合作提供了新的契机。在网络互通的情况下,不同地域或水平的教师与教师之间、学校与学校之间通过互联网平台就可以分享教学经验和教学特色,互通有无,避免教育资源的重复建设和浪费,促进学生教育更好地开展,教育空间得以拓展。

(一) 教育形式: 从灌输到尊重

将传统教育教学的方式方法套搬到互联网网络时代的教育,已经不能完全适应学生的要求,也就无法完全实现教育的目的。在互联网时代只要有网络和设备,随时随地都可以进行学习,学校课堂不再是学生获取知识的唯一渠道。网络时代创造出了一种信息交互、资源共享、知识喷涌的新式学习环境。学生可以选择在线网络课堂,可以选择专业学习 APP,可以选择"两微一端"等进行知识的猎取,因而现阶段传统"填鸭式"教育方式逐渐失灵,单纯的理论"灌输"不再为学生所接受,取而代之的是"尊重"式的教育形式和教育方法,教师为学生提供更加优质的学习资源,迎合学生口味,在教学过程中及时与学生互动并进行相应的指导,鼓励知识"喷涌"和思想火花的碰撞。

（三）学习动力：从被动到主动

网络时代大学生的学习动力受学习环境的变化、学习氛围的改变和学习形式的变动而逐渐呈现出新的特点。高等教育不同于义务阶段的教育，大学生有更充分的自由支配时间，而互联网为大学生支配自己的学习和生活提供了新天地。大学生利用网络上的资源进行自由、自主学习，学习的内生动力更足，逐渐由被动强制走向主动探究。一方面，网络时代各种碎片化知识逐渐进入人们的视野，碎片化知识的包容性为大学生运用碎片化时间来摄取、过滤自己感兴趣的碎片化知识，并进行有意义的碎片化学习和探究提供了资源基础。碎片化知识的简单、灵活及新颖，吸引大学生主动利用碎片化时间进行主动学习。另一方面，网络社区教育衍生了多样化的数字学习平台，慕课、翻转课堂正在吸引大学生参与其中。这些学习平台互动的即时性、内容的丰富性、形式的多样性吸引学生主动参与学习。

（四）学习效果：从一元到多元

当今时代越来越多的学生使用互联网，网络拓宽了学生的视野，互联网的发展也带动了网络教育的出现及壮大。大学生足不出户就可以通过移动设备获取天文地理、时事政治等海量的学习资源，学生频繁接触互联网并享受互联网的使用乐趣。网络社区+教育的学习模式不仅使得教育方式多种多样，而且教育考核形式也相应丰富起来。传统的教育效果主要是通过试卷测试来考核学生的学习情况，形式单一，对学生的综合素质和个人能力缺乏全面考察。网络社区+教育的学习模式使教育效果比传统教育更加多元，学生借助网络多媒体平台进行多领域知识的摄取、网络素养的培养、网络技能的提升等，学习效果实现从"一元到多元"的转变，打破了传统教育唯分论成败的局面。

二、多元网络教育方式

（一）利用 MOOC 实现思政课教学

"MOOC"是一个近年来在国际上流行的教学新概念，即大型开放式的网络课程。在典型的"MOOC"教学中,教学视频课程大约为15分钟甚至更短的"微课程",由许多个小问题穿插其中连贯而成,就像游戏里的通关设置,只有答对才能继续听课。"MOOC"最显著的特点是突破传统课程的时间和空间的限制,学生可以根据自己的兴趣、学习准备情况和时间需要,依托互联网即可学习到国外著名高校的课程,突破了传统课程的人数限制,能够满足大规模课程学习者的学习需求,打破了原先单向的视频授课,转为在线讨论、随堂测验、相互批改、自我管理学习进度等形式多样的双向互动。思政课是我国高校思想政治教育的基本课程,传统的授课方式具有大班化、单向传输的特点。长期以来,许多大学生对思政课的热情度并不高,思政课教师常常会面临"提高出席率、提高抬头率"的尴尬。如果可以利用"MOOC"来进行思政课教学,不仅可以为学生创造交流、思考的平台,还非常好地体现了"因材施教、因人施教、因地制宜、因时制宜、因人制宜",真正做到以学生为中心的教学互动。高校思政课教学实效性的高低直接影响大学生价值取向的选择。网络背景下高校思政课教学实效性面临新的问题和新的要求,只有提出有效措施,才能从根本上提升我国高校思政课教学实效性。

(二) 充分发挥翻转课堂的功效

翻转课堂教学模式是一种打破传统教学的新思维方式。翻转课堂最大的优势不是教学流程的翻转,而是学生可以按照自己的进度进行学习。大学生学习的时间可以选择,学习内容可以选择,甚至教学过程也可以选择。

在网络背景下,充分发挥翻转课堂的功效,通过信息技术和活动学习为学生构建个性化协作式的学习环境,提高思政课教学效率。一方面,思政课教师要主动借助大数据等最新技术,掌握学生的认知状态,分析学生的学习特点,发展学生的优势潜能以及寻找最佳的学习方式,制订翻转课堂的实施方案,开展差异化教学。另一方面,充分发挥翻转课堂的功效就要做到以下四方面的内容。首先,前期教学视频的制作。思政课教师在教学视频的制作上,要做到在内容上浅显易懂,形式上丰富多样,使学生在轻松、熟悉的语言环境下轻而易举地牢记思政课的知识点。其次,建立思政课教学管理平台。这个教学管理平台,应具备两个功能,一是让教师能够通过平台直观了解到学生的课前准备情况，掌握学生的学习进度。二教师和学生能够通过平台进行在线交流。学生在学习思政课知识中遇到不明白的问题可以随时向授课教师请教，教师向学生答疑解惑也不再受时间和空间的限制，交流方式更加灵活。

（三）运用 O2O 教学模式

O2O，从字面上可以理解为 Online to Office，通常也叫作"从线上到线下"，就是指充分融合线上教学资源和线下课堂的互补互动优势，满足学生个性化需求的混合式教学。在传统的思政课教学模式中，思政课教师主要通过面对面的讲授方式对大学生进行知识的传授，教学资源相对有限，很容易使学生产生审美疲劳。但如果只是让学生通过手机、电脑来进行学习，海量的信息也会使学生成为"屏奴"，陷入信息的汪洋中难以自拔。网络背景下，O2O 的教学模式与传统教学模式相比，具有一定的优势。在高校思政课中运用 O2O 的教学模式，首先，我们可以将思政课的"线上学习"与"线下学习"融合，学生学习思政课知识的环境不只可以在课堂，还可以在任意能够连上网的地方。其次，O2O 的教学模式的优势还在于能够把"向资源学习"和"向人学习"相结合。总的来说，学生学习的主要途径有两种：一是向思政课教师学习；二是向资源学习。思政课教师在课堂上授课的时间和精力都是有限的，难以照顾到所有学生的不同需求，但网络中海量的信息资源，弥补了这一点。最后，我们要充分认识到，无论是在线课堂还是传统课堂，都需要网络学习和面对面的学习。思政课教师在探索 O2O 教学模式时，在教学中要做到适需、适时、适量和适度，将"线上学习"和"线下学习"完美地融合在一起，取得最优化深度学习的效果。

三、改进思政课考核方式

在网络背景下，高校思政课的考核方式必须不断地进行改革和完善。传统的考核方式较为单一，并不能全面客观反映我国大学生的马克思主义理论素养和道德品质，只有采取多种考核方式，提高考核科学化水平，才能从根本上保证思政课考核成绩的公平性，提高学生学习思政课知识的积极性，从而达到提升思政课教学实效性的目的。

(一) 坚持线上线下全方位考核原则

在网络背景下，高校思政课考核方式要将"线上考试"与"线下考试"相结合，打破传统单一的笔试考核方式，建立全方位考核原则，充分调动学生学习思政课知识的积极性和主动性，培养其自主学习的能力。首先，要坚持以学生为本的考核原则。高校思政课考试应坚持以学生为中心，根据大学生的实际情况设计考试模式，以大学生的全面健康成长为出发点，以培养大学生的综合能力和综合素质为目标。其次，坚持以实现思政课教学目标为原则，以考促学，以学促教。再次，坚持过程与结果考核相统一的原则。除了传统的期中、期末考试外，还要注重对学生日常学习的考核，实现过程考核和结果考核相统一。最后，坚持知行合一的原则。一方面，要考查学生运用思想政治理论分析现实问题的能力。另一方面，要考查学生是否把所学的思想政治理论知识内化为实际表现。

(二) 应用互联网创建多元评价体系

创建多元化评价体系应遵循评价内容多元化、评价主体多元化、评价标准多元化以及评价形式多元化。多元化的评价体系是一个更科学、更完善的评价体系，不再以单纯的分数为评价学生能力的唯一标准，评价结果更加公正、客观。大学生在运用互联网平台进行思政课学习的过程中，会使用网络交流工具辅助学习，如微信、QQ等，思政课教师可以根据大学生的网络留言、群组发言以及对某一问题发表的观点或评价，了解他们对知识掌握的程度和践行情况。在高校思政课考核中，也可以根据课程教学目的要求，激励大学生利用计算机、手机根据教学内容进行自主设计，思政课教师组织评比，充分调动学生学习思政课的热情。改变过去以闭卷为主的考核方式，采取闭卷与开卷并举、理论考试与实际操作、笔试与互联网考试相结合等多种考核形式，为大学生思政课考试创造一种新的考试环境。

第三节 净化思政课教学环境

在网络背景下,人类社会更加开放,思政课教学环境的内部学校环境和外部社会环境、家庭环境打破了时空的界限,彼此之间的联系更加频繁,为创设教学新环境提供了有利的外在条件。但是,网络背景下信息繁杂,其中的一些不良信息也更易从多方面直接或间接传播到社会、家庭和学校,从而使思政课处于更为复杂的环境中。要提升高校思政课教学实效性,急切需要净化思政课教学环境。

一、优化思政教育的宏观环境

优化思想政治教育的环境就是要将环境中的积极因素利用起来并将环境中的消极因素转化为积极因素,使环境成为高校思想政治教育发展的促进因素,以此来达到对教育者思想、行为、品德、修养的教化和感染。互联网的发展将整个社会都联系起来了,网络活动的开展与现实社会生活的发展息息相关。因此网络时代必须要不断优化思想政治教育的经济环境、政治环境、文化环境、网络环境。"思想一旦离开利益,就会使自己出丑"[①]。物质利益与人们的品德修养紧密联系,在发展社会主义市场经济的过程中要着力解决经济领域还存在的不平衡、不充分的问题,不断协调经济利益关系,为思想政治教育活动创造良好的经济环境。在政治建设过程中继续从严治党,加大反腐力度,妥善化解各种社会矛盾,打造服务型政府,持续加强社会主义民主和法治建设。

在文化建设中坚持马克思主义在意识形态的指导地位,贯彻新时代中国特色社会主义思想,弘扬民族精神和时代精神,贯彻社会主义荣辱观,加大各项文化事业建设,不断弘扬社会主义"正能量"。在网络建设方面要加大

---

① 中共中央马克思恩格斯列宁斯大林著作编译局. 马克思恩格斯文集:第1卷[M]. 北京:人民出版社,2009:286.

对互联网传媒的管理与监督,建立互联网有关的法律法规,建立并推行红色网站,不断引导媒体自律。

(一)加大社会的监管力度

要净化思政课教学环境,就要加强社会的监管力度。首先,制定和完善网络管理的法律法规,规范网络空间行为。我国自接入国际互联网以来,就依法开展对网络空间的治理,但由于整体起步较晚,相应的法律法规还不够完善,存在一定的滞后性。其次,强化技术监督工作,从源头上制止、从源头上控制,有效阻止网上暴力、黄色、灰色等不良信息的传播,为大学生创造一个健康、干净、安全的网络空间。最后,加大对网络违法行为的打击力度并施以严惩。通过这样的方式警示他人,引起社会共同关注网络道德教育,不断优化社会舆论环境,加强自身网络道德自律,促进正确舆论导向的形成等。

(二)发挥学校教育的主渠道作用

从学校环境来看,首先,要改变对学生的管理意识,加强对学生上网的引导,通过直接或间接的网络道德教育引导学生健康上网。其次,高校思政课教师要改变曾经命令式谈话、指令性改正等不合时宜的教育方法,正确面对学生上网问题,用"动之以情,晓之以理"的方法感化学生,积极主动地占领思想政治教育的主阵地。再次,加大对学校校园网建设的投入,规范校园网络系统,建设绿色校园局域网。最后,对思政课教师开展网络教育并进行适当的现代技术技能的培训,除此之外,要为学生提供配套的硬件设施帮助学生更好地进行网络学习,从而在一定程度上使思政课教学环境得到净化。

二、优化思政教育的微观环境

人们在网络世界中的表现,通常是以人在现实生活中的表现为原型的。我们要不断地将受教育者培育成德智兼备的人,确保他们在互联网世界中保持自己的思想定力。要不断优化思想政治教育的微观环境,为受教育者在日常的生活中能受到良好的熏陶提供环境支持。首先，要不断优化思想政治教育的学校环境，加强校园文化建设，开展丰富多彩的校园活动，确保校园文化氛围积极活泼向上，此外要加强课堂教学环境的优化。其次，要优化家庭环境，重视家风建设，弘扬优良家风家训。最后，优化思想政治教育的同辈群体环境，引导大学生不断树立正确的群体意识，发挥同辈群体的榜样作用。青年大学生的健康成长离不开同龄人的陪伴，他们会因年龄相仿，经历、兴趣相似而进行情感的交流，进而丰富大学生的社会交往。

不管时代如何发展，我们都要认识到教育并不仅仅是教师和学校的事，重视家庭教育对于学生健康成长具有重要的影响作用。首先，要让家长认识网络对孩子产生的负面影响，加强对孩子上网安全教育，并对他们进行一定的告诫。其次，家长要多关心爱护孩子，尤其是关注孩子心理健康发展情况。大学生正处于人生的特殊阶段，尚未形成正确的世界观、人生观、价值观，家长在进行教育时要注意选择适当的方式。最后，家长作为学生的第一任老师和永远的老师，只有以身作则才能更好地对大学生进行网络道德教育，学生才会心服口服，并以实际行动回馈社会、学校和父母。

三、拓展网络环境思政教育文化阵地

（一）文学：新媒体时代经典文学的回归与网络文学的兴起

网络新媒体时代，传统文化与网络文学并行其道，大学生用户作为使用新媒体的主要用户人群，尤其更需要有与时代相匹配的文学素养和能力。笔者通过百度、新浪等几家门户网站的统计报告，整理出处于大学生阶段（18~23岁）的青年对经典名著等传统文学的态度和阅读习惯，主要有以下特征：首先，在校大学生对于经典文学的兴趣依旧强烈，且青年人（包括大学生）阅读的书籍也越来越个性化。一方面，对于经典文学的区分是相对于通俗与浅层次的消遣阅读而言的，一般来说，流行的网络文学（多以玄幻小说、都市言情为主）、心灵鸡汤等通俗读物缺乏思想深度。另一方面，阅读内容是否属于经典文学，不应由载体进行区分，而始终应该聚焦于内容。经典读物、名著对大学生的思想形成具有启发性，其内容是深度的、严肃的。

报告数据显示,经典文学不仅没有被遗忘,反而在不断地深入。

其次,经典文学的阅读趋于个性化的同时,网络文学也悄然兴起。新媒体时代,阅读是个性化的,经典文学并没有就此式微,反而也同样以个性化的形态出现,这就催生了网络文学。网络文学因为搜索的便捷性,更加容易对读者进行分类和定位。大学生群体是个笼统的区分,在这个划分之下,还可以根据大学生爱好和兴趣的不同,把大学生分为多个群体。随着人们兴趣的多样化,文学种类的多样性、细分的阅读正是新媒体时代青年群体与大学生的重要特征。但同时,在网络文学和个性化阅读的时代,许多大学生有着许多不良的习惯特征:第一,对网络离奇事件缺乏科学评判,导致价值观的错位。比如,很多网络低俗言情小说在一段时间内很受大学女生的欢迎,其中霸道总裁、灰姑娘被富二代穷追不舍,现代女生穿越回古代陷入宫斗等不合乎现实情节的作品横行其道。这些作品尽管满足了一些大学生在现实生活中难以实现的目标和生活追求,但是长期沉迷于其中,容易造成价值观错位,继而引发对现实生活的不满,形成追求拜金主义或盲目崇拜封建男权社会的思想退化。第二,追逐低俗无内涵的刺激和窥探类阅读。表现为热衷于明星的生活、个人的隐私糗事等。第三,青睐视频、图像等更生动立体的方式,使大学生的想象力和语言表达能力受到了很大影响,语言的丰富性、优美性、文化性以及细腻的表现力容易弱化。比如,对于四大名著的阅读体验,很多"95后"大学生未曾真正阅读过四大名著,其印象更多是停留在影视剧中。第四,过度使用娱乐功能,缺少对其他功能的有效利用,比如,对电子书等新媒体设备的学习功能等。

因此,对于新媒体时代经典文学的回归与网络文学的兴起,我们应该辩证看待,一方面,要看到新媒体的发展并没有使传统文学和经典著作在大学生群体中受到冷落;另一方面,传统的书本阅读确实有相当一部分从书本阅读转战到新媒体终端设备,而新媒体终端提供的便捷资讯和多种服务很容易分散大学生对于经典阅读的兴趣。就此,笔者认为应该从以下几方面考虑对策:

1. 好的文学阅读氛围需要良好的媒体环境

不仅是新媒体,传统媒体也是保证经典文学传承的一个重要阵地,无论是书本、广播、电视或者手机APP，都不能是完全被社会资讯和金融广告占据。媒体的运营和发展，利益固然是很重要的指标之一，但是社会责任和社会效益也是衡量一家媒体重要的标准。比如，网络，除了可以看到的新闻、广告、娱乐和百科，同时应该为经典的、优秀的作品留下空间和时间，用每一类媒体特有的优势激发大众，尤其是大学生对经典文学的热爱和兴趣。"中国梦"的共筑不仅需要"中国好声音"，更需要"中国好文学"。经典文学不仅是一位作者殚精竭虑的结晶，更是一个社会某一段历程的缩影和再现，激励一代又一代的大学生奋发向上、努力拼搏。大学生作为新时代的时代新人，不仅需要"笑傲江湖"，更需要严肃的思考，做脚踏实地的耕耘者、建设者。

2. 高校要重视和加强大学生媒介素养的教育

鉴于新媒体时代经典文学阅读渠道的转移，高校应该教育和引导大学生正确区别和对待媒体资讯，客观冷静地分析媒体评介，有效地规范大学生自身在网络平台中的传播行为。

3. 家庭教育的配合不能缺位

网络新媒体时代是全民狂欢，大学生家长应该摒弃把孩子送进大学就万事大吉的心态，要自觉提升自身的媒介素养，掌握媒体应用技术，正确认识网络的功能。在利用新媒体和子女进行互动的过程中，启发子女形成科学的思维方式和正确的价值取向，不盲从，不流俗，使家庭教育和高校教育形成合力。

（二）文艺：国内外影音作品对大学生意识形态主导性的影响

当前文化领域百花齐放，并且随着网络技术和新媒体平台的出现，拓宽国内外影音作品的传播途径，为近年来文艺影视作品的百花齐放提供了更加便捷的载体。国内外电影、小视频、网剧、综艺纷纷开启，对大学生意识形态主导性产生了一系列影响。但是，在裹挟着多样化社会思潮的文艺作品中，既有积极、向上的社会思潮，也有落后、消极的社会思潮，这些社会思潮相互激荡、碰撞，活跃于思想文化领域，先进文化、有益文化与落后文化、腐朽文化之间不断争夺着大学生的思想文化阵地，呈现出主流意识形态与非主流意识形态相互交织的态势，对大学生群体的思想产生多方面的影响，主要表现在以下几方面：

首先，我国以优秀文艺作品引领大学生意识形态的能力相对较弱。文艺作品包括的类型是多方面的，其中主要有影视节目、网络文化作品、动漫产品、文学艺术作品等。尤其是党的十八大以来，我们党始终把文化建设放在党和国家全局工作的重要地位，推动优秀文化产品大量涌现，丰富了人民的精神文化生活。《中国广播电影电视发展报告（2018）》（2018年广电蓝皮书）显示："中国是全球第二大数字经济大国"。2018全年电影票房超过29639亿元，增长近3615%；截至2018年1月底，2017年全国生产完成并获得发行许可证的电视剧共计441部15770集，稳居世界第一。但我国一些弘扬主旋律、歌颂先进人物的影片影响力有限，如发行的《血战湘江》《明月几时有》等影片，尽管都是来自生活原型的英雄模范故事，并且是大力宣传的先进人物，但从总体上统计，这些影片上座率较低，影响较小，没有收到预期效果。但是可喜的是，2017年内地总票房第一位由国产爱国影片《战狼2》摘得。这体现出未来国内文艺作品，尤其是影视作品的发展趋势。只有优秀的文艺作品，才能具备文化的感召力、凝聚力、影响力，才能引导大学生的意识形态。另外，由于西方文化的渗透，我国面临西方文艺作品和文化价值观的冲击。近年来国外大片的引进，使我国大学生在享受视觉的冲击和心理冲击的同时，也很难抵挡他国文化的侵染。

其次，在当前网络新媒体平台中点击率较高的文艺作品中，出现了一股"去思想化"的文化娱乐倾向。"去思想化"即把娱乐和思想对立起来以娱乐来淡化、屏蔽或排斥人的思想、理性尤其是意识形态，在当前新媒体平台中，更常见的表现是"泛娱乐化"。"泛娱乐化"不仅是对文化资源的浪费，而且也对大学生思想产生一定影响。事实上，文艺作品具有鲜明的意识形态属性，许多文艺作品成为意识形态的重要载体，大学生在消费文艺作品的过程中，不知不觉地接受着生产国的文化和价值观。大学生追捧的美国大片中，美国的价值观和美国的意识形态无处不在。面对西方文化价值的渗透，我国要大力发展文化产业，引导大学生树立正确的价值观。文艺作品的意识形态属性具有很强的渗透性和侵染性，它不仅能给人们带来直接的精神文化享受，而且还会对大学生的思想观念产生潜移默化的影响。各种社会思潮往往借助于文化产品宣传自己的价值观，影响大学生的生活方式和行为方式。

因此，在此过程中，网络新媒体时代大学生思想政治教育一定要把握两个关系，一是经济效益和社会效益的关系。对于一些宣传性质的公益作品，要追求社会效益的最大化，但不能盲目地搞市场化；对于一些商业性的文艺作品，既要讲社会效益，也要讲经济效益，两者并不是对立的。如果片面追逐经济效益，一些文艺作品就会偏离健康发展的道路，甚至出现违纪违法现象，使得一些错误思想和价值观在大学生中传播和蔓延，特别是直接导致了大学生群体中享乐主义、拜金主义和极端个人主义等的泛滥。二是主旋律和多样性的关系问题，也是在新媒体时代的文艺作品中必须要处理好的一个重要关系，"弘扬主旋律、提倡多样化"。弘扬主旋律要适应人们思想活动独立性、差异性、多变性不断增强的新形势，使社会主义文化活动更加丰富多彩，提倡多样化，不能低俗、媚俗、庸俗，搞低级趣味。但是一些文艺作品的内容为迎合一些人的需要，庸俗、低俗、媚俗之风盛行，在一定程度上，败坏了社会风气，不利于大学生的健康成长，并为一些腐朽思想文化的传播创造了条件。

随着网络新媒体的日益普及，网络中的低俗之风大有蔓延之势，一些网站平台为增加浏览量，提高点击量，争取广告，放松了对微信、微博，尤其是短视频等互动环节的管理，放任低俗内容的传播，严重败坏网上风气，网上低俗之风泛滥，严重危害着大学生的身心健康。新媒体时代的文艺作品应该坚持以人为本，不断体现中国梦的文化意蕴，用丰富健康的多种形式，推进大学生群体的文化认同。这对于发展先进文化，陶冶大学生的情操，对于大学生保持昂扬向上的精神风貌，对于抵制腐朽思想文化的侵蚀发挥着独特作用。

（三）娱乐：数字游戏与动画中社会文化空间的构建对大学生的影响

中国互联网络信息中心 2018 年 1 月 31 日发行的第 41 次《中国互联网络

发展状况统计报告》指出:"2017年移动网络游戏发展迅速,在行业的营收中占据90%以上的比例,成为网络游戏产业中心的驱动力量。"手游在用户定位上趋向于年轻化和无性别化,这决定了大学生群体成为手游市场的主要和实际受众。手游在游戏功能上跨越时代和空间限制创造多种玩法,注重游戏内社交功能,游戏体验倾向低消费高回报的体验。手游通过其语言、人物文化背景、功能设置等方面对玩家尤其是大学生目标群体的意识形态产生了重要影响。与电脑网络游戏相比,手游在时间和空间上的便捷和新颖使其影响范围和深度前所未有。下面文拟以手游对大学生意识形态的影响为出发点,做进一步的思考和启发。文化背景和语言符号是手机网络游戏中影响大学生意识形态主导性的主要载体。手游自身的生态特性和强烈的市场需求使手游在大学生中很受欢迎,大学生玩家在高频率的使用方式以及游戏内部多种反馈激励制度下,其意识形态发生着全方位的影响和改变,其中手游中文化背景和语言符号是作用的首要载体。

手游中的文化背景成为意识形态传播的主要载体。手游多以对战类游戏和角色扮演类游戏为主,玩家可以在此选择自己的虚拟身份,通过扮演某一角色和任务的执行,使其提升等级或通关。一些手游中错位混乱的人物和故事背景,以恶搞和假设歪曲历史事实,裁剪事实曲解历史真相,不仅淡化大学生玩家的爱国情怀,甚至传播西方宗教文化或消解政治意义的后现代主义等意识形态。这类手游通过没有原则的悬念和猎奇的过程与组织形式的灵活多样,能持续激发玩家探索的欲望,并使许多大学生玩家欲罢不能。这些隐蔽手段和隐性因素成为意识形态传播的重要中介。根据马克思主义意识形态的基本观点,要辨别一种意识形态是虚假的、落后的或是科学的、先进的,一方面,要把它与所处的社会经济政治制度以及具体生产方式结合起来分析,另一方面,取决于它所传递的意识形态的利益与最广大人民群众的利益是否一致。具体到分析手游对大学生意识形态主导性的影响上,需要抓住这两个判断标准,关注某款手游中社会文化空间的构建是否与社会主义核心价值观等主流价值观一致,手游中传递的世界观和价值观是否有助于我们实现中华民族伟大复兴的"中国梦"这一目标,是否符合新时代中国特色社会主义时期大学生思想政治教育的育人准则和道德标准。这是判断某款手游内含的意识形态是否是科学的、其影响是积极的或是消极的判断标准。手游在大学生中广受欢迎，在帮助大学生建立自信心与帮助大学生掌握新科技发展方面产生了积极的影响，在客观程度上消解了大学生在学习和生活中的一些矛盾与问题，但有部分游戏通过虚拟人物或任务，对大学生的人生观、世界观、价值观以及历史文化和社会公俗良序等意识形态的认知方面产生消极影响，主要表现在以下三方面：

第一，手机网络游戏传递的消费文化从传统商品型消费转向符号型消费，这影响着大学生的消费观念和生活方式。无论游戏本身是否需要支付费用，在手游中最典型的特征就是需购买装备、武器和皮肤，以达到迅速升级和获胜的目的。这种消费的、娱乐的、激进的意识形态取代了传统的商品型意识形态，消费意识形态发展呈现多维性，其中最主要的是朝工具化、符号化和消费化转向。在手游中，大学生消费的不再是客体的物质性和商品的实用性，转而消费一个个具有象征性和理想性的商品符号，其核心内容是在虚幻世界中追求商品的符号价值带来的身份差异，满足自我。这种"符号型"消费带有消费娱乐、凸显个性、淡化传统消费意识形态等特征，不再关注个体的真实需要，这种游戏消费意识形态真正的目的不是去享受消费，而是刺激生产，个体在消费中享受的不是自由自适，而是一个意识形态的幻象。

第二，部分手机网络游戏不仅有军国主义态势和后霸权主义意识形态的苗头，而且有历史虚无主义的倾向。手游从表面上看，大都是在歌颂各民族平等，宣扬每一种文明都值得被尊重的多元主义价值观，从游戏机制到美术风格都无可挑剔。但在隐藏玩法下，有核潜艇和氢弹可以满足玩家的制霸。这一类的手游通常是以一定的历史或现实为题材来营造真实感，它通过宏大叙事和精美画面，以及大开脑洞的情节吸引了众多的忠实粉丝。"社会系统的发展似乎由科技进步来决定，这种技术统治论的命题作为隐形意识形态甚至可以渗透到非政治化的广大居民的意识中，并且可以使合法性的力量得到发展。"① 在手游中错误传播和使用传统文化，不利于玩家尤其是大学生了解建党史、熟知建国史，更遑论进一步树立爱国情怀。这样有着错误倾向的价值观和人生观的手游出现在市场上，不仅颠倒历史是非，搅乱了大学生的正确价值观，在娱乐中不断挑战、解构国家记忆和社会共同情感。

第三，部分手机网络游戏信奉暴力美学和非常手段，不利于大学生强化守法意识、减少违法犯罪行为的发生。手游的发展过程，不仅是信息技术不断创新和突破的过程，也是各种制度、观念、文化，包括玩家的思维模式和行为方式不断碰撞、不断变化的过程。手游的存在为它的受众，尤其是大学生，开拓出另一个社会空间，尽管这个空间是虚拟的，但是它和现实社会密不可分，是互相影响和映射的。《收货日》（payday）这款游戏是需要团队合作的知名枪械游戏，表面上兜售的是一款枪战或潜入类游戏，是在锻炼玩家团队合作的素质，鼓励玩家的分工合作精神。事实上，此游戏教唆玩家打家劫舍、杀人越货，其打劫的工具涉及电锯、摄像头、激光防盗系统、警卫对讲机等极其写实的东西，甚至游戏中能供玩家解锁使用的变态杀人狂面具就有100种不止。大学生长时间沉迷于这一类虚拟社会文化空间所传递的思维方式，其性格和行为模式不可避免要被影响并不自觉将这种改变反映到现实生活中。大学生正处于性格和人格形成的关键期，如果长期受暴力犯罪手游的浸润，后果就不仅仅是形成不良的生活习惯和秩序观念，很有可能逐渐形成危害社会安全的违法犯罪意识和行为。

随着网络新媒体技术的成熟和社会应用的普及，从国家政府到监管部门，再到高校思想政治工作者对手游逻辑和社会发展逻辑有了更深的理解、更全面的把握。因此，更应逐步超越基于工具性和表象层面的解读，尝试从社会视角多维度地揭示手游一些带有本质性和引领性的问题，准确把握手游的生态特点且加以吸收利用，并通过统筹完善线上线下的资源，使手游成为引导大学生意识形态的良性媒介和平台。

---

① 〔德〕哈贝马斯. 作为"意识形态"的技术与科学［M］. 上海：学林出版社，1999：63.

首先,坚持马克思主义指导地位,牢牢掌握新媒体时代意识形态工作的领导权。坚持马克思主义的指导地位,是大学生思想政治教育的基本原则。一是在新媒体时代全社会要重视正确引导和传播手游的意识形态问题。二是要让大学生自觉运用马克思主义观点、立场和方法去认识和批判手游中虚假的和落后的意识形态问题。部分手游对大学生意识形态产生不良影响,除监管漏洞、大学生自控及辨别能力弱之外,科学技术的发展是根本原因之一,但科技的发展与社会的异化并不存在必然联系。换而言之,科技的发展会催生新的意识形态,但科技本身不会成为意识形态。依托于网络科技催生的手游,并不意味着手游本身是意识形态。手游是在网络科技发展后衍生出来的,手游为新的意识形态产生和传播奠定了强大的物质基础,而后又人为地产生出一系列新的意识形态。可见,意识形态影响力的强大与否,与科学技术的发展有紧密联系。一款手游成功与否,既取决于通信科技的发展水平,也取决于该款手游的制作能力。由于国外手游起步早,投入高,他们手游的成熟度和受欢迎程度远超国内,因此国内一些公司积极引进国外已经成功、成熟的游戏产品,这对于快速提升国内手游产品的质量、吸引用户使用、增加用户数量等方面有益,但在引进过程中,过于注重画面感和用户体验,在对用户尤其是大学生意识形态主导性的影响方面考虑甚少。只有经济强大,科技强大,手游在传递意识形态的传播方式、速度、覆盖面上和影响力上拥有绝对优势,才会在意识形态斗争中占有优势。因此,"在坚持马克思主义指导地位这一根本问题上,我们必须坚定不移,任何时候任何情况下都不能有丝毫动摇"。①重视经济科技的发展对意识形态的基础决定作用,并且在文化事业领域的网络监管上,不能忽视手游的文化背景和在具体游戏情境中的社会教化功能及意识倾向,并使政府分管部门的工作更具专业化和科学化,把手机网络意识形态的领导权和话语权牢牢掌握在手中,任何时候都不能旁落。

其次,大力建设新媒体时代的社会主义核心价值观体系,牢固树立中国

---

① 习近平. 在庆祝中国共产党成立 95 周年大会上的讲话 [N]. 人民日报,2016-07-02(2).

特色社会主义共同理想。大学生是未来中国社会的建设者，也是接班人。在新媒体时代，游戏开发商和程序员的价值观很容易投射在游戏中，西方资本主义价值观或者自由主义、享乐主义也会通过游戏中的人物形象、文化背景、画面音乐以及语言设定进行传递与渗透，通过历史文化背景潜移默化地影响大学生的意识形态。以美国为例，美国政府在20世纪90年代对中国展开一场旨在促使中国也像苏联解体的意识形态战争。在美国的计划中，完整地阐述了如何对中国进行意识形态西方化，"一定要尽一切可能，做好意识形态宣传工作，包括电影、书籍、电视、无线电波……只要他们向往我们的衣、食、住、行、娱乐和教育的方式，就成功了一半"。① 可见，国际上的意识形态斗争从未停歇，中国大学生则是他们的首要目标。鉴于这种情况，做好新媒体时代大学生思想政治教育，必然离不开大力建设社会主义核心价值观体系，进行爱国主义教育是重中之重。中共中央印发的《爱国主义教育实施纲要》指出："爱国主义教育是全民族教育，重点是广大青少年。"

大学生是即将实现"中国梦"的中流砥柱，他们的政治素质直接关系到国家民族的兴衰和社会主义现代化建设的成败。针对目前在手游中突出的军国主义和历史虚无主义倾向，开展爱国主义教育能从根源上消除部分大学生对社会主义意识形态观和社会主义核心价值体系的抵触态度。"不断增强意识形态领域主导权和话语权，推动中华优秀传统文化创造性转化、创新性发展，继承革命文化、发展社会主义先进文化。"② 不仅要对大学生进行中华民族历史和优秀传统文化教育，还要进行中国国情、党的基本路线和社会主义现代化建设成就教育，包括社会主义民主和法制教育、国防教育和国家安全教育。新媒体的多元化发展在一定程度上为思想政治工作带来严峻挑战，在这个开放的、思想多元的信息化时代，意识形态往往通过网络科技衍生下的各种产品和方式渗透进来。我们不能迷失方向和自我，更不能动摇我们的

---

① 注：美国中情局《十条诫令》。美国中央情报局在其机密"行事手册"中关于对付中国的部分。
② 习近平. 决胜全面建成小康社会 夺取新时代中国特色社会主义伟大胜利——在中国共产党第十九次全国代表大会上的报告［R/OL］.（2017-10-27）［2020-11-01］. http：//www.gov.cn/zhuanti/2017-10/27/content_5234876.htm.

核心价值体系基础。只有高度重视手游给大学生意识形态带来的消极影响，并在大学生中宣传社会主义核心价值体系，做好以手游为代表的网络媒体阵地的意识形态教育工作，牢固树立中国特色社会主义共同理想，更好构筑中国精神、中国价值、中国力量，让大学生有理想、有信念，自觉抵御不良侵蚀，成为新时代中国先进文化和优秀传统文化的积极引领者和践行者，也成为社会主义核心价值体系的忠实传承者和弘扬者。

再次，加强和改进思想政治工作，建立健全娱乐兼互动共存的仿游戏型"三全"思想政治教育体系。党的十九大报告客观阐述了我国现阶段主要矛盾发生的新变化。在实现基本小康的基础上，人民对于物质生活和精神生活提出了更多的要求与愿景，尤其对娱乐和休闲的标准和要求在不断提高。手游也正是凭借它的娱乐性顺应了科技和社会发展的需要，才进一步成为意识形态传播和教化的工具之一。网络发展的全覆盖性和国际大环境的更迭，使我们很难再用"严防堵守"的战术应对意识形态斗争。及时调整步伐，学习借鉴和善于利用手游的优势才是加强和改进思想政治工作的可行之道。

全员性。游戏、综艺、影视的时下风靡正是"娱乐至上"的体现。当代大学生因自身特点不可避免地成为媒体科技的先行者，信息爆炸使大学生感官阈值升高，枯燥教条的灌输很难提起大学生的兴趣。因此，无论是高校领导、思想政治工作者或教师都应做出相应的转变和提高。高校领导要及时转变严防堵守的工作理念，有针对性地应对新媒体发展给大学生带来的变化。思想政治工作者要摒弃过去严肃枯燥的监视和说教，增强思想政治工作与学习生活的黏度；思想政治课教师应该逐渐改进课堂授课方式和风格，使授课载体、内容或手段更具娱乐性，例如，思想政治工作者借鉴手机游戏闯关升级的思维改进思想政治课，利用新媒体中所提供的技术与课程相关的视频活跃课堂气氛等。因此在教学过程中教学主体除了专业知识外，高校教职工的技能、素质和校风校纪也占了很大比重。

全方位。大学生道德思想、观念秉性等都与自身所处的环境关系紧密。一方面，由于手游覆盖面广和影响力大，大学生玩家在游戏的虚拟平台上除了玩游戏，还可以接触到各种观点和思潮。因此，开发商在开发运营环节理应主动承担起更多的社会责任，商业盈利不应成为唯一的动力驱使；政府在宏观调控方面应更加重视监管和引导环节，让手游主动发挥内容上的多样性、正确性及导向性，加强手游监管，重视手游的舆情追踪及研判，营造清朗的手游环境和文化。在学校环境方面，增加本科阶段思想政治理论课的权重，内容、载体都应与时俱进，手游和娱乐产品的因素可以适当地加入理论课中，提供增加更多知识的渠道，提高大学生学习马克思主义的兴趣和信心。

全过程。在传统教学过程中，思想政治教育的主体通常把自己定位为传授者。在新媒体时代大学生把自身定位为一个有思想的独立个体，渴望获得理解尊重。所以思想政治教育的主体应增加与大学生的互动机制，通过学习借鉴手游在意识形态传播方面的特点和方式，变被动为主动，使手游等娱乐平台成为弘扬社会主义核心价值观的优势渠道。大学生在校园生活中，娱乐方式单一是导致手游盛行的一个重要原因。所以，及时了解大学生思想动态和需求的变化，沟通并进行实时反馈，从而使思想政治教育走出课堂，走向生活。在了解学生学习习惯和思维方式的基础上，主管部门和教学主体应该多关注课堂外的动态，对大学生中错误的意识形态的苗头要尽早发现、早纠正。国家、社会和高校都应在大学生学习生活全过程中加强精神文明建设，提倡积极健康的生活方式，为大学生提供了解我国优秀传统文化、了解我国社会主义意识形态建设的渠道与途径。

（四）经济：网络新媒体引导下的消费观对大学生价值观的引导

网络新媒体时代大学生的消费观以网络科技为支撑，在新兴消费形式做引导的情形下，呈现出了新的消费特征：

第一，新兴的电商精品导购平台成为大学生消费购物的领航者，大学生自身成为一批消费类的意见领袖，或者被消费类的意见领袖所引导。以最近受大学女生欢迎的"小红书"为例，一些爱美的女大学生入驻小红书后，推荐了许多自己使用的平价护肤品，并获得了粉丝的关注和转发。这些优质导购内容不仅在小红书平台内部被浏览，还被截图分享到微博、微信等核心社会化媒体。当用户被小红书提供的优质内容打动后，会下载小红书APP浏览更多的美妆护肤推荐内容,并通过小红书平台购买商品。一部分有美容、化妆爱好的大学生,通过小红书成为一类用户的意见领袖,在此类媒体平台上获得了价值感。另一部分大学生通过小红书"被种草",往往会在核心社会化媒体上转发相关商品,与好友进行讨论,最终在小红书或者其他渠道进行购买。这一类的新媒体购物平台,尽管并非品牌的"声量池",但是却成为一类有此共同爱好的大学生对商品的意见表达社区,在此类新媒体平台上,大学生完成了爱好、社交、领袖等多种价值和功能的实现。

第二,消费金融成为网络新媒体时代大学生区别于以往大学生消费行为的一大特征。以外卖平台为例,外卖成为新媒体时代大学生消费增长的主要开支项目。89.03%的在校大学生叫过外卖,其中"美团外卖"占到64.68%,"饿了么"占52.13%,其余是"百度外卖"等。在外卖平台兴起的前几年,网购平台就已经成为网络时代的一大亮点,至今几大网购平台发展优势强势,新兴平台不断出现,如拼多多以价格优势成为现今大学生的新宠。

第三,人际交往成为网络新媒体时代大学生在餐饮、服饰之外的第三大消费开支项目。当今大学生的开支来源多样化,其中家庭供给是主力,自主赚钱是趋势。37.97%完全依靠家庭供给,36.22%拥有兼职创业经历(5.22%借助个人自媒体渠道及网红、主播等多种身份,3.64%以网络为载体自主经营的网店、微商及代购等),4.42%完全依靠自力更生。从以上新媒体时代大学生的消费特征来看,可以得出以下几点:首先,网络新媒体时代的大学生消费以理性、实用为主要风格,经济基础依旧是决定基础。多数以上的大学生还是选择有计划的消费,只有一小部分的大学生处于能省则省或是看到喜欢的就买这两个极端。以品牌为例,大学生的关注度主要集中于以实用为主要特征的产品或品牌。例如,据新浪微博的统计,在服饰品牌方面,大学生对以时尚、耐用为主的快消品牌最感兴趣。但是,在此基础上,新媒体的发展为当今大学生的日常消费带来了更多的可能性和多元话题,表现为旅游成为当下大学生在网络上最关注的热门话题。媒体平台中各种旅游资讯的推送和应接不暇的美景视频和图片,调动了很大一部分大学生"我想出去走一走,看看外面的世界"的热情。另外,运动健身成为大学生旅游之外的第二大热门话题。多数的运动健身都有一个典型的特征:打卡。即在每天规定的运动量完成后,在网络社交媒体中发布已完成的图片和文字,在记录自己坚持的同时获得同龄人的认可和赞许。其次,非实体购物渠道与非现金支付方式逐渐成为新媒体时代大学生的主流。通过中国校园市场联盟发布的调查,发现94.04%的在校大学生通过非现金方式支付,64.23%的在校大学生是通过非实体渠道购物。新媒体的普及对于大学生消费观的改变表现在消费行为和消费形式的变化。出门不装钱包已经成为在校大学生的普遍现象。笔者在一高校做随机采访中发现,手机成为大学生出门的必需品。许多大学生声称,出门不带手机没有安全感。可见,网络的普及和新媒体终端的发展,不仅改变了大学生的学习条件,同时也改变了大学生的日常生活环境和消费习惯。最后,赚钱意识弱于节省意识,对超前消费认知普遍迷茫。一方面,大学生的赚钱意识弱于节省意识,这是由于大学生自身的现实情况决定的。新浪微博曾发起一个调查,大学生缺钱怎么办。41.94%的大学生选择节衣缩食,27.89%的大学生选择设法赚钱,16.21%的大学生选择求助父母。值得关注的是,5.75%的学生通过网贷等消费信贷的途径解决自己的缺钱问题,这种新媒体普及引发的新的大学生消费特征,容易使大学生形成错误的价值观,并且后续将面临一系列现实问题,为大学生思想政治工作带来了很大的挑战。另一方面,大学生对于超前消费的认知还普遍处于迷茫的状态。根据新浪微博的调查数据,6.59%的大学生非常赞同"超前消费",48.68%的大学生对"超前消费"的态度处于"说不清楚"的状态。网络的发展,使得超前消费不仅局限于只有上班族才能办理的信用卡,在校大学生也能通过各种网络平台办理网贷或金融贷款。新媒体时代的超前消费成为这一时代消费的一大重要特征,但是由于大学生社会经验少,一大部分大学生缺少赚钱的经历和经验,对于金钱,尤其是超前消费以及不法网贷设置的陷阱,没有足够的了解和警惕,容易深陷其中。

可见,大学生消费结构在整体合力的基础下呈现不均衡消费状况。消费结构整体合理,人际消费总体偏高,消费能力地域差距明显,消费偏好难以匹配学生全方位成才需求；较强的消费欲望与较弱的赚钱能力构成大学生的消费困境。新媒体时代大学生思想政治教育的当务之急是在引导学生对消费结构进行优化调整的同时，可通过奖学金、勤工俭学、校外实习等多元化的方式培育学生自力更生的能力；警惕消费主义、拜金主义和泛娱乐化在大学生群体的扩散。媒体、高校及社会企业都要强化责任意识，塑造良好的社会风气和价值取向，帮助大学生在新媒体发展的洪流中，形成对各种消费信息的正确认知能力，树立正确的消费观念，培养良好的消费习惯。

（五）生态：新媒体时代的舆论生态环境对思想政治工作的多重影响及优化对策

网络新媒体时代大学生思想政治教育的信息传播相较于传统媒体时代大学生思想政治教育，其信息传播方式和特点都发生了深刻的变化：传播渠道的单一化与多元化。新媒体时代思想政治教育的传播渠道已经由过去的报纸、广播和电视自上而下单一的传播教育方式演变为新媒体先行传播、全媒体发酵解读的阶段。新媒体思想政治教育的信息生态已成为全媒体多元化的现实环境。手机成了大学生最主要的信息传播媒介，大学生用一部智能手机，就能获取一半以上的媒体资讯以及对某一事件的官方态度和民间舆论倾向。新媒体时代思想政治教育的生态环境，无论对于教师还是大学生，都更加复杂化、立体化和全天候。

传播范围的大众化与分众化。手机等移动媒体终端的便捷性使得传统单一大众化传播的门槛降低了，接收大众传播的内容变得更加容易了。这时，如何在广泛的信息中找到有利于大学生思想政治教育的内容，同时剔除掉负面内容，这不仅是新媒体分众化的目标，也成为新媒体时代思想政治教育的重要突破口。在某一事件发生后，如何让新媒体对这一事件做出准确的报道和合乎情理的舆论导向，如何让思想政治教育的相关人员及时、迅速地做出正确的思想引导，如何让大学生这一群体在知晓这一事件真实情况的基础上做出相应的判断，则成了新媒体时代思想政治教育的重点之一。

传播方式的理性化与感性化。传统媒体的大学生反馈多局限于课堂上。在课堂外，教师和学生之间、学生和学生之间都难以得到有效的互动交流。

教师单一的灌输，课外的知之甚少，使得传统媒体时代思想政治教育中教师与大学生的互动停留在感性层面。但是，新媒体时代大学生思想政治教育的互动性更强、反馈更多，大学生可以拥有多种渠道来反映自己的思想、心理和政治状况。通过多方媒体的参与和争论，以及大数据等技术的加持，大学生拥有较之以往数倍的资料和信息，对于判断事物有了更充足的依据。因此，新媒体时代的大学生更容易形成自己独立的思考和观点，思想政治教育的互动更加趋于理性化。

传播内容的严谨性与碎片化。传统媒体时期的传播内容的来源多是官方媒体，大众媒体传播在顺序性和条理性上较为严谨。相对于思想政治教育而言，整个思想政治教育的信息生态环境是较为封闭和单一的。新媒体时代信息的来源大多没有经过专业机构把关，大量的无用重复信息充斥其中，并且在传播过程中真相很可能被扭曲或者夹杂了传播者的个人情感色彩。新媒体时代信息来源碎片化和非真实性，是造成新媒体时代大学生思想政治教育痛点的重要原因。

因此，在加强网络新媒体时代思想政治教育舆论导向的过程中，我们应当通过政府和学校注重借鉴舆论导向的新媒体思维与新媒体行为，动员多方力量进行校园舆论引导与舆情管理。政府和学校要在新媒体时代思想政治教育过程中借鉴舆论导向的新媒体思维与新媒体行为。在本书的第二章，我们就提到，网络新媒体对于思想政治教育的影响不局限于它作为工具和载体，如何更好提高思想政治教育的实效性，除了要善于利用新媒体的便捷之外，更应该借鉴新媒体思维，把网络新媒体思维运用到思想政治教育中，拓宽思想政治教育思维和视野。相较于传统媒体时代的大学生思想政治教育，入驻网站、微博、微信公众号等显然成了新媒体时代思想政治教育的基本模式之一，政府和学校利用新媒体的广泛性和时效性来增强思想政治教育的实效性，但是在内容提供上还有所欠缺。事实上，利用新媒体思维来进行有效的舆论引导，发布和传播的重点在于及时对当前大学生思想动向做出针对性的权威剖析和精准引导。2019年4月初发生的西安奔驰女车主维权事件，事情经过短短的几天时间，就在网上形成一边倒地支持奔驰女车主的态势，除了民众对于这种面对大企业维权无门的同感之外，互联网上的舆论重点之一还在于奔驰女车主的研究生学历和有力有礼有节的谈吐和措辞。这一事件的发酵，以其事件本身就有力地回击了之前网络上盛行的"读书无用论"，使广大民众现实看到读书的重要性和文化的强大力量。如果官方或者高校媒体能准确抓住这一有利时机，更有深度和逻辑地把这一事件从这个角度进行详细的解读和引导，相信对于广大大学生是很生动的一次思政课，并且更能从内在（引用）激发学生对知识的渴望和素质的修养。可见，新媒体时代大学生思想政治教育已经走出讲台，走向社会。为大学生思想政治教育营造一个良好的生态舆论环境，动员多方力量成为新媒体时代大学生思想政治教育不可避免的环节。

一是动员政府力量。鼓励政府开设官方微博、官方微信以及借助当前流量大的公众平台，摆脱"官媒"给民众带来遥不可及的刻板印象，及时地借助其特有的权威性来公布消息和引导舆论。"官宣"在舆情引导方面是最有效的方式之一。近几年，官方媒体在这一方面进步很大，在能引起广泛关注和社会公序良俗的事件方面，常常能够及时站出来，用官方的身份给出最接地气和接近普通民众价值观的解读和评论。尤其是人民日报、光明日报、人民网、共青团委等"网红"媒体，它们的声音在网络中的出现基本上奠定了某一轰动事件的舆论基调，同时，基本上也代表了广大网民的心声。以2016年某知名男演员离婚事件为例，人民网舆情监测室发布的《2016年中国互联网舆情分析报告》（载于中国社会科学院2017年《社会蓝皮书》）显示，该事件位居2016年20件热点舆论事件的第五名。在2016年8月14日凌晨该男演员发布声明的当天，其关注度就暴涨近180万，而事件女主角马某的搜索热度也达到70万，均超过了里约奥运会的网络关注度，成为轰动一时的网络舆论热点。该舆论热点主要有两个特征：第一，几大官方媒体对此事的看法不同，形成了各执己见的局面。如新华网在2016年10月19日发表的文章中毫不客气地痛批该男演员，而在同一日，检察日报在新浪微博上发表文章予以反驳。官媒的不同观点，更是激起了网民的激烈争论。第二，网民的观点主要集中于在婚姻中一方出轨，在法律层面上需要担负怎样的后果。多数网友认为，甚至本离婚案件的法律判决，直接会对新时期的公序良俗和民众思想观念产生巨大的影响。具体到本事件对大学生思想的影响，根据重庆芝诺大数据统计，在广大的关注此事的网友中，主要以19~34岁的人群为主。尚未有确切数据给出大学生在此之间所占的比例，但事实上，这个年龄段完整地覆盖了大学生这一群体。作者对身边从大一年级到博士三年级各个年级的大学生都进行了随机调查，调查发现，在所有被访问的大学生当中，没有一个学生不知道此事，对事件的起因发展也有所了解，事实证明，大学生作为使用网络最为频繁的群体，同时也是网络舆论热点覆盖的重要人群之一。

二是动员社会力量。大学生正处于"三观"的形成期，在判断事物、理清逻辑等方面还有许多不成熟的地方，很容易被言辞激烈的话语和情绪煽动。例如，当在互联网上发生侮辱烈士、英雄的网络谣言和公布所谓"真相"的文章出现时，意志力不坚定的大学生很容易被蛊惑，进而影响对党、对国家的信任和忠诚。而传播谣言的多为社会人士甚至是社会上的部分公众人物。因此，新媒体时代大学生的思想政治教育，一定要结合社会力量，在全社会营造积极向上、求真务实的舆论生态环境，对一些舆情较为汹涌的网络新闻点，要动员全社会的力量用理性互动来安抚舆论情绪的社会氛围。

三是动员个人力量。在传统的大学生思想政治教育中，思政课教师和学生辅导员是思想政治教育的中坚力量，也是思想政治教育过程中的主要角色。在新媒体时代，全社会都参与到网络舆论的生态环境中，因此，借助个人力量，营造良好的新媒体舆论生态环境非常有必要。个人力量主要分为两种，一种是在新媒体时代舆论生态环境中拥有强大舆论号召力的"意见领袖"，另一种是舆论生态环境中的普通受众。在新媒体时代，每个思想政治教育的对象同时也是思想政治教育的教育者。

网络新媒体赋予这个时代每个人发言露脸的机会，也无形中要求接纳更多嘈杂言论各行其道。可见，新媒体时代思想政治教育的源头不只在学校和教师，也同时是社会舆论和网络名人的共同责任。新媒体把当代大学生思想政治教育置于更开放的环境中，我们在创新大学生思想政治教育的同时，也要推进各个行业和各个领域的思想政治教育进程，才能保证大学生思想政治教育的"内因"和"外因"共同起作用。在这种网络舆论热点事件无法避开的环境下，应正确利用热点事件积极地进行思想政治教育。以某男演员离婚案为例，本事件的关注点主要在于婚姻和两性关系。大学时期是两性关系和婚姻观建立的关键时期，如果思想政治课教师对该事件进行深入剖析，从马克思主义理论的角度解读关于婚姻制度的起源，从社会学的角度解读关于道德和秩序感的重要性，从法律层面解读知法懂法守法的作用，从媒体传播的角度分析人们围观和抨击的心理，就更易于大学生发自内心地接受思想政治教育的内容和传递的观点，也能影响大学生在看到此类事件的相关信息不轻易人云亦云，逐渐形成正确的价值体系和判断标准。每一个新媒体事件都是社会发展的缩影，它体现了在当下，人们对社会制度的诸多看法，如现下婚姻的不安全感，事业收入的焦虑感，违背道德秩序的羞耻感。因此，就这方面而言，新媒体是直观地反映当代大学生在思想、政治、心理上的风向和波动的重要工具，新媒体时代大学生思想政治教育要在发现、互动、引导、扭转大学生错误价值观的过程中，帮助其建立正确的价值观。

第四节 高校思政教育的应对策略

一、牢牢把握网络思政教育主动权，保持教育定力

一方面，做好网络意识形态工作要保持定力。网络信息时代的发展变化引发了意识形态的深刻变化，社会主义意识形态受到严重冲击。如今，网络空间已成为意识形态领域斗争的"无硝烟战场"，成为大国博弈的战略制高点。网络思想政治教育具有鲜明的意识形态性，高校网络思想政治教育工作者要深刻认识到思想政治工作的"生命线"地位和意识形态工作的"极端重要性"，牢固树立应对意识形态领域各种风险挑战的自信和自觉，增强"四个意识"、坚定"四个自信"，指导教育实践，在网络思想政治教育工作中自

觉承担起"举旗帜、聚民心、育新人、兴文化、展形象"的使命任务。另一方面,在社会主义核心价值观的培育和践行上要保持定力。高校网络思想政治教育是一项需要持之以恒、具有鲜明价值导向的工作。网络思想政治教育工作者要积极引导大学生培育和践行社会主义核心价值观,在正确价值取向的引导传播方面不含糊不动摇,在大是大非面前不含糊不动摇,坚定传播主流价值观念,坚决抵制一切错误观念,使广大师生在理想信念、价值理念、道德观念上紧紧团结在一起。

(一) 加强网络环境下高校思政教育话语权构建

话语是行动的先导,互联网技术的发展催生了新的话语交流方式,网络时代要更好地发挥思想价值的引领作用,必须进一步提高高校思想政治教育工作的话语权,探索新的话语模式。《德意志意识形态》中是这样说的:"统治阶级的思想在每一个时代都是占统治地位的思想。这就是说,一个阶级是社会上占统治地位的物质力量,同时也是社会上占统治地位的精神力量。支配着物质生产资料的阶级,同时也支配着精神生产的资料……"① 因此,话语不仅是思想和语言的结合体,它还带有浓重的意识形态色彩。"历史和现实都告诉我们,青年一代有理想、有担当,国家就有前途,民族就有希望,实现中华民族伟大复兴就有源源不断的强大力量"②。高校作为青年大学生培育的摇篮,必须提升高校思想政治教育的话语权,摆脱网络时代高校大学生思想政治教育的话语困境。创新网络环境下高校思想政治教育的话语,首要的就是要弄清楚"说什么"和"怎么说"。"说什么"就是指高校思想政治教育的内容,"怎么说"就是指高校思想政治教育内容如何转化为学生的行为,前者要吸引学生的兴趣和注意力,后者要提高思想政治教育话语的亲和力。

1. 设置学生喜爱的话语主题

第一,要坚持以人为本的价值导向。大学生思想尚未完全成熟,处于世

---

① 中共中央马克思恩格斯列宁斯大林著作编译局. 马克思恩格斯选集:第1卷 [M]. 北京:人民出版社,2012:52.
② 习近平. 青年有理想有担当 国家就有前途有希望 [N]. 中国青年报,2013-12-06(1).

界观、人生观、价值观确立和巩固的关键期。对新鲜事物充满好奇、对未知事物求知欲强是这个时期大学生的突出特点。大学生关注社会热点问题和与自身相关的现实问题，但由于大学生缺乏社会的历练，容易受媒体舆论的影响。高校思想政治教育就必须着手处理这些大学生感兴趣的话题，及时了解、及时解释、及时引导，帮助大学生树立科学的认知，做出正确的价值判断。因此，高校思想政治教育话语权的构建必须本着立德树人的目的，围绕大学生的实际需求展开，充分了解学生的接受需要和接受障碍，尊重大学生的主观能动性，了解考察大学生的实际情况，对大学生关心的社会热、难点问题不隐瞒、不回避，并基于学生的知识储备来选择思想政治教育的话语表达方式，保证话语信息与大学生自我产生关联。要分析研究大学生实际需求背后的一系列原因，充分运用大数据平台，结合大学生的信息反馈，有针对性地丰富高校思想政治教育话语内容，确保高校思想政治教育话语的完整性。第二，要坚持实事求是的原则。感染力是网络环境下增强高校思想政治教育话语权的重要法宝。有感染力的思想政治教育话语体系可以吸引学生的注意力，但高校思想政治教育话语在发挥感染力的同时不能丢弃实事求是的教育原则。高校思想政治教育者在面对互联网世界里纷繁众多的信息和不确定因素时，要坚决维护实事求是的原则，将准确、客观的内容传递给学生，确保思想政治教育话语内容的真实性、客观性、可靠性。第三，要坚持与时俱进的方针。高校思想政治教育的话语是教育者与受教育者之间的交往话语，其语境包括现实的社会环境和具体情境下的语言场域等外部环境，是有限与无限的结合。如今，在网络环境下，高校思想政治教育话语的外部环境发生日新月异的变化，教学内容、教育形式、教育模式都随着互联网的崛起而寻找新的突破和转型。高校思想政治教育工作者就必须在适应网络社区+教育转变的同时采取积极的应对措施来面对互联网对思想政治教育话语权的冲击，而在话语主题的设置和选择上既要重视网络媒体的关注点，又要保持客观、理性，坚持思想政治教育工作的底线，防止高校思想政治教育话语权权威受损。

2. 增强思想教育话语亲和力

在网络背景下，来自自媒体的挑战无处不在，大学生思想活跃，对教育者不再言听计从。要提高高校思想政治教育的话语权,教师就必须在坚守主流意识的前提下,对新形势下的思想政治教育话语进行重塑,实现传统思想政治教育方法与新媒体的有机结合,这样才有可能达到高校思想政治教育的预期效果。对高校思想政治教育话语权进行重塑就要求改变思想政治教育严肃的特点,增强思想政治教育话语的亲和力。第一,要变权威为通俗。互联网之所以赢得大多数年轻人的喜爱就是因为互联网络中使用的图片、文字、声音、动画、视频等通俗易懂且形式灵活多变,这是高校思想政治教育者在开展思想政治教育工作时应该借鉴学习的。教育者可以将思想政治教育中话语和理论的普适性建立在受教育者可理解、可接受的基础上,在轻松愉悦的教学形式下,学习并传播思想政治教育的理论和原则,增强马克思主义意识形态在学生群体中的感召力和向心力。第二,要变灌输为平等。网络时代多媒体设备和载体为大学生关注和参与社会热点问题提供了渠道,因参与成本较低且能够表达自己的意愿和见解,大学生拥有很强的参与意识。因此,高校思想政治教育工作的开展不仅需要思想政治教育者准确掌握并理解经典文本和国家政策,还要适时关注时代、关心学生所思所想,找到与学生实际生活契合度较高的教育话语,尊重学生的主体观念和主体意识,有针对性地对学生感兴趣的热点问题进行话语引导,实现教育者与受教育者之间的话语融通,形成话语共享,削弱大学生对高校思想政治教育工作的排斥。第三,要变封闭为开放。网络社区+教育模式增加了教育形式,涌现出各种开放式的学习平台。网络课堂、智慧课堂改变了大学生的学习习惯、学习导向和兴趣爱好,在此基础上形成了学生自己偏爱的话语体系。因此,在开展思想政治教育工作的过程中,教育者要适时创新高校思想政治教育的话语理念,结合互联网的特点和思想政治教育的性质实现课堂话语向网络话语的转变,以此来顺应时代的发展要求,进而激发思想政治教育的话语活力,提高思想政治教育的话语说服力,从而实现教育者与受教育者在相同语境下的沟通与交流。要牢牢掌握网络时代高校思想政治教育的话语权,改变高校思想政治教育话语工具化、空洞化、理论化的倾向。

(二)加强网络环境下高校思政教育泛娱乐化应对

娱乐的存在本身没有错,泛娱乐化的出现是媒介融合、利益追逐、文化传播、社会心态等多重因素作用的结果。面对过度娱乐化的现象我们要积极研究高校思想政治教育的切入办法，做好新时期大学生的价值引领工作。

1. 理性对待、辩证认识

泛娱乐化是参差不齐的大众传媒市场化的必然结果，除去教化功能，网络的泛娱乐倾向反映了当下社会文化多元、包容的特点，人们在快节奏社会生活中通过浏览娱乐化的网络内容来缓解心理压力。现代社会，人与人面对面进行情感交流的机会越来越少，与繁重的生活和学习压力不同，追求不同层次的快乐和满足是人的一种本能。从心理学来说，娱乐是生活的调味品，是生活中不可或缺的重要部分。通常这些娱乐化的网络形式，内容浮浅简单、感官刺激强烈，人们不需要花费心思就能直接获取并以轻松的方式"享受"和"逃避"现实社会或内心深处的压力，能够暂时实现人的"解放"与"自由"，但过度娱乐化的发展将给人们带来意想不到的消极影响。如果我们每天沉浸在过度娱乐化的生活环境中，会不自觉地依赖并认同这种娱乐性，就可能致使人们涵养缺失，犹豫不决，逃避生活，最终放弃理想、异化审美、扭曲价值观。如现在网络娱乐中流行的"颜值正义"极易导致青年学生盲目追捧和自我否定，不利于青年人的身心健康成长。

2. 寓教于乐、培育价值观

兴趣是最好的老师，学生只有对高校思想政治教育的内容产生兴趣，才会愿意接受并内化为自己的行动。网络时代高校思想政治教育的开展要围绕学生的需求，设计学生感兴趣的形式来传递思想。如市场经济的发展刺激了人们对利益的追逐，对权力和金钱的崇拜程度逐渐加深。因此在高校思想政治教育过程中教育者要将这种社会现象借助网络载体以真实案例的形式分享给学生，在直面问题的基础上鼓励学生探讨，在过程中融入正确利益观、人生观的思想政治教育内容。新时期要发展并完善思想政治教育寓教于乐的各种形式，还要规范化使用互联网资源。青年学生人格健全且具备坚定的理想信念是教育的重要目的，当前面对互联网泛娱乐化的影响，教育者要帮助受教育者合理把控"现实"与"虚拟"之间的关系，科学规划上网与生活的时间比重，防止学生因过度沉溺和依赖网络而逃避现实社会的不健全人格的出现。因此，高校要加强对学生进行理想信念教育，培育其正确的价值观。高校要引导大学生正视自己的责任与使命，鼓励大学生多参加有益的社会实践活动，将理想信念融入社会生活实践，不断提高思想政治教育的权威。

3. 持续渗透、科学引导

高校思想政治教育是一个不断渗透的过程，就像我们的身体不能离开水一样，每天适度的饮水才能保证我们身体各项机能的良性运行，保证我们有健康的体魄从事其他工作。互联网环境下，主流思想和主流价值观的引导也需要适度和持续。要利用网络媒体的多种表现形式，如微博、微信、校园网站等，来实现主流价值观念与人们日常交往的有机结合。微博、微信是最受青年学生喜爱的社交平台，因此，高校教育者要以此为契机，最大限度地传播社会正能量。突破传统的思维方式，接受现代信息社会并及时扭转互联网思维。"网络泛娱乐化现象的盛行体现了现代人后现代主义的思维方式，他们追求新奇、反对权威，不再适应严肃、刻板的理论教育形式。"[①] 因此，网络背景下，高校思想政治教育的开展要结合音频、动画等形式，化正面理论说教为通俗化谈心教育。在教育的过程中不断侦查网络环境中明显不和谐舆论导向，做好思想预防及防御工作。通过议程设置主导价值观的走向，不断挖掘泛娱乐现象中的正能量，并加以正确扩充引导，实现"腾笼换鸟"，如加强对综艺节目中嘉宾所展示的永不放弃精神、团队精神的提取等，在极强的娱乐性中放大正能量，挖掘娱乐节目中隐性的育人元素。

（三）加强网络背景下高校思政教育碎片化应对

1. 加强对碎片化知识的管理

教育者要加强对碎片知识的管理和分类。学习者要在不计其数的碎片化知识中挑选自己感兴趣的部分进行学习和研究，这无疑是比较困难的，因此，需要对碎片化知识进行分类管理。分类有助于对碎片化知识的进一步加工，从而更容易开展相关专题研究，现在很多高校都在进行的慕课、微课、翻转课堂就是沿用了这种方法，如对"马克思主义基本原理概论"课程的学

---

① 姚兰. 网络泛娱乐化背景下思想政治教育探微［J］. 渭南师范学院学报，2017，32(6)：71.

习，教学者将课程的三大组成部分（马克思主义哲学、政治经济学、科学社会主义）又分别拆分为不同的小部分，采用每一小部分以 10 分钟左右的微课的形式将不同专题拆分为若干子专题。学生可以在短时间内学习小知识点，且因专题之间的嵌套比较紧密，部分与部分之间看似分离，实际上逻辑的衔接又很紧密，当每个模块专题学习之后，微课学习系统中的单元测评或思维导图的呈现帮助学生回顾并理清了知识脉络。这样做既符合碎片化的趋势，能抓住学生的注意力，又将碎片与碎片之间串联起来形成整体，能复原知识的完整性。

2. 加大对碎片化学习社区的组建

网络背景下人们在网络上拥有了各式各样的"族群"，或基于兴趣爱好，或基于熟人朋友，或基于学习活动等，在这些"族群"中，族群成员之间有着相似的目标，一般会自觉遵守族群规章制度。碎片化学习社区就是将有相同学习目标或学习要求的人组织或号召到一个学习族群中，组成一个学习的共同体。在这个学习共同体中成员可以分享信息、相互监督、发表意见。因此，高校在开展思想政治教育工作的过程中也需要建立一个个的碎片化学习社区，该社区由整体和各个分支组成，以校为单位到以院为单位，再到以班级为单位，再到部分个体，形成一个个包围圈。比如，现在常用的微信群、QQ 群、钉钉群，特别是"学习强国"APP 可以将用户组织到一个个相对封闭又具备自由的网络学习社区中，在这个"社区"中有专门的"意见领袖"来进行议题设置，从而把握舆论导向，提高碎片学习内容的实用度。在碎片化学习社区中客户端会提醒各成员学习并关注群里的动态，成员可以就此进行讨论交流，促进知识的再生产。在学习社区中学习者可以节约筛选碎片化知识的时间，并有机会与社区中的权威专家进行思想和学术上的交流，同时也能监督成员之间的碎片化时间的合理运用，提高碎片化时间的利用效率。

3. 加大碎片化学习资源的建设

碎片化是互联网时代的突出特点，网络平台为高校思想政治教育的学习提供了新的场域和技术动力，合理地利用互联网带给我们的思维转变、技术变革，加大优质碎片化学习资源的建设，将有助于重建知识体系，提高碎片

241

化学习效率。首先,高校要出资建设校园数字化资源平台,利用大数据收集学生知识的兴趣点和盲点,成立专门的运营管理机构,不断组建跨时空教育学习平台,如建立完善所在高校的教学资源数据库,设计并推广精品课程。其次,高校要鼓励对移动媒体教育功能的挖掘,精心设计在线课堂,线上和线下相互融合,不断推进数字化校园建设。最后,要建立各大高校之间的联通机制平台,实现跨地域间的合作共享,避免重复的资源探索和建设。

二、建立灵活性网络思政教育平台,提升教育弹力

灵活性的网络思想政治教育平台是一种具备"生态弹性"的平台模式。不断提高平台的自我平衡、自我调节、自我更新能力,能够避免受到外部环境变化的冲击与消解。一是进行高校网络思想政治教育平台的立体架构。横向上,打造平台基础架构,如"网站+QQ+微博+微信+易班"。纵向上,串联高校不同层级主体形成平台的多层架构,如"校级+院级+系级+年级+班级"。"横向到边、纵向到底"搭建立体式平台,提高平台稳定性和覆盖面。二是注重高校网络思想政治教育平台的内部协调。不同的网络平台有不同的功能特点,要区别对待并优化组合,以内部协调增强平台合力。三是保持高校网络思想政治教育内外的系统融通。除了加强高校网络思想政治教育平台与外部主流舆论平台的互通互联,也要密切关注社会上、校园里的一些现象级新媒体新技术新动向,从中预判阵地变化,做出"登陆"或"撤退"的选择。

(一)创建多维度主客互动关系,提高教育引力

主客关系贯穿于思想政治教育的全过程,要从人、平台、技术三个维度提升高校思想政治教育主客体的互动层次,以有效应对群体流动所引发的"主客疏离"与"受众失联"问题,切实提高网络思想政治教育内容的传播力、引导力、影响力和公信力。一是优化高校网络思想政治教育互动方式,提高主体引力。教育主体对教育客体的吸引力只能在彼此实在的互动中得到增强。应当从理念、技术上为双向多向互动、主客适时转化创设条件,让主客体在互敞心扉的对等交流中,在线上线下的解惑释疑、排忧解难中,在反

客为主的自我教育、同辈教育中，实现主客体间良性互动。二是满足高校网络思想政治教育客体需求，提高平台引力。高校网络思想政治教育宣教平台是教育主体的物化、平台化"代言形象"，就如同共青团的微信公众号即代表共青团这一教育主体。大学生对网络思想政治教育平台的感知主要源于它的信息内容与功能内容，因此，要从大学生实际需求出发提高平台附加值，在解决实际问题中解决思想问题，增强大学生对网络思想政治教育平台的依存度和获得感。三是利用大数据算法，提高技术引力。利用大数据算法建构如下信息传播逻辑："需求分析+内容聚合+智能匹配=个性推送=精准传播"，使高校网络思想政治教育平台成为大学生易用、常用、爱用的信息获取平台。

（二）打造内生性内容供给模式，增强教育魅力

做好新时代的高校网络思想政治教育，除了需要搭建新平台、构建新渠道，还需要不断创新内容供给方式，持续通过优质内容的供给"强信心、聚民心、暖人心、筑同心"，避免大学生迷失在庞大的网络信息洪流，力求形成大学生主动接受并参与高校网络思想政治教育的生动局面。一是在网络思想政治教育内容层次上把关提升。关于内容层次的定位需要回溯思想政治教育的初衷——在是非问题、价值取向、发展方向上最大程度弥合分歧、凝聚共识、协调发展。关于把关提升，就是要对内容进行"筛选提炼、形式加工、提升价值"。二是在网络思想政治教育内容生产上深度开源。要从校园生活中深入挖掘思想政治教育素材、主动培养意见领袖、建章立制鼓励创新，充分发挥学生的首创精神，尊重学生参与高校网络思想政治教育的主体性地位，引导大学生、青年教师创作一批有原创性、时尚感、正能量、感染力、打动人的网络文化产品。三是在网络思想政治教育内容传播上"圈层"覆盖。大学生活跃在不同的网络社交圈子中，而根据与圈内成员交流频次、关系层级的不同，这些社交圈又分化为不同圈层。要鼓励师生进行"正能量微传播"，利用手机"随手拍、随手传、随手转、随手评、随手赞"，在具有强社交关系的同学圈、朋友圈、校友圈中传播扩散身边的"真善美"，揭露批判身边的"假恶丑"。总之，高校思想政治教育工作者要切实通过内容的

优化供给和有效传播，提高网络思想政治教育的魅力和实效。

（三）规范重点领域网络基础秩序，形成教育合力

高校网络思想政治教育工作不能单靠思想政治教育工作者来完成，需要坚持多元主体参与、协同育人的原则，充分调动各方面的积极性，增强教育合力。在规则空档期规范好高校这一重要区域的网络生态秩序，既是对网络空间治理的积极响应，也是高校网络思想政治教育的内在要求。一是以教育引导为根本。坚持"课程思政"的教育理念，在学科教学中融入网络思想政治教育，提升大学生的媒介素养，培养大学生在网络上的法律、安全、文明、责任意识，培养其成为高素质"数字"公民。二是以监督管理为基础。高校宣传、学工等部门以及共青团等群团组织要协同作战，通过落实责任、升级技术、组建队伍，密切关注大学生的思想行为动态，重视网络意识形态安全，做好大学生的网络舆情管控。具体实践中还应当规范"大数据"的获取与利用，尊重隐私与合法权益，兼顾管理的科学性与人文性。三是以制度保障为支撑。立规以导行，将大学生的用网行为规章制度化，为其网络行为划出红线、设置底线、标注高线。

三、网络场景转换，创新高校思政新境域策略

（一）从虚拟延伸到现实场景：接受性思想政治教育的网络境遇

现在，网络"裂变式"的发展正深刻地改变着当代中国的社会结构、社会关系，形塑着人们的学习方式、思维方式、交往方式，已成为影响思想政治教育接受的"最大变量"。

网络生存的"技术茧"特征。新技术应用往往具有绩效报酬递增、收益自我增强、技术路径依赖的性质。计算机网络在初始成本下降、普遍化学习效应、合作效益协调效应、技术适应性预期四种机制的共同作用下，其价值正按照与网络计算机数目的平方成正比的"梅特卡尔夫法则"不断增强，网络渗透生活、嵌入社会的程度逐渐加深，对人的生存影响逐渐增大。借鉴人与技术四重关系的解释范式，人与网络具有：①具身关系，如屏幕音箱对知觉、内存磁盘对记忆、网络连接对联想、键盘鼠标对肢体是器官功能的延

伸。②解释关系，人通过网络文本的转译获得对世界的个性化理解。③他异关系，投射欲望使人体味到某种理想化的生活，人在各种虚拟场景中的游戏满足其欲望的投射。④背景关系，"网络社会"形成了既相对独立又与现实共存的生活世界，电脑是"网络时代"的"第二自我"，网络技术的"环境效应"逐渐彰显，成为人生存其中的"技术茧"。

网络"人的延伸"的本质力量。作为教育的介体，网络虚拟与文学虚构具有人类学价值的一致性，二者都具有知觉构想功能，可以带着接受者打破时间的藩篱、地域的限制、行动的范围，通过思维认知和知觉构象进入一个想象世界；个人审美功能，能刺激读者新的审美感受，"预见尚未实现的可能性，为新的欲望、要求和目标拓宽有限的社会行为空间，从而通向未来经验的道路"[1]；社会解放功能，可以通过对读者期待视野中关于生活实践及其道德问题的期待做出新的回答，"把人从一种生活实践造成的顺应、偏见和困境中解放出来"[2]。人不仅要在现实世界发展自己，还要在虚拟世界中发展自己。网络虚拟也是对人的延伸和本质力量的体现，虚拟是以超越现实性的思维方式和实践方式对世界人化形式的构建，网络作为工具"是人的手制造出来的人脑的器官，是对象化的知识力量"[3]，同时也为人的创造提供了广阔的空间。虚拟技术是人的创造物，网络是现实的"人的延伸"，使人的存在方式更加丰富、存在感更加饱满，网络是多种媒介的集合，体现的是人整体的延伸。

网络思想政治教育的接受特征。网络思想政治教育接受空间是"思想政治教育活动充盈其中，思想政治教育主体、客体、介体、环体嵌入其中"的空间[4]，具有与前网络思想政治教育迥异的接受特征：①接受关系的"界面

---

[1] 王丽丽. 文学史：一个尚未完成的课题——姚斯的文学史哲学重估[J]. 北京大学学报（哲学社会科学版），1994（1）：55-63.
[2] 〔德〕汉斯·罗伯特·姚斯. 文学史作为向文学理论的挑战[M] //胡经之，张首映. 西方二十世纪文论选：第3卷. 北京：中国社会科学出版社，1989：147，179.
[3] 中共中央马克思恩格斯列宁斯大林著作编译局. 马克思恩格斯全集：第31卷[M]. 北京：人民出版社，1998：102.
[4] 卢岚. 思想政治教育空间转向的理论阐释与实现路径[J]. 中国矿业大学学报（社会科学版），2019（3）：27-36.

(interface)交互",在信息输出与输入的共同显示空间里,人机交互的对象性、反馈性和双向性使教育主体和接受主体"互相照面",他们是"共在"的关系。②网络主体的"身体缺席",与通过物理手段的身体接触、语言文字的非身体接触、心理哲理分析的精神接触不同,网络是人借助比特进行的数字化接触,以ID为代号的符号化沟通具有内容的数字化、交流的文本化、身份的匿名化等特点,这是一个生理身体缺席"虚拟出场"。③接受过程的"数字书写",网络互动需要语言的翻译、词句的润色、文字的输入,这种非同时交流的延异性会产生文字的间隔,这是"主体退席的过程,是主体成为无意识的过程"①,会造成时间的"延滞"和空间的"异步",造成长时间远距离的非现场感。④接受主体的"草根连接",网络主体的消失为个人形象的变换提供了极大的弹性空间,网络个体的身份不稳定性促成了个体身份的多重性,使得所有文化、所有人处于共生、共存状态。⑤接受环境的多元分化,网络发明之始就强调让网络"失控"是非常重要的,"去中心化"的设计特征使得网络空间具备开放式参与、去层级制控制等特性。⑥接受客体的海量无序,信息的重复认识和接受成为可能,为人类提供了非线性学习、反思性学习的机会,同时造成了信息的冗余、选择的困难。

  网络思想政治教育的接受机遇。前网络思想政治教育主要以语言、文字、电子媒介为主要介体,交互性很小;教师与学生是教育主体与教育客体的关系,以控制逻辑和管理思维对教育时间与空间进行限制;重视教育的社会功能更多于个体功能,学生选择权不是太多。接受性网络思想政治教育的场域是与原子(atom)世界不同的比特(bit)世界,"B"世界没有重量、易于复制、传播迅速、无限使用、使用增值的特质决定了其文化特征:①接受主体生成性,摆脱了经验束缚,不再仅仅是经验的传递、感情的传达和情景的再现,网络学生在教育中由体验、领悟而自主发展、自我生成。②接受客体丰富性,网络解放了人的记忆限制,教育内容越来越丰富、传播速度越来越快,"超链接"支持任意的网页选择,"导航栏"保证学习不会"迷航"。③接受关系交互性,从单向灌输向双向交互,从紧密联系到结构松散,

---

① 〔法〕德里达.论文字学[M].汪堂家,译.上海:上海译文出版社,1999:97.

从线性控制到非线性发展,学生合作是与网络教师、网络课程、网络资源之间的交互。④接受过程反思性,网络学习是通过"写"而不是"说"来进行的,"写"是"固定的"思考,是思想的真实体现。⑤接受环境整合性,超越了时空界限,从学校教育走向函授教育、远程教育再到自主课程、网络课程,实现了网络与课程的物要素、教师与学生的人要素以及人与物的真实与虚拟的整合。

网络思想政治教育的接受困境。网络思想政治教育接受的"双主体"结构、人机交互的界面间隔、数字化记忆对感性丰富性的过滤、网络交往文本介体的"延异""海量"的网络思想政治教育资源,也带来了接受的困难:①现实变异,网络的"变形机制"和"放大机制",前者使现实世界中的事件在网络传播的过程中会发生变形而失去事物本来的面目,后者造成现实世界中的小事件在网络世界中会演变为大规模的群体性事件。②多元悖谬,"任何传送信息的新媒介,都会改变权力结构"①,网络空间的形成是以每个"我"为建构的出发点,每个自我主体性的高扬产生了多个自我中心。③"控制危机",思想政治教育媒介越丰富,思想政治教育主体对思想政治教育客体的"正能量落差"便会缩小,其控制阈就相应缩小。④道德异化,缺乏现实世界道德坐标的指引,人在网络虚拟世界中可能丧失应有的价值目标和理想追求,伴随"无中心"特点、隐身性、匿名性和非直接性而来的是越来越严重的道德滑坡、情感冷漠、信仰危机和人格分裂,标志着一些人对信息技术的盲从与过分依赖而迷失了自我。

(二) 从主题视界到视野融合:网络思想政治教育的接受性策略

随着对网络本质认识的深化,我国网络思想政治教育实践经历了被动应对的"网络危害论"阶段、主动适应的"网络工具论"阶段、超越工具思维的"网络环境论"阶段以及把网络看作是生存场域的"网络生存论"阶段。要让接受主体超越个人"主题视界",不断在与教育主体的"期待视野"融合中形成"新视界",需要进一步强化接受场域各要素的关系协调性和耦合

---

① 〔加〕马歇尔·麦克卢汉.理解媒介:论人的延伸[M].何道宽,译.北京:商务印书馆,2000:21,129.

程度。

1. 接受主体：基于"现实的个人"的价值预设

学生是正在发展的"现实的个人"，接受主体的个人情感、生活经历、价值观念影响着其"审美经验"和"期待视野"，他们往往会选择那些同他的兴趣、立场、信仰、价值观念一致的信息。要使接受主体摒弃"旧视野"达到"新视野"，就要重视激发接受主体的心理机制：①接受需要，"任何人如果不同时为了自己的某种需要和为了这种需要的器官而做事，他就什么也不能做"①，学生对教育内容不会被动全盘机械式地接受，而是会结合自己的"期待视野"进行认知、选择和接受。②接受动机，在内在教育发展需求和外在教育规范的综合作用下，促使接受主体从没有接受动机或低水平的接受动机转向具有较强的接受动机，以正确的世界观、人生观和价值观优化其接受动机。③接受兴趣，摆脱强制性和被动性的接受过程，让接受主体充满热情，富有主动性、创造性并身心愉悦地完成接受过程。④接受情绪，遵循情感发展的规律，注重创造良好的环境和氛围，培养接受主体形成健康的情感、稳定的情绪。

2. 接受客体：设定"召唤结构"的适度距离

接受主体往往选择接受符合自己审美经验的教育内容，所以"在考虑用最有效的沟通方法将讯息传送给接收者时，要注意他们的知识和审美经验"②，设置一个与接受客体远近适中的"美学距离"非常重要，距离太近读者易角色化，太远会使读者远离作品。接受主体参与网络思想政治教育活动并形成互动，是网络思想政治教育内容的"召唤结构"激发了其对作品的"未定性"的"完型渴望"。教育内容的意义空白和未定性是教育意识和接受意识连接的桥梁，其空白度与未定性并不是越大越好，而是要与接受主体的审美经验具有"适应—超越"的想象空间。在思想政治教育内容上要生产与现在审美经验接收距离比较短的"通俗作品"，巩固具有思想政治教育"常

---

① 中共中央马克思恩格斯列宁斯大林著作编译局. 马克思恩格斯全集：第42卷 [M]. 北京：人民出版社，1979：286.
② 〔美〕威廉·F. 斯通. 政治心理学 [M]. 哈尔滨：黑龙江人民出版社，1997：270.

识"特征的一般观念，满足熟识的美的再生产需求，巩固熟悉的情感，维护有希望的观念，使不同寻常的经验像"感知"一样令人喜闻乐见，实现人们的期待，还要生产促进接受主体第二视野改变，接受意识需要转向未知经验视野的"高雅作品"。语言上也要注重网民的"审美经验"，单纯使用"大白话"或者"社论化"的语言，都会使"美学距离"放大而影响接受效果。

3. 接受客体：平衡两个文本的张力

从接受主体创生"第二文本"角度考虑，既要求能还原和理解教育者"第一文本"的意义，避免产生脱离"第一文本"的过分异变；又要注重接受主体的个性化差异，"对于读者来说，同一部作品作为第一文本是相同的，但作为第二文本，则会因人而异，正如'一千个读者有一千个哈姆雷特'的命题"①。接受主体在对内容接受理解中，将两种视界融合在一起形成"视界融合"，从而超越原来视界达到一个新视界，这是接受主体在认知过程中达到的"一种最大限度的非制约性和灵活性"。理解是接受主体对思想政治教育内容的不停追问，在网络思想政治教育接受活动中，针对各种观点和事件，接受主体要从不同的角度看待问题，类似一部文学作品不是仅供瞻仰的纪念碑，"它更多地像一部管弦乐谱，在其演奏中不断获得读者新的反响，使文本从词的物质形态中解放出来，成为一种当代的存在"②。在对现实和事件的追问中，促使接受主体不断变换"期待视野"，通过不同角度的"视界融合"，实现多元主体间的互动，从真正意义上去领悟和接受思想政治教育内容。

4. 接受介体：协同前网络思想政治教育

网络教育与前网络教育是相互补充、互相辅助的关系，共生共存于人类教育这个有机体中，不能无视网络世界的重要性和特殊性，同时也要反对"网络教育威胁论""计算机威胁论"；不能仅仅局限于网络空间而忽视现实世界，同时也要批判"学校消亡论""教师消亡论"。虚拟是从现实发展而来

---

① 薛永武. 西方美学论稿［M］. 济南：山东文艺出版社，2000：536.
② ［德］姚斯，霍拉勃. 接受美学与接受理论［M］. 周宁，金元浦，译. 沈阳：辽宁人民出版社，1987：19.

的，是广义现实的有机组成部分，虚实相互作用为和谐发展提供了可能性，要防止"现实利维坦"对网络世界的严格控制，也要防止网络世界成为吞噬现实世界的"网络利维坦"，即网络世界和现实世界在自身发展壮大的同时促进对方的良好发展，最终实现二者力量上的强强协同、价值上的优优组合。网络在张扬人的主体性的同时可能会使自由超出现实的容忍程度并最终遮蔽人的主体性。所以，积极发挥网络在促进思想政治教育接受的同时，不能忽视现实世界对网络世界的调控。对网络的有效调控，可以通过社会规范、市场准则、法律规定、网络代码等方式，在网络主体对网络思想政治教育内容的提供者、使用者、运行者等进行调控，或者在物理层面对代码层（网线）、内容层（网虫）、物理层（频谱）进行调控。

5. 接受环体：处理好网络空间和社会环境的关系

作为开展网络思想政治教育活动的外部客观存在，接受环境对接受活动的过程和结果都有很大影响，对于网络思想政治教育内容，接受主体除运用已有的"视野"对其进行评析外，还往往把它放到更大的网络空间和社会环境中进行综合考虑。对应不同的网络空间类型需要采取不同思想政治教育策略，对于依靠情感纽带、约定俗成规范等非正式联系维系的公社型网络空间，应强化共同的爱好、目标、追求、价值和信仰；在现实科层关系网络化及网络科层关系现实化的科层型网络空间中，要通过正式法律和社会规范来维系；对于不具有稳定的交往关系的个体集合及互动的广场型网络空间，要注重相互之间的交流交换形成维持稳定关系的力量。道德具有历史性和社会性特点，作为一个具体的社会历史范畴，在不同的历史时期具有不同的内涵和要求。道德绝对主义固然不可取，但主张道德意义主体性生成的无限开放也会陷入相对论的陷阱。在实现中华民族伟大复兴中国梦的历史进程中，必须坚持中国特色社会主义道德总的规范性要求，用社会主义核心价值观引领社会精神生活，使之作为道德意义生成的确定性标准。

四、创新高校网络思政工作方法

高校目前的大学生基本以 95 后和 00 后为主，这些学生可以说是在网络时代中成长起来的，因此运用媒体融合的方法和手段开展教育活动对他们是具有吸引力的，无论是网络课程，还是校园媒体，抑或是微信平台、微博动态等，都是能够增强网络思想政治教育效果的有效途径。

（一）运用网络手段提高课程吸引力

做好高校思想政治工作，要用好课堂教学这个主渠道，思想政治理论课要坚持在改进中加强，提升思想政治教育亲和力和针对性，满足学生成长发展需求和期待，其他各门课都要守好一段渠、种好责任田，使各类课程与思想政治理论课同向同行，形成协同效应。思想政治理论课是大学生思想政治教育的主渠道，在学生思想品德建设、个人素质提升和价值观念形成的过程中发挥着重要作用。通过何种途径能够有效地吸引大学生参与到思想政治理论课的学习中来，是高校思想政治教育工作者和思想政治理论课教师应该认真思考的课题。

随着慕课、微课等教学形式的成熟和普及，它们已经逐渐被我国各大高校应用到思想政治教育课程中，也取得了不小的成果。慕课、微课等教学形式的开放性、自主性和多元化等特点可以克服传统教学方式的弊端，以翻转课堂的形式让学生成为课堂的主体，而教师则成为课堂中引导学生学习的辅助者，指导学生在大量的、良莠不齐的网络信息中提炼正确的知识、观点和想法。思想政治教育工作者要在纷繁复杂的信息中选取有利于学生的世界观、人生观、价值观的内容，采取多种教育形式将有益内容传授给学生，以形式提兴趣，以内容促吸收。

（二）优化高校网络思想政治教育环境

高校思想政治教育关系到目前我国人才的培养质量和发展方向，在融媒背景下提升我国高校学生的思想政治水平和道德观念，不仅仅需要思想政治工作者具备与时俱进的专业知识和文化素养，还要为学生营造出一个更加良好的网络思想政治教育环境。但是，优化大学生的思想政治教育环境仅靠高校思想政治教育工作者的努力是不够的，需要社会制度、高校资源、家庭成员以及学生自身的多方配合。

政府要出台和修正融媒体背景下的法律监管制度政策，建立健全对融媒体的监督体系，对于网络上侵害高校学生身心健康的不良信息和恶性言论要坚决打压。高校要广泛倾听学生心声，了解学生诉求，满足学生期待，统筹利用多方面资源，营造轻松愉悦的教育环境，以达到对学生分层次、有重点地进行思想政治教育的目的。学生家长，要明确对学生的责任意识，打造良好的家庭网络环境，以身作则不沉迷网络，不做"低头族"，以自身实际行动加强对学生的教育引导。

优化大学生网络思想政治教育环境高校无疑发挥主导作用。首先，高校思想政治教育工作者要尽力完善思想政治教育机制，开拓思想政治教育网络化新途径，特别是在当前的网络背景下，网络课堂的开设正逐渐成为思想政治教育开展的重要承载，思想政治教育工作者在网络课堂中，要将思想政治理论教育内容以学生更加喜闻乐见的方式展现出来，还要充分利用网络的优势，促使思想政治教育呈现出现代化的发展趋势，以现代电子技术、融文字以及声音图像等方式结合到一起，从而极大地提升思想政治教育效果。其次，还可以创设办理网络俱乐部，高校思想政治教师与辅导员可以针对网络俱乐部的相关事项进行切磋商讨，并达成共识，使学生在参与网络俱乐部方面的建设中能够熟练应用网络工具，进行健康的网络交往，从而提升其网络道德素质。最后，在教师的指导下，学生也可以在第二课堂、社会实践以及学生会中开展关于思想政治教育与道德修养等方面的活动，在和谐的氛围环境中，将党的路线、方针政策等展示给高校学生，从而引导其树立正确的思想价值观念。

1. 加强对当代青年的理性爱国主义教育，培养其理性爱国主义情感

在当前经济全球化时代和网络信息时代，高校要加强对大学生的爱国主义教育，提高当代青年的网络伦理素质，就必须重视对民族意识网络表达方式的积极引导和利用，充分重视并利用网络平台进行爱国主义教育和公民意识教育，提高其时效性和实效性。

2. 在高校乃至社会大力实施系统性的公民教育

要大力加强系统性的公民教育，引导当代青年树立公民观念与公民意识教育，通过强化当代青年的公民观念来平衡与制约其偏颇而极端的民族主义

言语行为，用公民的意识克服狭隘的民族意识，为网络表达参与的发展创造一个良好的社会环境。

高校思想政治教育在立德树人和培养德智体美劳全面发展的社会主义建设者和接班人的教育要求下需要结合时代发展大势取得新发展。当今时代，网络智能发展日新月异，以5G、大数据、互联网等为主要代表的网络信息技术带给思想政治教育发展新机遇和新挑战。网络思想政治教育正是在网络大发展大繁荣之际，思想政治教育工作者根据时代做出的研究新突破，取得的研究成果丰富了思想政治教育理论，增强了思想政治教育实践性。

思想政治教育理论与实践时论时新，高校网络思想政治教育伴随着时代的发展实现创新化和时代化是必然之势。网络思想政治教育兴起于网络技术的大发展并不止于网络，传播媒体借助网络形成以网络媒体和自媒体为代表的新兴媒体正逐渐成为高校网络思想政治教育发展的驱动器和新阵地。网络信息技术的兴起和广泛普及加速了新兴媒体和传统媒体之间的交织融合，促使媒体之间形成了一体化的发展趋势，这也标志着"融媒"时代已经到来。融媒集结了资源融通、内容兼容以及宣传互融等多种方式，促使媒体内容的生产传播效果得到了优化。融媒提供给网络思想政治教育新方法新载体，借助新兴媒体与传统媒体的融合优势实现高校网络思想政治教育多载体联动、多渠道育人的新突破。利用融媒开展网络思想政治教育不是简单地将媒体资源或者平台融合在一起，而是利用融媒所形成的资源融通、内容兼容和互融互通的媒体格局对当代高校大学生进行网络思想政治教育。

本书分析高校利用媒体技术开展网络思想政治教育的创新方式方法，以思想政治教育和传播学的结合研究为基础，查阅大量资料，分析传统媒体、网络媒体、自媒体平台高校思想政治教育的阶段性特征，分析网络社区高校思想政治教育的价值以及当前高校网络思想政治教育中存在的优势和不足，结合其问题提出了几点针对性的解决策略，旨在为促进高校网络思想政治教育的创新献力。

参考文献

[1] 中共中央马克思恩格斯列宁斯大林著作编译局. 马克思恩格斯全集 [M]. 北京：人民出版社，1995.

[2]〔古希腊〕亚里士多德. 政治学 [M]. 吴寿彭，译. 北京：商务印书馆，1965.

[3]〔法〕卢梭. 社会契约论 [M]. 何兆武，译. 北京：商务印书馆，1980.

[4]〔英〕戴维·M. 沃克. 牛津法律大辞典 [M]. 北京社会与科技发展研究所，译. 北京：光明日报出版社，1988.

[5]〔美〕马克·斯劳卡. 大冲突：赛博空间和高科技对现实的威胁 [M]. 黄锫坚，译. 南昌：江西教育出版社，1999.

[6]〔美〕皮帕·诺里斯. 数字鸿沟的三种形态 [M] // 曹荣湘. 解读数字鸿沟——技术殖民与社会分化. 上海：上海三联书店，2003.

[7]〔美〕约书亚·梅罗维茨. 消失的地域：电子媒介对社会行为的影响 [M]. 肖志军，译. 北京：清华大学出版社，2002.

[8]〔美〕乔治·H. 米德. 心灵、自我与社会 [M]. 赵月瑟，译. 上海：上海译文出版社，1992.

[9]〔荷〕约斯·德·穆尔. 赛博空间的奥德赛——走向虚拟本体论与人类学 [M]. 麦永雄，译. 桂林：广西师范大学出版社，2007.

[10]〔德〕尤尔根·哈贝马斯. 包容他者 [M]. 曹卫东，译. 上海：上海人民出版社，2002.

[11]〔英〕厄内斯特·盖尔纳.民族与民族主义[M].韩红,译.北京:中央编译出版社,2002.

[12]〔美〕曼纽尔·卡斯特.认同的力量[M].夏铸九,黄丽玲,等译.北京:社会科学文献出版社,2003.

[13]〔英〕吉登斯.现代性的后果[M].田禾,译.南京:译林出版社,2000.

[14]〔斯洛文尼亚〕齐泽克.幻想的瘟疫[M].胡雨谭,叶肖,译.南京:江苏人民出版社,2006.

[15]〔法〕塔尔德.传播与社会影响[M].何道宽,译.北京:中国人民大学出版社,2005.

[16]〔美〕欧文·拉兹洛.多种文化的星球[M].戴侃,辛未,译.北京:社会科学文献出版社,2001.

[17]〔美〕塞缪尔·亨廷顿,琼·纳尔逊.难以抉择——发展中国家的政治参与[M].汪晓寿,吴志华,等译.北京:华夏出版社,1989.

[18]〔美〕埃瑟·戴森.2.0版数字化时代的生活设计[M].胡泳,范海燕,译.海口:海南出版社,1998.

[19]〔美〕托马斯·弗里德曼.世界是平的[M].赵绍棣,黄其祥,译.北京:东方出版社,2006.

[20]〔美〕比尔·盖茨.未来之路[M].辜正坤,译.北京:北京大学出版社,1996.

[21]〔美〕约翰·纳斯比特.大趋势——改变我们生活的十个新方向[M].梅艳,译.北京:中国社会科学出版社,1984.

[22]〔美〕阿尔温·托夫勒.权力的转移[M].刘江,陈方明,等译.北京:中共中央党校出版社,1991.

[23]〔美〕阿尔温·托夫勒.第三次浪潮[M].朱志焱,潘琪,张焱,译.北京:生活·读书·新知三联书店,1984.

[24]〔美〕尼古拉·尼葛洛庞帝.数字化生存[M].胡泳,范海燕,译.海口:海南出版社,1996.

[25]〔美〕马克·波斯特. 第二媒介时代［M］. 范静哗, 译. 南京: 南京大学出版社, 2000.

[26]〔英〕约翰·诺顿. 互联网: 从神话到现实［M］. 朱萍, 茅庆征, 等译. 南京: 江苏人民出版社, 2000.

[27]〔美〕曼纽尔·卡斯特. 千年终结［M］. 夏铸九, 黄慧琦, 译. 北京: 社会科学文献出版社, 2003: 9.

[28] 段伟文. 网络空间的伦理反思［M］. 南京: 江苏人民出版社, 2002.

[29] 费孝通. 中华民族多元一体格局［M］. 北京: 中央民族大学出版社, 1999.

[30] 王沪宁. 比较政治分析［M］. 上海: 上海人民出版社, 1987.

[31] 王四新. 网络空间的表达自由［M］. 北京: 社会科学文献出版社, 2007.

[32] 车文博. 弗洛伊德主义原理选辑［M］. 沈阳: 辽宁人民出版社, 1988.

[33] 郑晓云. 文化认同与文化变迁［M］. 北京: 中国社会科学出版社, 1992.

[34] 陈定家. 全球化与身份危机［M］. 开封: 河南大学出版社, 2003.

[35] 蔡前. 以互联网为媒介的集体行动研究［M］. 南昌: 江西人民出版社, 2009.

[36] 胡泳. 众声喧哗: 网络时代的个人表达与公共讨论［M］. 桂林: 广西师范大学出版社, 2008.

[37] 郑杭生. 社会学概论新修［M］. 北京: 中国人民大学出版社, 1994.

[38] 张淑华. 网络民意与公共决策: 权利与权力的对话［M］. 上海: 复旦大学出版社, 2010.

[39] 刘毅. 网络舆情研究［M］. 天津: 天津人民出版社, 2007.

[40] 李永刚. 我们的防火墙: 网络时代的表达与监管［M］. 桂林: 广

西师范大学出版社,2009.

[41] 叶琼丰. 时空隧道——网络时代话传播 [M]. 上海：复旦大学出版社, 2001.

[42] 俞可平. 增量民主与善治 [M]. 北京：社会科学文献出版社, 2005.

[43] 俞可平. 中国治理变迁30年（1978—2008）[M]. 北京：社会科学文献出版社, 2008.

[44] 杨善华. 当代社会学理论 [M]. 北京：北京大学出版社, 1999.

[45] 黎熙元, 何肇发. 现代社区概论 [M]. 广州：中山大学出版社, 1997.

[46] 夏建中. 城市社会学 [M]. 北京：中国人民大学出版社, 2010.

[47] 东鸟. 网络战争：互联网改变世界简史 [M]. 北京：九州出版社, 2009.

[48] 郑金洲. 教育文化学 [M]. 北京：人民教育出版社, 2000.

[49] 柳海民. 教育原理 [M]. 长春：东北师范大学出版社, 2006.

[50] 丁元竹. 社区研究的理论和方法 [M]. 北京：北京大学出版社, 1995.

[51] 陈为雷. 社会工作行政 [M]. 北京：中国社会出版社, 2010.

[52] 王梅芳. 舆论监督与社会正义 [M]. 武汉：武汉大学出版社, 2005.

[53] 霍福广. 信息德育论 [M]. 北京：人民出版社, 2006.

[54] 张雷. 虚拟技术的政治价值论 [M]. 沈阳：东北大学出版社, 2004.

[55] 黄顺基. 信息革命在中国 [M]. 北京：中国人民大学出版社, 1998.

[56] 郭玉锦, 王欢. 网络社会学 [M]. 北京：中国人民大学出版社, 2005.

[57] 赵士林, 彭红. 网络传播论 [M]. 上海：上海交通大学出版社, 2002.

[58] 巫汉祥. 寻找另类空间——网络与生存 [M]. 厦门：厦门大学出

版社，2000.

[59] 徐永祥. 社区发展论 [M]. 上海：华东理工大学出版社，2000.

[60] 王立东. 我们的城市 [M]. 呼和浩特：内蒙古大学出版社，2010.

[61] 班瑞钧. 奠基智慧 [M]. 北京：冶金工业出版社，2014.

[62] 班瑞钧. 东北亚区域民族文化的开放与安全 [J]. 阴山学刊，2009 (4).

[63] 班瑞钧. 专业史教育和思想政治教育整合互渗的必要性和可行性 [J]. 中国电力教育，2010 (4).

[64] 班瑞钧. 网络社区对民族文化的影响初探 [J]. 人民论坛，2012 (11).

[65] 班瑞钧. 青少年民族教育"文化中断"的理性认知与破解策略 [J]. 贵州民族研究，2016 (6).

[66] 班瑞钧. 中国特色社会主义高等教育初创经验研究——以1956—1966年的××钢铁学院为例 [J]. 山西高等学校社会科学学报，2018 (5).

[67] 戚攻. "虚拟社会"与社会学 [J]. 社会，2001 (2).

[68] 赵晖. 网络社会与现实社会的关系研究 [J]. 哈尔滨市委党校学报，2005 (5).

[69] 班瑞钧. 蒙元际族群畛域关系模型略论 [J]. 贵州民族研究，2014 (4).

[70] 李怀宇. "文化中断"理论对中国民族教育的启示 [J]. 贵州民族研究，2004 (2).

[71] 杨晓. 多元文化教育关于民族教育的理论 [J]. 民族教育研究，1999 (1).

[72] 崔延虎. 跨文化交际教育：民族教育若干问题探讨 [J]. 新疆师范大学学报（哲学社会科学版），2003 (6).

[73] 王鉴. 略论中国民族教育的本土化 [J]. 民族教育研究，2000 (4).

后　记

　　我们创造了网络，网络也重塑了我们！网络是我们生活的一部分，我们也是网络生活的一部分。"网络社区"这一现实已经在影响我们的生活和我们自己，对它的关注和研究也就是在关注和研究我们的生活和我们自己。这一切，对大学青年学子尤甚！

　　本书就是在这种思路的指导下对"网络社区"这一新生事物进行了探索性检视。首先，本书在分析"网络社区"产生背景的基础上定义了什么是"网络社区"并分析了其基本结构和矛盾运动；其次，阐述了对"网络社区"的基本调研情况；再次，基于"文化""青年""教育"的三重视角，对"网络社区"中的文化、青年精英与大众、教育参与等情况展开研究和分析；最后，概述了对"网络社区"进一步发展的初步认识。本书并未对"网络社区"的所有方面进行面面俱到式的梳理，而是根据调研结果从三个具体视角和领域切入，讨论研究的心得与经验、问题与困惑，借以管窥全豹、由点及面地勾勒"网络社区"的现状与走势。

　　对"网络社区"相关现象和机理的研究，随着资料收集、案例分析、理论研究、实践检验等工作的步步深入，笔者越发认识到了自身知识和能力的不足、视野和预见的贫瘠、时间和精力的匮乏。目前的工作仅仅是站在前人的肩膀上掀开"网络社区"些许缝隙、窥见几片光影而已。继续下去，还有更广阔的探索空间。目前，学术界已经开始深入探讨研究"网络社区"这一现实，但对其关注程度和研究深度远远跟不上形势的发展。对"网络社区"这样一个多种成分组成的系统进行多角度、跨学科的分进合击式的综合研究，虽然困难不少，相信也将颇具学术意义和社会意义。

　　成书过程中，笔者不断得益于前人的睿思启迪、高人的精心点拨和友人的不吝赐教。同时也感谢出版方的辛勤努力！他们的相关工作常被俗人视为"毫末"，但刃之锋利常出于此！

　　再次赘言：唯笔者学识学力所限，书稿虽勤勉完成但错谬之处一定在所难免。在文责自负之时，笔者也切以师友不吝赐教为盼。